A *ILÍADA* DE HOMERO
GUIA DE LEITURA

A *Ilíada* de Homero

guia de leitura

Giuliana Ragusa

MNĒMA

1ª reimpressão, 2025

Editor	Marcelo Azevedo
Produção e edição	Felipe Campos
Direção de arte	Jonas de Azevedo
Projeto gráfico e capa	Johnny Dotta
Preparação	Alex Mazzanti Jr.
Revisão técnica	Alexandre Hasegawa
Revisão final	Felipe Campos
Diagramação	Johnny Dotta

Dados Internacionais de Catalogação na Publicação (CIP)
(Câmara Brasileira do Livro, SP, Brasil)

Ragusa, Giuliana
A *Ilíada* de Homero: guia de leitura / Giuliana Ragusa. – Araçoiaba da Serra, SP: Editora Mnēma, 2024.

ISBN 978-65-85066-15-0

1. Homero. *Ilíada* 2. Literatura grega antiga 3. Poesia épica grega - História e crítica I. Título

24-225502 CDD-880

Índices para catálogo sistemático:

1. Literatura grega antiga 880

Eliane de Freitas Leite - Bibliotecária - CRB 8/8415

Editora Mnēma
Alameda Antares, 45
Condomínio Lago Azul – Bairro Barreiro
CEP 18190-000 – Araçoiaba da Serra – São Paulo
www.editoramnema.com.br

Para Milla, encantada leitora da *Ilíada*,
in memoriam.

Sumário

Introdução

Este guia de leitura da *Ilíada* de Homero é fruto de duas décadas de atuação docente e da prática continuada de redação das aulas como forma de preparação, com base na qual me dedico a explicar a poesia grega antiga tanto a um público inserido nos Estudos Clássicos de variados modos, quanto a um público amplo na Academia ou fora dela, de formações variadas, de interesses distintos, e que, em sua maioria, não são especialistas, nem tampouco leitores da língua grega antiga.

Ao longo dos anos, foi-se compondo, par e passo com essa atividade, um conjunto de textos mais ou menos elaborados, a partir dos quais, animada por companheiros de jornada, pensei este guia, a fim de disponibilizar, a quem esteja ou não familiarizado com a epopeia, uma obra que ajude a entender seu mundo, seu código de valores ético-morais, sua cultura, sua linguagem, sua composição. E que o faça de modo distinto de outras obras que apresentam o poema como um todo ou seus aspectos gerais relevantes, caso dos ótimos livros de Graziosi (2021), Alexander (2014) – que tarde me chegou às mãos –, Vidal-Naquet (2002), disponíveis em português. Destaco ainda os detalhados textos de Jones (2013) e Knox (2011), que introduzem as traduções da *Ilíada* e da *Odisseia* por Lourenço, publicadas no Brasil.

Em que este guia se distingue dessas obras? No fato de oferecer um comentário a cada um dos vinte e quatro cantos da *Ilíada*, pensado como companheiro de leitura, preparando-a *a priori* ou complementando-a *a posteriori*, de sorte a contribuir para que se torne ainda mais produtiva, para sua compreensão, para enriquecê-la, tendo em vista as explicações acerca de elementos da ação e do enredo, das personagens, da dicção e da imagética, do caráter, e assim por diante.

Os comentários seguem esta estrutura: título que destaca o tema do canto – o principal, quando não único; apreciação inicial; esquema geral dos grandes blocos da narrativa; leitura passo a passo da sequência dos eventos, apontando elos com cantos prévios e/ou futuros, pensando seu impacto no todo. Tais comentários querem-se claros, concisos, acessíveis, e acompanham o texto preservado dos cantos. Não são pertinentes a este guia discussões mais densas e engajamento com a imensa fortuna crítica de Homero e da *Ilíada*.

Nem todos os cantos têm as mesmas extensão, complexidade e relevância; logo, a extensão dos comentários varia, os mais longos dedicando-se a cantos-chave:

- o I, porque é programático: apresenta o tema e o protagonista – a ira devastadora de Aquiles (filho de Peleu), gerada pela crise ético-moral em torno de sua honra, a qual provoca a ruptura com Agamêmnon (filho de Atreu), líder das tropas, e sua saída da guerra, após a qual pede, por intermédio da mãe (a deusa Tétis, a Nereida), a intervenção de Zeus, a ele concedida;
- o III, porque nele emerge o passado e a origem da Guerra de Troia, no rapto de Helena por Pá-

ris, que se dá no contexto da *xenía*, a hospitalidade protegida por Zeus e aviltada pelo troiano;

- o VI, porque é o primeiro em que a vida em Troia e a tragédia da guerra emergem com fôlego no poema, a partir do percurso de Heitor pela cidade, feito pela última vez antes de sua morte, no qual encontra a mãe, a mulher e o filho bebê;
- o IX, porque é crucial ao agravamento da postura de Aquiles, junto ao da própria guerra, e porque conhecemos melhor o Pelida e o modo como se relaciona com seus pares, com o inimigo, e com o que sabe, pela mãe deusa, de seu futuro;
- o XVI, porque a ação gera um fato que produz drástica mudança na postura de Aquiles, a saber, a morte de Pátroclo, o companheiro querido e leal, que entra na luta como se fosse o filho de Peleu e Tétis;
- o XVIII, porque nele chega a Aquiles a notícia da morte do amigo, em razão da qual decide retornar à guerra, mesmo sabendo que nela morrerá, para vingá-lo, matando o carrasco de Pátroclo, o troiano Heitor;
- o XXII, porque narra o último e mais importante duelo da *Ilíada*, de Aquiles e Heitor, os melhores de cada lado da guerra, e nele começa o horrendo ultraje ao cadáver do troiano;
- o XXIV, porque nele, a partir do resgate do cadáver pelo velho pai do herói, Príamo, por decisão de Zeus, se desenham as condições que permitem o fim do poema, com a nova e necessária mudança de postura de Aquiles com relação aos

fatos, ao inimigo e a si mesmo, de modo que, enfim, sua ira se apazigua.

A *Ilíada* é, pois, a narrativa linear que canta a ira ruinosa de Aquiles do momento em que emerge àquele em que se esvai. Isso na arena da guerra, cujas batalhas violentas e descritas em detalhamento e vivacidade arrepiantes ocupam muitos cantos (IV–V, XI–XVII, XIX–XXII). Portanto, é um poema sobre a guerra, mas, muito mais do que isso, sobre a mortalidade humana e a tragédia da guerra, sobre a importância e o sentido do luto e do funeral, como mostram numerosos e variados elementos ao longo da narrativa e, em especial, os cantos VI, XVIII, XXII–XXIV.

Decerto por seu impacto, a violência bélica e seus horrores talvez sejam – e me parece que de fato são – o que resume o poema na percepção ampla e difusa, no golpe de vista. Não creio que a *Ilíada* estaria ainda tão viva e seria tão eloquente, se assim fosse. Perdi a conta de quantas vezes li a epopeia que muitas vezes ainda quero reler – uma delas acompanhou a preparação deste guia, canto a canto, verso a verso. Com ela constatei de novo, com nitidez que só se aguça, que é antes à tragédia da guerra e da condição mortal que o poeta dá voz. Este guia é feito a partir dessa visão.

Para apoio dos comentários, voltei-me apenas a um punhado de obras, a maioria mais abrangentes, como a excelente introdução à *Ilíada* de Schein (1984), e algumas mais específicas a cantos ou temas – é o caso do comovente artigo de Clay (2002) para o XXII. Acompanharam-me mais de perto os seis volumes da "série azul" da Cambridge University Press, com introduções a temas, problemas e aspectos da epopeia, e comentário verso a verso ao texto grego de cada canto; tais volumes foram preparados por Kirk (2001, 2000), Hainsworth (2000), Janko (1999), Edwards (2000) e Richardson (1996), e originalmente publicados de 1985 em diante.

Tudo o que é citado aqui é traduzido por mim, exceto quando as referências das obras, ao final do guia, indicam o contrário. E, importante destacar, todas as citações da *Ilíada*, de uma palavra a versos, são de minha tradução, algo que se justifica na medida em que essa tarefa está muito longe de ser mera transposição de um conjunto de sons e mesmo de certo código de grafia aos do português, porque uma língua é uma cultura e um modo de ver o mundo, de sorte que uma tradução é, para além de outras questões, uma leitura do poema e uma visão do que representa. Ressalto que a indicação de versos segue a edição do texto grego adotada;[1] pode haver variação no cotejamento com as tantas traduções já disponíveis da *Ilíada*, realizadas a partir de distintos pressupostos, de diferentes visões, visando a distintos objetivos.

Por fim, fiz uso da transliteração para nosso alfabeto de termos gregos e mesmo de sequências do texto grego, quando tratei de conceitos relevantes e complexos, que a tradução a custo expressa, e quando destaco jogos sonoros, repetição de palavras e outras questões, inclusive etimológicas. Quero crer que o uso da transliteração está bem dosado, e que é interessante no sentido de trazer aos ouvidos de quem lê este guia um pouco da língua do poema. Para os termos conceituais, tra-

1 Sempre cito para a *Ilíada* a edição disponível no *Thesaurus Linguae Graecae* (TLG), de Allen (1931).

duzidos na primeira ocorrência, há um glossário para facilitar a consulta.

Sem me alongar demais, reforço a indicação das obras de Graziosi, Alexander, Jones, Knox e Vidal-Naquet, para questões em torno de Homero, para apresentações mais gerais e abrangentes sobre a épica-homérica e, especificamente, sobre a *Ilíada*. E registro alguns apontamentos de pano de fundo, para preparar o terreno ao que de fato importa: os comentários aos cantos pelos quais conduzo quem quiser tomar entre as suas mãos a minha, esperando que o passeio guiado pela epopeia valha a pena.

O poema, o poeta, o contexto

Homero é o nome convencional para o poeta da *Ilíada* e da *Odisseia*; uso-o como tal. Situa-se o poeta convencionalmente no início da era arcaica (c. 800–480 AEC) que inaugura a "Grécia histórica", da qual é mesmo um dos marcadores, junto à *pólis* – a cidade-estado –, o alfabeto grego, os Jogos em Olímpia (776 AEC), entre outros. Insere-se, ademais, numa cultura prevalentemente oral que se estende aos anos de 400 AEC, já em parte da era clássica (c. 480–323 AEC), a qual foi nomeada "cultura da canção" (*song-culture*) por Herington (1985: 3). Isso significa que a poesia, que ainda na Antiguidade se tornou texto, só existia de fato naquela cultura como "*performance* ao vivo, diante de seres humanos vivos, sob o sol" (Herington 1985: 57). Mais: que é de composição por práticas tradicionais a cada gênero, embasadas na oralidade, o que aponta para a importância dos elementos da repetição, em vários de seus recursos e instrumentos, e da familiaridade.

Por isso e por sua própria natureza – oral, concisa, mnemônica, imagética, rítmica –, a poesia é, nessa cultura, poderoso veículo de preservação e de difusão de tudo o que liga uma comunidade, de eventos a valores ético-morais a narrativas tradicionais (os mitos), razão pela qual, ademais, é crucial instrumento de formação de sujeitos sociais, como são pensados os indivíduos na chamada "cultura da vergonha", em que a reputação frente ao olhar público define o lugar do sujeito na comunidade, e nada há de pior do que a exposição pública, a perda da honra. Não se pensa o indivíduo a partir de sua dimensão psicológica e interior, mas da ético-moral, que se configura a partir de sua formação (de seus valores) e de como se relaciona com os valores e com seu entorno, algo que se dá a conhecer pela palavra e pela ação.

Significativamente, o universo da "cultura da canção" tem como cerne a preocupação com a memória, tanto que é Memória (Mnemosine) uma deusa, a que gerou com Zeus as Musas, deusas da *mousikḗ* – da canção-poesia, da dança, da música dos instrumentos.

A poesia, que é canção, é essencialmente pública, porque é sempre objeto de apresentação a uma audiência por *performer(s)*; é de composição tradicional em todos os aspectos – na linguagem, nos temas, nos gêneros, nas estruturas métrico-rítmicas – e articulada à ocasião e modo de *performance*; e é pragmática, porque cada gênero, cada canção, tem uma função a cumprir no mundo ao qual o poema é levado.

A poesia épico-homérica

Circulando em canto solo acompanhado da lira[2] – da forminge ou da cítara, em específico –, sobretudo em competições em festivais públicos cívico-cultuais, disseminados nas diversas *póleis*, a épica homérica, como poesia heroica, apresenta traços comuns a essa tradição existente em sociedades tradicionais (pré-letradas e pré-monetárias):

- Narrativa de grandes feitos de homens superiores, de origens aristocráticas e/ou divinas, marcadas, na épica grega, pela genealogia, pela terra pátria e pelo patronímico (o nome do pai como espécie de sobrenome);
- Idealização do passado e sua monumentalização, por uma série de recursos em que se destacam, na épica grega, as marcadas proximidade entre homens e deuses e presença destes no plano humano;
- Afirmação da verdade da narrativa e da autoridade do poeta pela tradição e/ou inspiração divina, recurso típico da épica grega;
- Composição em verso, que em grego é o hexâmetro datílico;[3]
- Uso de narrativas tradicionais inseridas em passado remoto e conjugando deuses e homens

---

2 *Lýra* é nome abrangente para cordófonos.

3 A métrica quantitativa grega escande as sílabas em duas possibilidades: breve (um tempo, ˘) e longa (dois tempos, -). O metro da épica soma seis unidades (*métra*) de dátilos (- ˘ ˘), cada dátilo equivalendo a um espondeu (- -), ao qual se alterna ou não. Ei-lo: – ⏕ / – ⏕ / – ⏕ / – ⏕ / – ⏕ / – ⏓

superiores, familiares à audiência, as quais chamamos, na tradição grega, de mito.

A épica é um gênero poético que canta os grandes feitos dos heróis que basicamente são seres humanos mortais capazes da ação excepcional digna ainda da atenção dos deuses, de sua influência, de seu interesse. A função de tal canto é dar memória e fama a tais feitos, imortalizando-os e a seus agentes; eis a função do aedo ("cantor"), do bardo, do poeta épico.

Nos poemas épico-homéricos, portanto, as sociedades e seus mundos são construções idealizadas e monumentalizadas da vivência humana que está ancorada na história, mas vai para além dela, a pensar suas máximas possibilidades; daí seu caráter paradigmático aos homens comuns. Tudo ali, incluindo a língua e a linguagem dos poemas, é um grande amálgama temporal, social e cultural (Knox 2011: 22).

Ademais, evidencia-se na sua composição um conjunto de práticas embasadas na oralidade – os diálogos, os símiles, o fraseado cumulativo e justaposto do estilo paratático, as digressões – e no princípio que lhe é característico, o da repetição, que vai da estrutura métrico-rítmica dos versos a formas (como a da prece), cenas (como as de súplica, de sacrifício, entre outras), motivos (como das viagens divinas), sequências inteiras de versos e pedaços deles, estes amiúde compondo fórmulas. Estas podem combinar de duas palavras – notadamente um nome e um epíteto que o qualifica – a um verso inteiro e estão no cerne do próprio modo de composição da épica homérica, o chamado "sistema formular". Embora possam variar na tradução que nem sempre as dá a perceber, as fórmulas são muito numerosas e nos versos gregos costumam ser usadas sempre na mesma sequência, no mesmo caso morfossintático, na mesma posição. Daí que a oralidade e a repetição da epopeia grega são altamente representativas do contexto e da cultura em que se faz.

Os heróis da *Ilíada*

Troianos e aliados vindos de reinos da Ásia Menor em que se acha a Trôade, região na qual Troia se situa, compõem as forças que defendem a cidade, com destaque para o reino da Lícia. Já as forças invasoras, a expedição que ataca Troia, liderada pelo rei de Argos ou Micenas – a depender da tradição –, Agamêmnon, somam um bloco de heróis e seus homens, vindos de quase toda parte da Grécia, exclusivamente. Por isso, são referidos por vezes em grupos específicos, como os mirmidões da Ftia, terra de Aquiles que os lidera, ou de modo abrangente, como aqueus, dânaos, argivos, pan-helenos. Nos comentários, usei majoritariamente as duas primeiras designações.

Poderia chamá-los gregos, claro. Não o faço para marcar o fato de que, na histórica Guerra de Troia, cuja datação remontaria a c. 1200 AEC, não lutaram os gregos do primeiro milênio AEC, organizados ao redor da *pólis*, mas os gregos do segundo milênio AEC, de cultura e sociedade diversas.

Mito – uma palavra sobre um termo emaranhado em tantos enredos

Mŷthos significa "palavra, discurso, discurso público, conversa, a coisa dita, o fato, o assunto; narrativa, conto, estória, enredo, fábula, sem distinção de verdadeiro ou falso". Como bem afirma Burkert (1991: 17), "Os mitos são – e isto é fundamental – narrativas tradicionais". A épica é um dos gêneros de poesia mítica grega, porque sua matéria é exclusivamente extraída da memória dessas narrativas, dos mitos, que, inseridas no passado remoto, envolvem gerações de mortais mais próximas dos deuses e a eles mais estreitamente vinculadas.

Burkert (1991: 15–17) observa que o mito é próprio de sociedades sobretudo orais, nas quais as narrativas – potencializadas pela poesia-canção inerente à nossa linguagem verbal – são instrumentos de preservação do imaginário cultural das comunidades, inclusive de seus valores ético-morais, bem como da visão sobre as relações entre os homens e entre estes e os deuses. A educação ou formação (*paideía*), nessas sociedades, dá-se pela repetição dessas narrativas ou mitos. A narrativa, afinal, como recurso inerente à nossa linguagem verbal, permite a organização e a representação da experiência humana pensada para além da dimensão da factualidade e da historicidade, embora nela ancorada. Esse potencial é tanto mais explorado no mundo grego arcaico de prevalente oralidade, aqui abarcado, cujo pensamento é dito tradicional ou mítico, pois se vale do mito para a reflexão sobre o homem, os deuses, o cosmos.

Finalmente, há que ressaltar que, na Grécia da "cultura da canção", na qual existiu de fato como tal, o mito tinha na sua função sua especificidade, frisa Burkert (1991: 18), como

> narrativa aplicada, narrativa como verbalização dos dados complexos, supra-individuais, coletivamente importantes. Nesse sentido, o mito é fundamental [...] como "carta de fundação" de instituições, explicação de rituais, precedente para aforismos mágicos, esboço de reivindicações familiares ou técnicas, e, sobretudo, como orientação que mostra o caminho neste mundo ou no do além. O mito neste sentido nunca "existe" puro em si, mas tem por alvo a realidade; o mito é simultaneamente uma metáfora ao nível da narração. A seriedade e dignidade do mito procedem desta "aplicação": um complexo de narrativas tradicionais proporciona o meio primário de concatenar experiência e projeto da realidade e de o exprimir em palavras, de o comunicar e dominar, de ligar o presente ao passado e simultaneamente de canalizar as expectativas de futuro.

Comecemos, então, sem tardar, a visita guiada à *Ilíada* e a seus cantos.

Comentários aos Cantos da *Ilíada*

Canto I

A ira de Aquiles - A crise do enredo

Programático, o canto oferece "uma apresentação maravilhosamente coerente das questões da narrativa como um todo" (Kirk 2001: 47). Por ele, ficamos a saber do tema e do ponto de partida da ação, da natureza da matéria e do próprio poema, da causa do enredo aqui armado e, do canto II em diante, posto em andamento. O breve e conciso proêmio (vv. 1–7) dá boa ideia disso, mas é preciso, para a compreensão dos eventos nele resumidos e do que gera o tema, percorrer os versos seguintes, que, explicativos, indicam a preocupação etiológica – *aitía* é a "causa" de algo[1] – característica da épica homérica, evidenciada na pergunta (v. 8) que conduz do proêmio à narrativa de fato.

Nem luta, nem troianos: estes só entram em cena no canto III; aquela, só se reinicia de fato ao final do IV. Até lá, tudo se passa no acampamento dos aqueus,[2] à beira-mar. Ali vemos a ação inicial pela qual se engata a cadeia de eventos que gera a ira de Aquiles, tema da *Ilíada*, e suas consequências – na síntese do proêmio sendo destacadas aquelas que recaíram sobre seus

1 Em sua primeira ocorrência a cada comentário de cada um dos cantos iliádicos, todo termo grego transliterado será traduzido; depois disso, o glossário poderá ser consultado, ao final do livro.

2 Lembro que "dânaos", "aqueus", "argivos", "pan-helenos", são todas denominações para os gregos.

pares, os guerreiros da expedição aqueia, que muitos males e mortes sofreram (vv. 2–5), por tal ira e pela influência de Zeus (v. 5), desde a ruptura do herói, filho de Peleu, com Agamêmnon, filho de Atreu, líder da expedição, como o caracteriza a expressão formular *ánax andrôn* ("chefe de varões", v. 7). Os elos de tal cadeia são crises ético-morais, a mais grave delas, relativa a um valor crucial do idealizado código heroico-aristocrático, o *géras* ("espólio de guerra, prêmio de honra"), que provoca aquela ruptura.

Logo, é importante entender os valores que organizam o mundo do poema e suas crises. A isso se dedica este comentário, como antes sublinhei.

ESQUEMA GERAL

vv. 1–7: Proêmio: invocação da Musa para declaração do tema – a ira de Aquiles – escolhido pelo aedo (cantor-narrador) que também define o ponto de partida da narrativa, qual seja, a discórdia entre Agamêmnon e Aquiles.

v. 8: transição para a narrativa: pergunta à audiência, acerca das causas da discórdia e da divindade nela envolvida (Apolo, v. 9).

vv. 9–305: acampamento e assembleia dos aqueus: o resgate fracassado de Criseida pelo pai, o velho Crises, dada a violenta recusa de Agamêmnon; o ancião, sacerdote de Apolo, pede ao deus a punição dos aqueus; reunião dos aqueus, por iniciativa de Aquiles e influência de Hera, para discussão do problema da ira divina; agrava-se a crise inicial, desdobrada no embate entre Agamêmnon e Aquiles, devido à crise do *géras*, este sendo o *status* de Criseida, concubina e prêmio de guerra do Atrida, de sua honra.

vv. 306–533: resultados da assembleia: devolução do *géras* de Agamêmnon (Criseida) ao pai, sem compensação, para apaziguamento de Apolo, junto a sacrifício e banquete dedicados ao deus; ruptura entre os dois heróis pela crise do *géras* – a subtração a Aquiles de Briseida, seu prêmio de honra, pelo Atrida; diálogo entre Aquiles e Tétis, sua mãe divina; pedido do filho a ela que deverá ir ao Olimpo e obter uma promessa de Zeus, de favorecimento aos troianos, para punir os aqueus pela desonra; diálogo entre os dois deuses, em cena típica de súplica.

vv. 533–611: Olimpo: assembleia e banquete: repercussão da visita de Tétis sobretudo junto a Hera; entrevero entre ela e Zeus; apaziguamento que conduz à alegria do banquete; o sono dos deuses.

LEITURA PASSO A PASSO

vv. 1–7: Proêmio

O proêmio configura-se como parte bem definida na tradição épica que, para nós, começa com Homero. São claras as funções que desempenha, assim como seus elementos formais e estilísticos, e o jogo retórico que instaura, do aedo como intermediário da Musa. Ademais, porque traz o endereçamento de um mortal a uma divindade à qual pede algo – o canto de tema específico –, em interação “eu-tu”, o proêmio consiste em prece, um dos discursos mais tradicionais e frequentes na poesia e prosa gregas, com traços constantes como o modo verbal imperativo, que imprime ao pedido caráter antes de urgência do que de ordem, e a identificação da deidade por nome, epíteto ou outro recurso.

Ao indicar o tema (a ira de Aquiles) e o ponto de partida da narrativa (a discórdia entre Aquiles e Agamêmnon), o aedo pressupõe a familiaridade da audiência com a memória mítica, a fonte da qual extrai sua matéria. Logo, não é necessário que principie pelo início de tudo que se liga ao relato, mas só do que é pertinente ao episódio enfocado. Daí o uso da expressão *in medias res* ("no meio da coisa") para o modo como começam as epopeias homéricas, na expressão do poeta latino Horácio (*Arte poética*, v. 148), do século I AEC; e daí as alusões e omissões que o poeta bem sabe que a audiência é capaz de reconhecer e preencher.

vv. 1 e 6–7: tema e ponto de partida

Vejamos de perto a abertura, que translitero e traduzo na ordem dos termos gregos:

> *Mênin áeide theà Pēlēïádeō Akhilêos*

> A ira canta, ó deusa, do Pelida Aquiles[3]

A primeira palavra define o tema; a segunda traz o imperativo do premente pedido do aedo à deidade ("tu"); e a terceira refere a "deusa" que é, pela natureza do que se pede, a Musa. Depois dessa entrada tradicional, as últimas duas palavras identificam o protagonista pelo patronímico seguido do nome, o que mostra

3 Todas as traduções da *Ilíada* para o português são de minha autoria.

a relevância da genealogia na caracterização do herói, de sua nobreza, algo que se repete no verso final (v. 7): Aquiles é o Pelida, porque é o filho de Peleu, pertence à sua linhagem.

Para nomear a "ira" do Pelida, que "persistirá pelo poema todo e que determina, em certo sentido, o fim de Troia" (Kirk 2001: 51), o poeta escolheu *mênis*, em vez de outros termos, como *khólos*. O que revela tal escolha? Como observa Schein (1984: 91), ela é significativa para a imagem de Aquiles, que, embora mortal, dos demais heróis se distingue "radicalmente, em especial em sua relação com o divino. Esta em muito ultrapassa o laço de sangue com os deuses através da mãe, a deusa marinha Tétis". E isso fica assinalado de várias formas – por exemplo, nas "longas e íntimas conversas" entre eles, sem paralelos, e, de imediato, em *mênis*. Isso porque na *Ilíada* "e na poesia grega arcaica em geral", frisa Schein (1984: 91), a palavra "é usada em específico para a ira sentida por um deus, relacionada aos seres humanos, no mais das vezes, que a temem e a evitam. *Mênis* sugere algo sacro, uma vingativa cólera de consequências letais", como de fato há se provar a ira do herói. E Schein (1984: 91) arremata, com este dado notável: "Aquiles é o único mortal no poema para o qual essa palavra é usada. A força e a intensidade de sua ira são sobre-humanas, e seu poder demoníaco o coloca à parte dos demais mortais".

Que a invocação à Musa seja feita no proêmio não é – na Grécia arcaica de prevalente oralidade, da "cultura da canção" – mera convenção, como virá a ser mais tarde. Antes, é passo tradicional pleno de sentido, do qual depende o estabelecimento da credibilidade e da autoridade do aedo-narrador junto à audiência que na *performance* o escuta, uma vez que o tempo do relato demandado é o do passado mítico, longínquo, de uma geração de homens anterior e superior, num cosmo em que se enlaçam os planos divino e humano, dispostos separadamente na hierarquia cósmica que põe aquele acima deste. Esse passado é inalcançável a mortais, salvo aos favorecidos pelas Musas; sem elas, dadas as limitações humanas de visão e conhecimento, impossível seria ao narrador cantar em tanto detalhe o que tão longe está de si, o que não testemunhou, o que amiúde sequer foi dito ou feito, mas apenas cogitado em pensamento por um herói. Sem elas, não é crível que pudesse fazê-lo, pois só elas podem dar-lhe, além da habilidade para o canto, o saber necessário, a visão do passado que ultrapassa as fronteiras do tempo histórico. Isso porque são filhas de *Mnēmosýnē* – a "Memória", tão crucial no mundo da "cultura da canção" que é deusa –, e de Zeus, figura de autoridade.

Eis, portanto, o jogo retórico firmado nos versos proemiais, nos quais, contudo, o narrador, na medida em que escolhe o tema (v. 1) e o ponto de partida da narrativa (vv. 6–7), não é mero receptáculo passivo, inerte, possuído pela deidade, mas ativo intermediário das Musas que permitem que reconte cada passo, cada pensamento, cada fala, cada gesto de personagens mortais e divinas. Noutras palavras, que narre no estilo mimético que presentifica o passado e vivifica-o à audiência, imprimindo-lhe *enárgeia* ("vividez"), algo que os antigos muito admiravam em Homero e que move as emoções do público.

Por fim, cabe lembrar que, como mediador da comunicação homens-deuses, o aedo desempenha um papel equivalente ao de outras figuras que têm tal função, como profetas, sendo todos figuras de autoridade junto às comunidades.

vv. 2–5: consequências da ira de Aquiles: alusão, idealização, monumentalidade

A monumentalidade do tema firma-se no proêmio, bem como sua idealização, a fim de que se instaure de saída a atmosfera da excepcionalidade da ação humana heroica, que o poema celebra, ao cantá-la, dando-lhe memória e fama – eis a função da poesia épica. O aposto à frase principal é, nesse sentido, essencial, pois nele (vv. 2–5) temos ideia das consequências devastadoras da ira de Aquiles, pela qual "dores" (v. 2) sem conta e muitas mortes os aqueus suportaram, seus "ânimos, sopros vitais" – denota o termo *psykhḗ* (v. 3, plural) – descendo ao Hades, seus insepultos corpos expostos na planície e devorados por animais carniceiros, em horrenda visão (vv. 4–5). E tudo isso como resultado influenciado pelo "desígnio" de Zeus (v. 5).

Alude-se aqui à promessa do deus a Tétis (vv. 493–533), pela deusa obtida em nome do filho e conforme as detalhadas instruções dele (vv. 348–430), para punição de Agamêmnon e dos demais guerreiros, pelo ultraje à honra. Por ela, Zeus favorecerá os troianos na luta, até que o sofrimento dos aqueus seja tal que sacie a ira do herói. Por ela, o relato se idealiza e se monumentaliza, pois entrelaça os planos divino e humano na trama linear que, do canto I ao XXIV, tem por fio condutor essa ira, cujas causas, porém, pelos fatos do canto XVI, não serão sempre as mesmas.

VV. 9–305: ACAMPAMENTO E ASSEMBLEIA DOS AQUEUS

vv. 9–52: resgate, prece, punição

"Qual dos deuses os levou a lutar em discórdia?" (v. 8). A pergunta é retórica, porque o aedo bem sabe a resposta, e igualmente sua audiência que, todavia, por ela é engajada na narrativa iniciada em seguida pela explicação do porquê da ira de Aquiles (vv. 9–348), resultante de eventos iniciados na cólera de Agamêmnon em reação à vinda de Crises à sua tenda, com o pedido de resgate da filha Criseida, mediante a devida indenização. Da recusa violenta decorre a cólera de Apolo e sua intervenção punitiva no plano humano, solicitada em prece pelo velho pai, o que gera uma crise no acampamento aqueu, a qual se complica, resultando na ira do Pelida e na ruptura com o chefe da expedição – tema e ponto de partida do poema. Seu contexto é agonístico – *agṓn* é a "competição", o "certame"; no centro, o *géras* ligado à honra do herói.

Esmiucemos esse quadro. Primeiro (vv. 9–52), o narrador explica a causa da cólera de Apolo como fruto do indevido tratamento dado por Agamêmnon a seu velho sacerdote, Crises, cujo pedido foi feito ao rei pessoalmente, diante de todos os guerreiros, e está previsto no sistema de trocas que organiza a estrutura socioeconômica tradicional de sociedades pré-monetárias e pré-letradas, como as do mundo homérico e do contexto do poema. O princípio basilar dessa estrutura é a *reciprocidade* que o ancião respeita, trazendo ricos dons para o resgate da filha tornada concubina do Atrida, de quem é *géras*. Logo, ele respeita tal princípio; ofender a reciprocidade, pela qual Zeus zela em suas várias aplicações, é, afinal, passível de punição divina.

A despeito disso que se reflete na plena aceitação da oferta de Crises por "todos os outros aqueus" (v. 22) favoráveis a "respeitar o sacerdote e o esplêndido resgate aceitar" (v. 23), canta o narrador, Agamêmnon rejeita-a com violência, expulsando das tendas o velho, que, amedrontado e ultrajado, volta-se a Apolo em prece (vv. 37–42). Nela, lembra-lhe quantas honras já lhe tinha prestado, quão merecedor é de sua reciprocidade; e faz-lhe o pedido de *tísis* ("retribuição punitiva") contra os dânaos, sobre os quais devem recair tantas flechas dele quantas lágrimas caem em sua face suplicante. O deus o atende, e de "coração colérico" (v. 44), dispara flechas sem cessar sobre o campo aqueu, por nove dias – número de "valor tradicional sagrado" em diversos imaginários mítico-poéticos e cultuais, comenta West (2023: 375); em Homero, medida tradicional para um tempo de média duração, sendo outras as de três (breve) e doze (longa) dias. Tal punição sobrevém aos guerreiros qual "peste" (vv. 10 e 61), na primeira imagem, embora metafórica, de uma epidemia que mata suas vítimas indiscriminadamente (vv. 50–56), e supera forças e compreensão humanas.

A eficácia da prece deve-se em larga medida à sua formatação que torna a deidade propícia, pois é dotada de eloquência e segue os passos tradicionais (Kirk 2001: 57):

i. identificação da deidade, fundamental num sistema politeísta;
ii. uso de verbos de ouvir ou rezar, para chamar sua atenção;
iii. estabelecimento de sentido de obrigação na divindade, pelo princípio da reciprocidade;

iv. formulação concisa do pedido em verbo imperativo que denote sua urgência.

O *géras*

O que significa exatamente o *géras* e por que Agamêmnon se recusa a aceitar o pedido de Crises, contrariando a posição dos homens todos que lidera? Ora, o *géras* consiste na medida concreta, visível, tangível, da *timḗ* ("honra") do herói, definida por seu empenho na luta e pelo modo como seus pares o percebem. Eles definem e atribuem o *géras* como prêmio pelos esforços, quando da divisão de espólios do saque. Quanto maiores a coragem e a eficácia bélicas do herói, mais valioso seu *géras* pelo qual sua *timḗ* se faz conspícua, palpável e mensurável. Noto que o termo grego não é feminino e nem masculino, mas neutro, algo que não pode ser trazido verdadeiramente à tradução, mas que muito impacta a imagem de moças como Criseida, que se tornam bens materiais do inimigo, como quaisquer outras riquezas arrebatadas de cidades saqueadas.

No contexto da ética grega profundamente competitiva da *aretḗ* ("excelência"), a subtração do *géras* consiste em tremendo ultraje, porque é a subtração ao herói de sua honra, em exposição pública gravíssima na "cultura da vergonha" do mundo épico-homérico e da Grécia arcaica. Nela, distinta que é da "cultura da culpa" – da consciência do indivíduo privado, subjetivo –, a reputação do sujeito define seu lugar na comunidade, e tal sujeito, por isso mesmo, é social. Ou seja, o cumprimento de papéis pré-estabelecidos é a base de sua apreciação pelo olhar público, por meio de ações e palavras que mostram sua consistência ético-moral. Daí as personagens não serem físicas, nem psicológicas, mas construídas a partir da relação com a casa, a linhagem, a comunidade, os deuses, o cosmos. E daí isto que Dodds (1988: 26) observa: "O maior bem do herói homérico não é o prazer de uma consciência tranquila, mas o prazer da *timḗ*, a consideração pública. [...] E a maior força moral que o herói homérico conhece não é o receio de Deus, mas o respeito [*aidṓs*] pela opinião pública".

vv. 54–305: Aquiles, Agamêmnon e a crise do *géras*

É devido à punição de Apolo que se dá a cena típica da assembleia, cujo sentido baseia-se na ética heroica-aristocrática, segundo a qual a *aretḗ* do herói, sua excelência, deve ser exibida nas armas e nas palavras. Protagonizam-na Aquiles e Agamêmnon. O primeiro, porque a convoca no décimo dia, por iniciativa própria e influência de Hera que, aliada dos aqueus na guerra, sofre com o que se passa com eles; o segundo, porque a cólera do deus resulta de sua conduta para com Crises, e isso será exposto. Que Aquiles chame a reunião não estranha: ele é, aos olhos de todos, o melhor guerreiro. Todavia, vai por causa disso se tornar alvo do Atrida que, diante da exposição pública de seu erro, cometerá, para repará-lo, outro e pior para todos.

Como a natureza divina da punição é evidente, deve-se recorrer a um mediador da comunicação deuses-homens, no caso, Calcas, "áugure de pássaros" (v. 69), que no voo e nos gritos das aves exerce a *manteía* ("arte da adivinhação") que lhe concede, justamente, Apolo, em sua faceta oracular. Ele fala, mas só após obter a proteção de Aquiles, uma vez que expressa temor pelo que tem a revelar sobre a "ira" do deus – note-se a palavra *mênis* para referi-la (v. 75), a mesma que nomeia na abertura (v. 1) a "ira" de Aquiles, de qualidade divina. Calcas sabe que a reação do colérico Agamêmnon será violenta, mas o Pelida garante sua proteção.

Dito e feito. A fala expõe o líder das tropas, com agravantes, pois agora faz-lhe Apolo esta demanda (vv. 93–100): a devolução de Criseida ao pai sem recompensa, e a oferta de sacrifício ao deus – tarefa de que encarregará Odisseu (vv. 308–312, vv. 431–487). Só assim a deidade poderá ser apaziguada, conclui Calcas, para em seguida receber a esperada cólera do Atrida que entra, assim, em rota de colisão com Aquiles. Este, que se colocou em evidência ao convocar a assembleia, uma responsabilidade imposta por sua posição superior entre seus pares, é alvo da nova ação injusta do rei que não pode negar a demanda de Apolo, mas reivindica para si indenização pela perda do seu *géras*, a jovem Criseida, recusando-se a ficar "sem prêmio" (v. 119), frisa o adjetivo *agérastos*.[4]

A exigência é de todo indevida, porque os espólios ganhos já foram divididos, recorda Aquiles, prometendo futuros bens à farta, no saque de Troia, criticando sua ganância; o Atrida, porém, recusa a oferta e anuncia: irá retirar o *géras* de um herói e tomá-lo para si, ainda que deixe colérico o dono. No mesmo fôlego, reitera concordar com a devolução de Criseida, junto a um sacrifício de cem bois – uma hecatombe – a Apolo. A resposta de Aquiles mostra o quanto se agrava a crise, pois vale-se de termos cada vez mais duros, em censura cada vez mais violenta ao rei; o herói frisa que sua própria presença na expedição que ele lidera não

4 A primeira letra (*a*-, alfa) denota privação. Indico esse dado do grego, pois será percebido noutros termos.

se deve a malfeito dos troianos contra si, mas que nem por isso empenha-se menos na luta. Antes, argumenta que, sendo o mais empenhado, recebe o menor *géras*, e o Atrida, o maior. Por fim, ameaça retornar à sua terra, recusando-se a ali permanecer "sem honra" (v. 171), diz com ênfase o adjetivo *átimos*.

Desdenha dele o Atrida, e anuncia que irá tomar para si seu *géras*, a jovem Briseida, que é equivalente ao que perdeu, a bela Criseida. O ultraje à honra de Aquiles por essa ação injusta está feito, mas custará caro aos aqueus – bem mais do que podem imaginar neste ponto. Isso porque uma das consequências é a saída do herói da guerra junto a seus homens, os mirmidões da Ftia, sua terra. Aquiles anuncia-o solenemente (vv. 225–246), em "grande jura" (vv. 233 e 239), após quase matar o Atrida, pela dor da injustiça, e após a intervenção de Nestor, o velho e sábio rei de Pilos, que censura a ambos, mas recorda ao Pelida que, pela hierarquia, deve obedecer a Agamêmnon.

Destaco a cena (vv. 190–222) em que Aquiles leva a mão à espada, enquanto pondera entre matar o rei ou conter-se, pois nela dá-se a primeira epifania divina, cena típica em que deuses, como tais ou disfarçados, aparecem aos mortais.[5] Atena vem a ele orientada por Hera; ambas protegem os aqueus na guerra, por motivos que derivam do "Julgamento de Páris", episódio que está na sua origem.[6] O que elas querem é impedir que o caos se instaure nas tropas, caso o Pelida mate o

5 A palavra *epipháneia* liga-se ao verbo *phaínein*, "aparecer, revelar-se".

6 Nele, o troiano escolheu Afrodite como deusa mais bela, em detrimento de Atena e de Hera. Mais direi no comentário ao canto III.

líder delas. Daí o modo como ela lhe chega: puxando-lhe os cabelos por trás, visível só a ele que é tomado por tradicional reação no contexto, um misto de espanto, admiração, maravilhamento, isto é, *thámbos*, marcado no verbo *thambeîn* (v. 198), quando a deusa faz girar seu corpo e darem seus olhos com os dela que, como os dos imortais, são terrivelmente brilhantes – mais do que suporta a vista humana.

Sob tal impacto, Aquiles indaga-lhe se ela veio testemunhar a *hýbris* (v. 203) de Agamêmnon – sua ação arrogante e violenta, fruto da "desmedida" que traduz a noção básica desse termo conceitual. Atena deixa-lhe claro que está ali sob a autoridade de Hera, e ordena que se contenha e não o mate, restringindo-se a insultá-lo à vontade. O herói cede, ciente de que, na ordem cósmica, mortais devem obedecer aos deuses, superiores na hierarquia, pois só assim podem esperar que eles os ouçam, quando deles precisam. Ele próprio logo pedirá algo a Zeus, por intermédio de sua mãe, Tétis.

A saída, então, é a ruptura, que anuncia (vv. 225–244) junto à afirmação de que não impedirá o Atrida de tomar-lhe Briseida, seu *géras*, mas jura que não mais lutará junto às tropas, até que sua honra seja restaurada, sem lhes dizer o que fará para tanto: o envio de Tétis a Zeus, como sabe a audiência. Ele rompe com o rei e os aqueus, declarando que todos por ele hão de ansiar, pelo *áristos Akhaiôn* ("o melhor dos aqueus", v. 244), na expressão formular, quando tombarem pelas mãos de Heitor *androphónos* ("mata-varões", v. 242), o maior guerreiro troiano. Falando pelo cetro, insígnia de autoridade que cada um dos reis-heróis toma em mãos ao se erguer na assembleia, Aquiles joga-o ao chão, ao fim de sua jura, em eloquente gesto simbólico.

Finda-se a reunião, nas palavras do narrador, qual violenta *mákhē* ("batalha") em que o Pelida e o Atrida "lutaram [*makhessaménō*] com palavras contendoras" (v. 304). Não há dúvida: o enredo resulta da crise do *géras*, valor do código heroico ético-moral. Tal crise gera o ultraje à *timḗ* do maior dos heróis aqueus em Troia, de sua honra que está acima da própria vida no heroísmo grego, sendo um dos pilares do código que o rege, junto ao *kléos*, a "glória" dos grandes feitos dignos do canto dos aedos, que imortaliza o herói. Como diz Schein (1984: 71), sobre a *Ilíada* e esses pilares que como tais qualifica: "Vive-se e morre-se de acordo com esse código de valores: ser inteiramente humano – isto é, ser um herói – significa matar ou ser morto pela honra e pela glória".

vv. 306–533: Resultados da assembleia

Com a ruptura de Aquiles e Agamêmnon, as ordens deste para a tomada àquele de Briseida, e as providências do eficaz apaziguamento de Apolo, temos o primeiro andamento das ações resultantes da assembleia. Pela sua relevância ao enredo, falo do diálogo Aquiles-Tétis, que precede a altamente ritualizada cena típica de sacrifício cruento – com derramamento de sangue por imolação de animal – e banquete ao deus, em Crisa (vv. 430–487), ressaltando que o sacrifício, tal qual a prece, é um dos meios de comunicação dos homens com os deuses, aos quais, pelo ar, oferecem o perfume de ossos e gordura, ficando os mortais com as carnes sempre bem assadas, para evitar ingestão de sangue impuro. O banquete abarca as ritualizadas etapas do partilhar de comida e de bebida, sucedido pelo continuado beber que abre os prazeres de jogos, dança e canção, aqui, dos dois últimos, reverenciado Apolo com um tipo de canto ritual sobretudo a ele ligado, o peã.

Dá-se o diálogo Aquiles-Tétis (vv. 348–430) depois de o herói ver seu *géras* ser roubado, razão pela qual de todos se afasta chorando, posta-se diante do mar, e chama a mãe que, sendo uma das Nereidas, habita as funduras, filha que é do velho e marinho deus Nereu. Ao principiar sua súplica a ela, lembra-a que é *minynthádios* ("de vida breve", v. 352), pois sabe por ela que morrerá jovem – adiante, acrescentará outro dado, de que morrerá na Guerra de Troia (canto IX). Esse mal torna tudo ainda mais decisivo para si, e amplia em muito a dimensão do que quer que sofra, nisso se distinguindo dos demais heróis que podem ou não morrer na guerra – aos quais o cálculo é outro, portanto. Seu argumento é de que não é aceitável que seja ademais privado de honras que o Olimpo deveria cumular-lhe, e que seja desonrado por Agamêmnon, diz o enfático verbo *atimân* (v. 356).

Acorre a Nereida ao filho, sentando-se junto dele; o narrador canta que, ao chegar, "afagou-lhe a mão, disse-lhe palavra e o chamou pelo nome" (v. 361), em verso formular[7] típico de interações embasadas em fortes laços de *philía*, de afeto na família. Ela pede-lhe que tudo lhe conte, o que ele faz, embora observe que ela, deusa, de tudo sabe, diz o verso retórico (v. 365) que assinala esse dado crucial ao pedido. Na repetição concisa do

7 No original grego: *kheirí té min katérexen, épos t' éphat' ék t' onómaze.*

herói, o narrador aproveita para oferecer à audiência a síntese dos fatos, antes de avançar.

Aquiles, então, passa ao pedido (vv. 393–412), em detalhada instrução: que Tétis vá a Zeus e assuma, em verbo e gesto ritual, a postura de suplicante – com o abraçar dos seus joelhos (v. 407), que ela fará com o braço esquerdo (vv. 500–501), tomando ainda seu queixo com a direita. Mais: que se valha do princípio de reciprocidade – da memória de ajuda a ele dada no passado – para pedir-lhe que aos troianos favoreça, causando sofrimento e morte aos dânaos, de sorte que Agamêmnon entenda sua *átē* ("cegueira ruinosa", v. 412), ao não ter honrado o *áristos Akhaiôn* ("melhor dos aqueus", v. 412).

Chorando como o filho, Tétis (vv. 414–427) primeiro lamenta-se por ele que tanto sofre em sua existência *mínyntha* ("de curto tempo", v. 416), adjetivo que ecoa o que o herói usa (*minynthádios*, v. 352). Depois, reconhece que à sua "vida veloz [*ōkýmoros*]" (v. 417) se somou o "desditoso" (v. 417), e que para "mau lote" (v. 418) o gerou. Note-se que o adjetivo para a vida do herói sublinha a brevidade pelo tempo, e não a velocidade que é a ele associada na expressão formular *pódas ōkỳs Akhilleús* ("pés céleres Aquiles", v. 58).

Tudo somado, Tétis compromete-se a executar o pedido do filho que, todavia, terá que aguardar, mantendo sua *mênis* ("ira", v. 422) contra os aqueus e a abstenção da luta, até que Zeus retorne ao Olimpo, do qual se acha ausente. O que ela sublinha é que, por maior que seja o sofrimento humano, superiores são os deuses cujo ritmo não é por ele ditado. Daí que só no décimo-segundo dia depois do diálogo a Nereida vai ao soberano para suplicar em prol do filho e dele obter a promessa que ruína trará aos aqueus (vv. 425–427).

vv. 493–533: Diálogo entre Tétis e Zeus: a promessa

Quando ela chega, acha-o apartado dos demais, o que torna mais fácil a interação pela qual o deus será colocado em situação delicada junto à esposa, Hera, que protege os aqueus, como ele mesmo dirá à Nereida. Ela de pronto se põe como suplicante, adotando a postura já descrita, em discurso que começa por recordar-lhe (vv. 503–510) a ajuda prévia que lhe deu, quando, tinha dito Aquiles (v. 400), ele foi desafiado em seu poder e trono por Hera, Posêidon e Atena.[8] Pede-lhe agora reciprocidade em prol do filho *ōkymorṓtatos* ("de vida a mais veloz", v. 505) – adjetivo que retoma outro que antes usou (*ōkýmoros*, v. 417). Pede que Zeus honre o herói ultrajado por Agamêmnon e vingue-o, favorecendo os troianos até que pela ofensa à *timḗ* (v. 510) dele os aqueus tenham pago.

Quanto ao modo como Tétis se apresenta ao deus, deve-se ao fato de que ele é cultuado como *hikésios*, "protetor do suplicante [*hikétēs*]": "De modo particular, Zeus vigia as relações que vinculam pessoas que não se conheciam antes: hóspedes, pessoas que suplicam por proteção, jurados" (Burkert 1993: 262). Ele então não pode se recusar a ouvir seu pedido, nem, pela reciprocidade, negá-lo, ainda que tudo isso o indisponha com Hera e que, por isso mesmo, o desagrade, razão pela qual primeiro se cala diante da Nereida que, "colan-

8 "Não há outra referência, em Homero ou nos poetas posteriores, a esse crime específico", muito embora sejam recorrentes as desobediências dos deuses a Zeus, as quais acabam por "mostrar que ele sempre se sai melhor" (Kirk 2001: 93–94).

do-se aos joelhos" (v. 512) dele – enfatizando a súplica pelo gesto –, insiste numa resposta, positiva ou negativa, pela qual afirma que saberá ser "a mais desonrada [*atimotátē*] deusa" (v. 516). Fazem-se nítidos, até para imortais e suas relações, o peso da *timḗ* e a vergonha de sua privação, frisada no adjetivo superlativo. Zeus não pode senão dizer sim e enfim o diz, mas ordenando-lhe que parta de imediato, e com gesto positivo de cabeça, antes enunciado, nele afirma ausência de dolo e sua irrevogabilidade.

vv. 533–611: Olimpo – assembleia e banquete

O entrelaçamento dos planos divino e humano mais uma vez se evidencia. A cena no Olimpo repercute a vinda de Tétis, por sua vez movida por eventos no plano mortal, mas ocorridas ora em conjunção com o divino – a ira de Apolo, em resposta à prece de Crises, a convocação da assembleia por Aquiles, sob influência de Hera, a epifania de Atena a Aquiles, sob ordens de Hera –, ora de modo autônomo – a recusa do Atrida a Crises, a decisão do Pelida de sair da guerra.

Portanto, não são os homens títeres dos deuses; ao contrário, há ações que partem de imortais, as que partem dos mortais, e ainda as que são duplamente motivadas, em decisão conjunta dos agentes (deus e mortal) ou na intervenção divina (favorável ou antagônica) na ação humana, como assinalam Lesky (1995: 86–94) e Janko (1999: 1–7). Em qualquer desses casos, os homens são responsáveis pelas suas ações e essa responsabilidade é inquestionável, sendo a mera dúvida a seu respeito insustentável no gênero épico, que evidencia a imbricação dos planos divino e humano.

Começa a cena pelo esperado entrevero entre Zeus e Hera, agravado pela dura fala do deus à irmã-consorte, porque bem sabe o que deve ocultar. Diante da ameaça de violência que lhe faz o marido, Hera silencia e acabrunha-se, como os demais deuses, até que o "coxo" (v. 607) Hefesto, "ínclito artesão" (v. 571), mostrando afeto à mãe, intervém para pacificar o casal, lamentando, antes de tudo, que "por causa de mortais briguem" (v. 574) e que "briga conduzam" (v. 575), em vez dos prazeres do banquete. Em seguida, restaura a paz pelo riso às próprias custas, que muda a atmosfera para aquela adequada à ocasião, à qual se agrega o prazer da música tocada por Apolo e cantada pelas Musas.

Ao fim, todos concordes vão dormir. Todavia, resta um problema a Zeus: para cumprir a promessa, deve reacender a guerra. A questão é como. É o que pondera, em sua insônia narrada na abertura do canto II.

Canto II
Os nomes e as naus

O canto abre-se com o insone Zeus pensando em como reacender a luta, para começar a cumprir a promessa a Tétis: seu instrumento será o envio de um mensageiro a Agamêmnon, *Óneiros*, "funesto Sonho" (v. 6), sob a identidade de Nestor, com a falsa notícia de que é chegado o dia da queda de Troia, por decisão dos deuses. Os sonhos, afinal, vêm deles (canto I, v. 64), e podem dizer verdades ou mentiras, enganando os mortais.

O lance ardiloso é fundamental ao andamento do enredo, mas não define a reação do Atrida, em torno da qual gira este canto famoso pelo catálogo dos nomes e das naus dos aqueus em Troia, enunciado em meio à preparação das tropas e precedido por uma invocação interna às Musas (vv. 484–493) que renovam seu favor ao aedo.

ESQUEMA GERAL

vv. 1–83: Zeus insone, sonho enganador: plano do deus para reativar a guerra; convocação de Ôneiros, o Sonho, para envio a Agamêmnon com a falsa notícia da imediata queda de Troia; reação do Atrida, com proposta de ataque e, antes, de fuga, para teste da moral das tropas.

vv. 84–483: o Atrida e as tropas: intervenção de Atena junto a Odisseu para conter os homens; assembleia com fala de Tersites, espécie de anti-herói, em prol da fuga; Odisseu intervém, chamando os guerreiros aos brios; a boa moral é recuperada e as tropas se agitam; banquete; preparação e marcha.

vv. 484–780: invocação das Musas – catálogo de nomes e naus: os aqueus que foram para Troia, em 29 contingentes; comentário sobre guerreiros e cavalos.

vv. 781–877: Zeus envia Íris aos troianos: a deusa mensageira, disfarçada, avisa Príamo do avanço do inimigo; Heitor lidera a reunião das tropas que somam troianos e aliados de reinos vizinhos à Trôade, em novo e breve catálogo.

LEITURA PASSO A PASSO

vv. 1–83: Zeus insone, sonho enganador

Ao narrar o sonho vindo a Agamêmnon, com a mensagem enganadora de Zeus, o narrador frisa que nada do que foi dito haverá de se passar, chamando o herói de *nḗpios* ("néscio, tolo", v. 38), porque ignorante do plano do deus que, pela promessa a Tétis, "estava prestes a impor dores e lamentos sobre troianos e dânaos no decurso da luta feroz" (vv. 39–40). Ao recontá-lo na assembleia de líderes (vv. 56–75), o Atrida decide, antes de incitá-las à luta, pôr à prova as tropas desgastadas pela guerra e cerco prolongados, com ordens de que partam, fujam, enquanto os chefes deverão contê-las.

vv. 84–483: o Atrida e as tropas

Na assembleia mais ampla, o rei faz longo discurso (vv. 110–141) em que convoca todos, nove anos volvidos, à fuga, abdicando da vitória, "vil ilusão" (v. 114) de Zeus que não lhe dará *kléos* ("glória"), mas só pesadas perdas. Afirma que, no futuro, a expedição será tida como "vergonhosa" (v. 119), pelo contingente que moveu "em vão" (v. 120). Isso depois de abrir a fala declarando que a promessa do saque não passou de *átē* ("cegueira ruinosa", v. 111) enviada pelo deus; vale-se aqui do termo que Aquiles atribuiu à ação ultrajante de Agamêmnon contra si, qual seja, a do roubo do *géras* ("prêmio de guerra"), Briseida (canto I, v. 412).

Cabe, então, dizer algo sobre a *átē*, termo conceitual que não poucas vezes retorna à linguagem do narrador. A ideia básica é a da cegueira que leva à ação ruinosa, porque executada sob obscurecimento da mente, o qual é em alguns casos atribuído à ação divina. Daí os sentidos de "desvio, devaneio, obsessão" e "ruína", a depender do contexto. É o que explica Dodds (1988: 11–12) sobre essa noção na *Ilíada*.

A reação ao discurso do chefe da expedição só poderia ser a narrada: saem todos a aprestarem a fuga, para desespero de Hera e Atena, que interferem para detê-los, tarefa de que a segunda incumbe Odisseu, instruída pela primeira a descer aos aqueus. O herói, que sofre pela cena, é caracterizado (vv. 169 e 173) pelo seu traço principal, a *mêtis* ("inteligência astuciosa"), prerrogativa de Atena, que lhe é especialmente próxima e cujas palavras ele ouve, reconhecendo-a. A astúcia é relevante no contexto, pois Odisseu usará dois discursos distintos estrategicamente pensados para conter guerreiros e líderes e reconduzi-los à assembleia, como bem ressalta Kirk (2001: 134).

Nessa nova assembleia, só um deles, Tersites, o anti-herói destacado para efeito de contraste, ousa tagarelar (vv. 225–242), atacando Agamêmnon pelo ultraje a Aquiles, mas expondo sua própria falta de excelência na fala carente de medida e de ordem. Não por acaso *Thersítēs*, cujo nome viria do sentido negativo de *thársos* ("ousadia, audácia; imprudência, temeridade"), frisa Kirk (2001: 138), é também "o mais feio" (v. 216) em Troia; por isso, é uma das raras personagens a ganhar uma descrição física detalhada (vv. 217–219), e ademais, uma personagem sem patronímico e sem menção ao "local de origem". Ou seja, ele é privado de beleza, nobreza e eloquência, características heroicas essenciais. Daí que Odisseu, cuja eloquência superior é um traço de sua *mêtis*, destrói e humilha Tersites, exortando os dânaos a permanecerem na luta até a queda e o saque da cidade (vv. 278–333). E o faz tendo junto a si Atena, disfarçada de arauto, que os silencia, para que não percam uma só palavra do que diz. O resultado é que um novo ânimo toma as tropas aqueias exortadas ainda por Nestor e pelo próprio Atrida. Logo, o plano de Zeus é exitoso, embora por caminhos imprevistos, traçados pela ação humana em reação ao sonho, e pela (re)ação das deusas aliadas dos dânaos.

Destaco nos versos 301–332, parte de fala exortativa de Odisseu, a narrativa do *méga sêma* ("grande sinal", v. 308) em Áulis, uma cidade-porto da Grécia central, onde se reuniu a expedição, para partir rumo a Troia. Tal sinal – "terrível portento dos deuses" (v. 321) – foi ali testemunhado por todos no passado dos eventos do poema: serpente e ave estavam perto de uma árvore, que servia de abrigo das respectivas crias; a primeira, porém, devorou a segunda e sua prole; então Zeus, que tinha tornado visível a serpente, invisível e em pedra a transformou. Calcas a decifrou, recorda Odisseu, como demonstração de que o deus concedera-lhes destruir Troia em número de anos igual ao de crias devoradas, nove, somadas à mãe, dez – e no décimo ano se situa o poema. Note-se que a cena faz lembrar a tradição do *aînos* ("fábula") – tradição popular mesopotâmica muito antiga e levada à Grécia, em que se elabora em gêneros poéticos variados nas eras arcaica e clássica, e para nós celebrizada na figura de Esopo (ativo em c. 590 AEC).

VV. 484–780: INVOCAÇÃO DAS MUSAS – CATÁLOGO DE NOMES E NAUS

A invocação proemial da Musa (canto I, vv. 1–7) confere ao aedo autoridade e conhecimento para o canto. Esta realça o segundo elemento, marcando a excepcionalidade do catálogo dizível só pelo saber superior das deusas (vv. 484–487):

> Dizei-me agora, ó Musas, que no Olimpo tendes moradas,
> pois vós sois deusas e estais presentes e sabeis de tudo,
> nós só o rumor [*kléos*] ouvimos e de nada sabemos.

O narrador contrasta o saber das Musas (v. 485) e o limitado saber dos mortais, este restrito ao "rumor" – sentido básico de *kléos* – que, percorrendo ouvidos, dá "fama, glória" a um grande feito digno do canto do aedo; daí que a "poesia confere glória", conclui Nagy (1999: 16–17), ao explicar o termo conceitual *kléos*. Bem recorda Goldhill (1991: 69) que, na "cultura grega de todos os períodos, a noção de *kléos* se liga à voz do poeta de uma forma fundamental", articulando-se "em termos etimológicos e semânticos" a *klýein* ("ouvir, escutar") – à ideia da palavra que percorre bocas e ouvidos.

Nos versos traduzidos, o conhecimento vem expresso (vv. 485–486) em formas variadas de *oîda* ("ver, saber"), verbo que denota a concepção grega de conhecer como intrinsecamente ligada ao ver, aquilo que é a "faculdade particular das Musas", frisa Clay (2010: 16). Lembre-se que o aedo é, na tradicional imagem, cego, um reflexo da natureza da própria poesia heroica. Tal faculdade permite que as deusas tragam o passado remoto ao presente, prossegue Clay (2010: 16), e "depende da onipresença e da habilidade delas de estarem presentes aos eventos, e do testemunho deles todos", pois "ter visto é saber" que em muito supera "o ouvir dizer impreciso que constitui o acesso humano normal a acontecimentos distantes ambos no tempo e no espaço". Logo, um mortal não poderia perfazer o catálogo de nomes e naus, sem as deusas (vv. 487–493):

> [Dizei-me] quem eram os líderes dos dânaos e seus comandantes;
> a multidão eu não poderia narrar nem nomear,
> nem se dez línguas e dez bocas eu tivesse,
> e voz inquebrantável, e brônzeo fosse meu coração,
> se as Olímpias Musas, de Zeus porta-égide
> as filhas, não me recordassem [*mnēsaíath'*] quantos vieram sob Ílion;
> sobretudo enumerarei os líderes das naus e as naus todas.

A sequência afirma que, sem a visão das Musas – seu saber –, não é possível narrar tão excepcional catálogo, sem que elas o transmitam pela recordação, frisa a forma verbal ligada a *mnḗmē* ("memória", v. 492).

Elas atendem o aedo que, finda a invocação, elenca (vv. 494–760) os vinte e nove contingentes de guerreiros e naus vindos a Troia de "quase toda parte do mundo grego à época de Homero, se não antes disso" (Kirk 2001: 168). Fica, pois, reafirmada a sua autoridade, e fazem-se maximizadas as dimensões das tropas.

Outra brevíssima invocação (vv. 761–762) é feita após o catálogo, nomeando o *áristos* – o "melhor" dos cavalos e dos homens. No que tange a estes, reitera o narrador o lugar que o próprio Aquiles dá como seu (canto I, vv. 244 e 412), de *áristos* entre os aqueus, sendo Ájax Telamônio (vv. 768–770) o segundo depois dele. E é com a imagem do Pelida Aquiles rompido com as tropas que vai se fechando o canto, cujo último andamento é a preparação dos troianos para o reinício da luta, ativada por Íris a mando de Zeus, e o pequeno catálogo em que entram também os aliados de Troia (vv. 781–877).

Canto III
Duelo e *theikhoskopía*: presente e passado da guerra

É famosa a cena de Helena na "muralha" (*teîkhos*) de Troia, a "observar", diz o verbo *skopeîn*, junto ao rei Príamo, as tropas aqueias, identificando seus líderes, a pedido dele; pela *teikhoskopía* ("observação da muralha") ficou conhecido o canto já entre os antigos (Kirk 2001: 286).[1] Ela potencializa o impacto da imagem das hostes na planície, entre a costa em que se enfileiram as naus dos invasores e os muros da cidadela, e realça a admiração mútua entre os inimigos, pela qual se elevam os que se engajam na luta prestes a ser reacendida.

O narrador põe troianos e dânaos frente a frente (vv. 1–14), contrastando o aproximar das respectivas tropas entre si por símiles: aqueles veem quais pássaros em alarido; estes, silentes quais potentes ventos. A tensão se instaura, mas ainda não se dará o choque, pois o que este canto "maravilhosamente coerente e dramático" (Kirk 2001: 49) traz, a partir do encontro de Páris e Menelau, é um olhar às origens do conflito, para o rapto de Helena, reiteradamente apontada pelo narrador, pelas personagens e por ela mesma, como *causa belli* ("causa da guerra"). Não por acaso ela protagoniza notável cena metapoética acerca do tema da epopeia em que se acha.

1 West (2023: 501, 541) observa que esse tipo de cena, a *teikhoskopía*, está presente também em outras tradições indo-europeias.

O rapto, cometido por Páris quando era hóspede no palácio de Menelau, irmão de Agamêmnon, em Esparta, consiste em ultraje a um dos mais relevantes valores dentre os que codificam as relações humanas, o da *xenía* ("hospitalidade"), embasado no basilar princípio da reciprocidade. Tais relações, aliás, são de novo enfocadas, na medida em que a ação tem apoio de Afrodite, por causa do antes referido "Julgamento de Páris", sobre o qual falarei adiante. Vemo-las na triangulação Páris-Helena-Afrodite, que mostra quão instáveis elas são, e assimétricas, e o perigo que mesmo a predileção de um deus pode representar a um mortal. Isso se revela tanto no diálogo entre Heitor e seu irmão Páris (vv. 39–75), quanto no entre Helena e Afrodite (vv. 383–420).

No segundo diálogo, ademais, a dinâmica entre a deusa e a heroína protegida faz-se muito ilustrativa de um fato importante a ter em mente, de que são profundamente assimétricas as relações entre deuses e mortais, porque marcadas pelo abismo da imortalidade daqueles e da mortalidade destes. Intransponível, tal abismo está na base da hierarquia cósmica, na qual deuses ocupam o plano superior aos homens, que lhes devem reverência, pela qual reconhecem tal posição e a sua própria no plano inferior, evidenciando a distinção entre as naturezas divina e humana. Isso implica que, por mais próximo que seja um deus, e benévola a sua intervenção, nada garante que assim será sempre; o favor divino não é continuadamente garantido, mas depende de como o mortal age e da vontade divina imperscrutável aos homens, por natureza limitados na visão e no saber. Por isso, Lesky (1995: 86–94) sumariza três pares opositivos para pensar as relações homens-

-deuses: proximidade-distância; favor-crueldade; justiça-arbitrariedade. Quer dizer, os deuses podem estar próximos ou distantes, segundo melhor lhe parecerem a cada instante; podem ser presença constante e zelosa, ou simplesmente abandonarem seu protegido, em especial se infringe regras, se comete ultraje. Então, ele pode ser punido, e com crueldade. E os deuses podem ainda agir com justiça ou arbitrariamente.

As relações estão, portanto, sob o signo do instável, do frágil, e acabam por ser perigosas aos mortais. Afinal, estes não podem afetar os deuses cuja influência é tanto maior por advir de instância livre das limitações humanas, recaindo sobre um plano restringido justamente por elas.

Por fim, no que tange a este canto III, cabe notar a temática erótica que emerge do olhar para o rapto de Helena e a triangulação dela com Afrodite e Páris.

ESQUEMA GERAL

vv. 1–120: tropas na planície – Páris, Menelau e o duelo: a vítima (Menelau) e o algoz (Páris) frente a frente; o temor deste e a censura de Heitor; a proposta de Páris, de duelo com Menelau por Helena e suas posses, para fim da guerra.

vv. 121–244: Helena, Íris, Príamo – urdidura e *teikhoskopía*: a deusa mensageira vai a Helena; a urdidura metapoética da heroína; a deusa a leva aos muros, a Príamo, para contemplação das tropas aqueias.

vv. 245–313: Príamo, juramento, sacrifício: sob autoridade do rei, selam-se os termos do duelo, em meio a preces dos aqueus a Zeus, pela vitória.

vv. 314–461: duelo, Afrodite, Helena: Páris é salvo da morte pela deusa; disfarçada, ela leva Helena ao quarto dele; Agamêmnon decreta a vitória de Menelau no duelo frustrado.

LEITURA PASSO A PASSO

vv. 1–120: tropas na planície – Páris, Menelau e o duelo

Ao ver Páris diante das tropas troianas, Menelau avança seu carro sobre ele, pois anseia pela *tísis* (v. 28), a "retribuição punitiva" por seu feito ultrajante, mas o troiano se acovarda diante da fúria aterradora do aqueu. É o que basta para que o indignado Heitor, sobre o qual jaz o grande peso da guerra e da defesa da cidade, censure-o publicamente, com duros insultos, e o exponha diante dos pares, algo terrível na "cultura da vergonha", porque compromete o respeito que possui o herói, sua estima pública.

Em seu discurso a Páris (vv. 38–57), Heitor projeta-o como guerreiro demasiado imerso no mundo de Afrodite. Seu descontrole erótico marca um dos primeiros adjetivos que recebe, *gynaimanés* ("mulherengo", v. 39), em que *gynḗ* ("mulher") e *manía* ("loucura, obsessão") se somam; dele advém a desgraça de Troia, e daí o outro adjetivo, *Dýsparis* ("mau-agouro", v. 39), que joga com a sonoridade de seu nome. Se são belos os heróis, no caso do troiano a beleza é erótica, essencialmente, e não bélica. Isso torna problemático o herói que, frisa Heitor, é responsável pelo conflito, uma vez que raptou a bela Helena, "grande flagelo" (vv. 49–50) à cidade. Antes fosse ele *ágonos* ("não-nascido") e *ágamos* ("não-

-casado"), diz Heitor (v. 40), em novo jogo sonoro que liga nascimento e casamento à ruína que Páris impôs à urbe; melhor do que ele é Menelau, o *arēíphilos* ("dileto de Ares", v. 52) contra quem, afirma-lhe Heitor, seriam vãs sua vaidade e predileção de Afrodite.

Na resposta (vv. 59–75), Páris aceita as críticas, mas se defende, justificando-se com o argumento de que um mortal não pode rejeitar a predileção de uma deusa, o que não é falso, mas é-lhe bem conveniente. Propõe, então, um duelo com Menelau *arēíphilos* (v. 69) – ele repete o epíteto, reconhecendo o valor do aqueu –, no qual o vencedor teria por prêmio Helena e suas "posses todas" (*ktḗmasi pâsi*, v. 70), e finda estaria a guerra. Tais bens, vale anotar, são do *hédna* ("dote, dons de boda") que Tíndaro, pai de Helena, transferiu a Menelau, como sinal da legitimidade da união, e se destinam à proteção da mulher, caso lhe faltem as figuras masculinas (Redfield 1982: 184).

Esse é, portanto, o acordo a ser selado em juramento e sacrifício, sob a autoridade de Príamo. O duelo, porém, não será exitoso, sabem narrador e audiência, como tal, mas como ferramenta de construção do enredo e de seu andamento – de reinício da guerra –, de elevação das expectativas e da tensão, criando uma espécie de clímax interno e externo à cena. Ademais, serve a mostrar Páris com certo "senso de vergonha" (Kirk 2001: 274), depois de ter se comportado indignamente para o padrão heroico.

No seu enquadramento, destaca-se a deusa essencial ao desenrolar da ação, cujo poder de seduzir para o sexo, sua prerrogativa, é referido na expressão *dō̂r'[a] Aphrodítēs* ("dons de Afrodite", v. 54). Com ela, Heitor ataca Páris que, expandindo-a (*dō̂r' eratà … khryséēs*

Aphrodítēs, "dons amáveis ... da áurea Afrodite", v. 64), usa-a em defesa de suas atitude e têmpera oscilantes, por demasiada proximidade dela. Os adjetivos que acrescenta à expressão intensificam a dimensão da sedução e do desejo, este suscitado pela grande beleza que o qualifica e da qual a deusa é exemplo insuperável, sendo apenas ela "a dourada" em Homero. Em termos imagéticos, o brilho, elemento tradicional à beleza na poesia grega antiga, é máximo no "ouro" – em grego, *khrysós* – que é o metal mais valioso de todos e incorruptível, por isso mesmo ligado a deuses e heróis.

Observe-se que a própria Guerra de Troia é síntese cabal da ambivalência de Afrodite e de seu mundo, em que se conjugam prazer e destruição movidos por *érōs*.

O rapto de Helena, o crime de Páris: ultraje à *xenía* ("hospitalidade")

O problema da ação que gerou a guerra é, como disse, o ultraje à *xenía* que Páris cometeu, pois estava hospedado no palácio de Menelau, de cuja momentânea ausência se aproveitou para raptar-lhe esposa e bens. A *xenía* é mesmo uma instituição, em cuja base está o princípio basilar da reciprocidade – a hospitalidade é uma de suas formas –, e cuja função é estabelecer e perenizar uma estrutura de relações sociais entre indivíduos que se põem em obrigação recíproca e estendida aos descendentes de cada lado (Benveniste 1995a: 94). Tal princípio do código ético-moral da sociedade tradicional (pré-letrada, pré-monetária) sustém também relações sociais e políticas, criando alianças e amizades.

O elo firmado no âmbito da *xenía*, termo ligado a *xénos* ("estrangeiro, hóspede"), é tão forte que pode se sobrepor à guerra (canto VI); estendido às respectivas linhagens de anfitrião e hóspede, é celebrado por "troca de dádivas entre os contratantes que declaram sua intenção de vincular seus descendentes por meio desse pacto" (Benveniste 1995a: 94). Tal elo-pacto não pode ser rompido sem as mais severas consequências, pois, além de tudo, tão importante é a *xenía* que Zeus é cultuado como *xénios* ("hospitaleiro"). Afirma Burkert (1993: 262): "De modo particular, Zeus vigia as relações que vinculam pessoas que não se conheciam antes: hóspedes, pessoas que suplicam por proteção, jurados"; e por isso moveu a punitiva Guerra de Troia.

Não admira, então, que na mélica (a poesia lírica de fato) e na tragédia, Páris receba o epíteto *xenapátēs* ("engana-anfitrião"), síntese do crime que praticou e ao qual é reduzido.

vv. 121–244: Helena, Íris, Príamo – urdidura e *teikhoskopía*

Enquanto o ritual da jura é preparado, a mensageira divina, Íris, qual Laódice – a mais bela filha de Príamo (v. 124) –, busca Helena – a mais bela mortal –, para levá-la aos muros, no que é o "motivo dos chamamentos divinos" (Kirk 2001: 321). Assim é que a encontra nos aposentos do *oîkos* – a "casa" e seu mundo, central na vida feminina e pela mulher administrado, o homem sendo o provedor cuja vida se dá na arena pública. Helena tece ao tear, trabalho essencialmente feminino executado por mortais e deusas, em ligação antiga, tanto que nos cultos a estas eram com frequência oferecidos, como no canto VI a Atena, "tecidos votivos" (Neils 2009: 137).

Há duas grandes chaves metafóricas giradas pela ideia do tecer: a do dolo inerente à sedução, na tradição poética erótica, e a do poetar e do poema. O "tecer estava ligado estreitamente ao cantar" (Snyder 1981: 193); tanger as cordas da lira é tanger os fios do tear e vice-versa. Emana dessas equivalências a concepção de poesia como "um ofício a ser aprendido, por meio do qual o poeta podia criar uma urdidura de palavras tecidas conjuntamente num desenho controlado" (Snyder 1981: 195). Na cena de Helena ao tear – e noutras cenas metapoéticas em Homero –, portanto, a poesia nos diz como é vista no mundo em que se faz, falando-nos de suas natureza, lugar e importância:

> Na tradição oral de que a poesia homérica faz parte, especialmente, introduzir o canto dentro do canto, explorando algumas formas de reflexão, era como que um movimento natural, porque se tratava de incluir, nas histórias contadas, o que era parte essencial da vida de todos (Malta 2016: 19).

Ora, uma grande e luxuosa urdidura, com desenhos da guerra troiana, é o que a heroína, *causa belli* (v. 128), tece, qual faz o aedo com palavras. Metapoesia pela imagem: eis o que a cena projeta, na expressão autoconsciente de Helena quanto a seu papel no enredo que o poeta narra cantando, e ela, pictoricamente (Pantelia 1993: 495), ambos cumprindo, cada um a seu modo, a função precípua de manter na memória, dando-lhe fama, a Guerra de Troia. Isso é muito significativo por si só, tanto mais se colocarmos Helena em paralelo com Aquiles (Malta 2016); afinal, este é o protagonista da epopeia e a causa dos sofrimentos dos aqueus, por sua ira; Helena, da causa da guerra narrada e das dores de dânaos e troianos, por sua beleza.

vv. 129–244: Helena e Príamo – *teikhoskopía*

Íris, tomando a forma de Laódice, chama Helena a ver tropas que não lutam, como na cena da urdidura, mas aguardam o duelo Páris-Menelau, cujo vitorioso a terá por "cara esposa" (v. 138). E nela lança desejo "pelo primeiro marido, e pela cidade e pelos pais" (v. 140). Fica evocada a boda legítima que gerou prole (Hermíone), em contraste com a ilegítima e estéril boda com Páris. Emocionada, ela vai aos muros coberta por véu e com duas criadas, pois a mulher jamais circula só no mundo fora da casa, segundo o código do decoro feminino de comportamento e vestimenta, que faz de véu e adornos de cabeça os mais expressivos elementos – aquele, símbolo do casamento por excelência (Redfield 1982: 196).

Na muralha, é contemplada pelos velhos em torno de Príamo, que reconhecem admirados a beleza símil à de deusa, digna de uma guerra, fonte de desgraça; daí que melhor seria que ela dali partisse. Não obstante, o rei (vv. 162–165) é-lhe benévolo e afetuoso, isentando-a de *aitíē* ("responsabilidade", v. 164) pelo conflito que imputa aos deuses. E pede-lhe que identifique os líderes aqueus impressionantes. Em pequeno catálogo de seus nomes, Helena atende ao pedido, mas não sem fala prévia duríssima sobre si mesma, de autodepreciação (vv. 172–180), que é sua marca. Com tristeza, desgosto, vergonha, lamenta ter abandonado o "tálamo, os parentes, / a cara filha, e as coevas amáveis" (vv. 174–175), de que Íris a tornou saudosa. Ao fim, antes de começar a nomear os chefes – menos Aquiles, cuja ausência se faz notável –, chega mesmo a se qualificar como *kynôpis* (v. 180), literalmente, "cara" (*ṓps*) de "cadela" (*kýōn*), isto é, "impudente, promíscua". O adjetivo realça o adultério que é a pior imputação à esposa, pois consiste na quebra do pacto que define o papel da mulher (esposa e mãe) e sua existência social.

Cria-se, assim, um contraste entre a imagem que Helena projeta de si e a que dela fazem narrador e narrativa pela boca de outras personagens masculinas (Graver 1995: 53). Reside também nisso o fascínio da heroína cuja ambivalente imagem homérica distingue-se da prevalentemente negativa que se vai consolidar. Reitero, porém, que ela na *Ilíada* é dada por todos como a causa da guerra, inclusive pelos que lhes são gentis.

Tendo como que passado em revista os líderes das tropas aqueias ao admirado Príamo, Helena nota a ausência de seus irmãos gêmeos Cástor e Pólux, os *Diòs koûroi* ("meninos de Zeus"), imaginando-os envergonhados dela, pois não sabe, diz o narrador, que já pereceram longe dali, em Esparta. O discurso finda-se, pois, com elemento que assinala mais uma perda no âmbito da família e da terra pátria, significativa menos por trazer à tona o elemento divino na linhagem dos Tindaridas, isto é, da prole de Tíndaro e Leda, da qual ainda faz parte Clitemnestra, esposa de Agamêmnon, e mais por reiterar o tema do rapto. Quanto ao elemento divino, Pólux é filho da sedução de Leda por Zeus, e mesmo Helena o é em certas tradições, embora não nesta da épica homérica. E quanto ao tema do rapto, os Dióscuros salvaram muitas vezes a irmã de raptores, antes da boda dela com Menelau, razão pela qual se deu o "pacto de Tíndaro". Tal episódio do ciclo mítico troiano conta como o rei Tíndaro fez virem a Esparta todos os noivos em potencial da filha, para que jurassem respeitar sua escolha e juntos atacassem quem a raptasse. Isso explica o porquê da expedição com todos os líderes, em prol da reparação da honra do Atrida Menelau, e a fala de Aquiles no canto I (vv. 149–171), que de novo ouviremos noutros cantos, sobre sua presença na guerra não ser devido a ação injusta dos troianos contra si.

vv. 314–461: duelo, Afrodite, Helena

Enfim, o duelo. Da descrição dos heróis antagonistas a se armarem, em cena típica, passa a narrativa ao avanço de um sobre o outro. Menelau pede constantemente a Zeus a *tísis* contra o troiano, a "retribuição punitiva". Após receber de Páris o primeiro golpe, volta-se ao deus em prece, nos cruciais versos 351–354, que deixam claro que a guerra é movida pelo ultraje à *xenía*; Menelau era, afinal, *xeinodókos* ("acolhedor de estrangeiros, anfitrião", v. 354) do Priamida que deve receber punição exemplar, dada a gravidade do crime:

> "Ó senhor Zeus, dá-me punir quem primeiro vilezas fez,
> o divo Alexandre, e às minhas mãos subjuga-o,
> para que estremeça aquele, dos homens nascidos no futuro,
> que cometer vilezas contra o anfitrião que lhe deu amizade".

Note-se que Páris é também nomeado Alexandre, pois, ao nascer, foi deixado nas montanhas para perecer pela ação dos elementos, dado o sonho profético na gravidez de Hécuba, sua mãe, de que o fogo tomaria

Troia quando o filho viesse à luz. Um casal de pastores, porém, adotou-o e o criou – e ainda é como filho deles que o rapaz belíssimo atua como juiz no certame do "Julgamento de Páris". Um dia, ele descobre sua verdadeira identidade e se reintegra à família que o gerou; o sonho profético, provando o alcance superior da visão dos deuses, realiza-se: a ação dele arruína completamente a cidade e sua gente – o rapto de Helena, a mais bela mortal, com ajuda de Afrodite, por ele escolhida como a mais bela deusa, que no julgamento lhe oferece a heroína como dom recíproco.[2]

Esse certame acha-se na epopeia *Cantos cíprios* (c. 650 AEC), de incerta autoria e basicamente perdida, e na iconografia de 650 AEC em diante.[3] Insere-se no contexto da boda da Nereida Tétis e de Peleu, narrada naquele poema, a cuja festa vai a deusa Éris ("Discórdia"), sem ter sido convidada, à diferença dos outros deuses todos. Lá, lança uma disputa de beleza entre Atena, Hera e Afrodite, com a maçã de ouro que atira entre os convidados – "o pomo da discórdia", na expressão conhecida. Por desígnios de Zeus, Páris Alexandre foi escolhido para juiz, o mais belo mortal, então morando com os pastores que o adotaram.

Tal é o quadro do episódio (Davies 2003: 32–50) que está nas origens do rapto de Helena e bens, do crime contra a *xenía*, da guerra e, claro, do favor das deusas vencidas aos aqueus. Aqui, vemos em ação a deusa vencedora, pois Menelau está prestes a derrotar Páris

---

2 Atena lhe teria oferecido glórias guerreiras inigualáveis, e Hera, a soberania.

3 Há poucos e pequenos fragmentos, além de testemunhos; ver edição de West (2003: 66–81), e ainda Burgess (1996), Gantz (1996, v. 2: 567–571), Davies (2003: 32–50).

no duelo, matando-o, quando Afrodite, em cena típica de proteção divina de mortal em perigo, o envolve em névoa espessa e o leva dali, ao "fragrante tálamo perfumado" (382) em que poderá gozar do enlace com Helena, a quem logo vai buscar para conduzir a esse espaço da intimidade da casa e da consumação das núpcias, altamente erotizado.

A cena toda revela múltiplos ingredientes tradicionais do erotismo, que falam da concepção de *érōs*, força externa que, arrebatando o sujeito, demanda de forma imperativa e premente a própria satisfação, de sorte que a obsessão oblitera a razão, e tudo o que é por ele movido é potencialmente manipulador, enganador ou até violento – quando a persuasão pelas palavras não alcança o objetivo da sedução.

Disfarçada de velha senhora conhecida da espartana, chega Afrodite a Helena com fala sedutora que lhe descreve Páris pela beleza e frescor de quem vai a uma dança ou nela está – ele que sumiu da planície da guerra que causou. A voltagem erótica só aumenta na ênfase à beleza superlativa dos envolvidos e na sinestésica referência a aromas, roupas e brilho. Em reação, o coração dela se agita, mas depois é tomada de *thámbos* ("espanto admirado") – diz o verbo *thambeîn* (v. 398) que narra a equivalente reação de Aquiles diante de Atena (canto I, v. 193); e percebe tratar-se de Afrodite pelas pistas em seu corpo, visíveis decerto para intensificar o impacto de sua presença.

Helena, mortal que é, não pode recusar o chamado, e disso a lembra a deusa, após ouvir o discurso desrespeitoso dela (vv. 399–412), no qual a acusa de lhe vir *dolophronéousa* ("planejando dolos", 405) – algo característico da sedução – e chega a sugerir, insolente, que vá ela se deitar com Páris. A deusa se encoleriza (v. 413) e a ameaça sem meias-palavras (vv. 414–417), pois pode odiá-la tanto quanto a ama. A fala é eficaz: a heroína, que por breve instante esqueceu que o favor divino não é garantia permanente, teme (v. 418); em silente obediência (vv. 418–20) caminha ao quarto de Páris guiada pela *philomeidȇs Aphrodítē* (v. 424), a "ama-sorriso", na expressão formular que realça a grande sedutora, concluindo, assim, uma cena ilustrativa da assimetria das relações deuses-mortais, que comentei na apreciação geral deste canto, e de que o favor divino é condicionado ao comportamento e às ações humanas, de um lado, e à insondável vontade da deidade, por outro.

Lá chegando, a deusa faz Helena se sentar diante do desejoso Páris, ansioso para com ela subir ao leito; a descrição usa *érâsthai*, verbo ligado a *érōs* e à expressão formular de excitação advinda de irresistível atração, *glykỳs hímeros* ("doce atração"), num verso que o é, ele próprio, formular (v. 446).[4] É com ele que Páris conclui seu discurso sedutor e breve, chamando-a ao enlace, após ouvir a dura condenação que lhe faz (vv. 428–436), elogiando o marido abandonado, depreciando o amante desavergonhado que ali está como se guerra não houvesse – ele que a gerou. Nada disso o afeta, porém; tomado por *érōs*, só pensa em saciar o desejo que, diz-lhe, é símil ao do primeiro enlace de ambos, após o rapto, numa ilha, ainda na viagem rumo a Troia. Finda a fala, sobem ao leito.

Afrodite vence, como de hábito, dado seu "dulciamaro" poder "inelutável", como diz Safo (c. 630–580

4 No original grego: *hō̃s seo nỹn éramai kaí me glykỳs hímeros haireĩ* ("como agora te desejo e doce atração me toma").

AEC) numa canção sobre Eros (Fragmento 130).[5] O termo *érōs*, vale notar, integra em primeiro registro a expressão formular épica de fim de banquete ("depois que o desejo [*éros*] de comida e de bebida acalmaram",[6] canto I, v. 469), sendo neste canto III deslocado à arena erótica que o marca em definitivo. Em ambos os usos, porém, mantém-se seu sentido básico de "falta, carência" insuportável, a ser saciada. Diz Carson (2022: 27): "Quem ama quer o que não tem. É, por definição, impossível para o amante ter o que deseja, se, assim que ele o tem, não quer mais".

A natureza de *érōs* é, portanto, paradoxal, frisa Carson (2022: 27), e cria o dilema que é-lhe intrínseco e que torna sempre tormentosa a experiência erótica, ainda que prazerosa.

5 Traduzido e comentado por mim (Ragusa 2021: 100–101).

6 No original grego: *autàr epeì pósios kaì edētýos ex éron hénto.*

Canto IV
Duelo frustrado, jura por terra

A expectativa do reengajamento das tropas, criada pela promessa de Zeus a Tétis (canto I, vv. 493–533), valoriza-se pelo retardo do choque que só aqui se dá, mas inicialmente; mesmo este canto ainda parece dedicado a "retardar, até ao menos seu fim, o confronto final das forças", diz Kirk (2001: 49). Isso porque há um fator complicador: a trégua para o duelo Páris-Menelau, sob jura sacra, tem que cair por terra, o que se dará por nova intervenção de Atena a pedido da apreensiva Hera, aquela deusa "assumindo a forma de um guerreiro que persuade o arqueiro Pândaro a atirar contra Menelau, assim violando a trégua" (Kirk 2001: 50). A ação que a todos indigna fortalece nos aqueus, nota Kirk, o "compromisso moral" de destruir Troia, e o conflito não será mais adiado.

Há que ressaltar ainda um elemento constante na epopeia, pelo qual o narrador humaniza o relato bélico – um entre outros: o uso de símile que associa a morte dos homens à das plantas, projetando a qualidade patética do tombar do jovem guerreiro.

ESQUEMA GERAL

vv. 1–219: O Olimpo e o problema do duelo: quebra do juramento e fim da trégua; Zeus e a possível paz que enfurece Atena e Hera; Atena (plano de Hera e ordem de Zeus) desce à terra e vai aos troianos, para incitar

Pândaro a atirar seta contra Menelau, derrubando a trégua selada em juramento sob Príamo feito (canto III, vv. 245–313).

vv. 220–544: as tropas se armam e se batem: recomeça a carnificina, e os deuses se dividem no conflito; os heróis que tombam – a morte de Simoésio.

LEITURA PASSO A PASSO

VV. 1–219: O OLIMPO E O PROBLEMA DO DUELO

Diante do fim do duelo, Zeus "maliciosamente sugere fazer a paz" (Kirk 2001: 331) e compara a atuação de Hera e Atena, em favor dos aqueus, à de Afrodite, em favor dos troianos, realçando a desta (canto III). Reconhece a "vitória" – o termo é *níkē* – de Menelau, por Agamêmnon decretada (canto III, vv. 456–461), e propõe esta discussão (vv. 14–16):

> "Ponderemos nós como ficará isto:
> se de novo a guerra vil e o temível som da luta
> incitaremos, ou a amizade entre ambos os lados
> lançaremos".

O deus não pode favorecer senão a primeira opção, pois precisa arruinar Troia, dado o ultraje de Páris à *xenía* ("hospitalidade", canto III), e dar impulso aos troianos na luta, para cumprir a promessa a Tétis, de honrar Aquiles (canto I). Logo, vexado e diante da reação irada de Hera, autoriza-a a atuar para a destruição da cidade, mas anuncia que no futuro destruirá em troca uma da predileção dela, na lógica da basilar reciprocidade, que tenho realçado. Um aspecto importante dessa fala é a elevação, pelo deus, de Troia, por meio da estima que expressa para com ela, algo que tanto mais eleva o feito dos aqueus, de capturá-la. É outra instância da lógica igualmente frisada da valorização do inimigo, própria à ética agonística da *aretḗ* ("excelência"), que pauta o mundo do poema. A estima do deus é ainda recíproca à reverência e à honra que a si os troianos e em particular Heitor sem falha devotam, como reconhece mais de uma vez na epopeia.

É demanda de Hera, em resposta ao deus (vv. 51–68), um plano de ação: caberá a ele enviar Atena à planície, para que faça com que os troianos lesem a jura da trégua para o duelo, indignando os dânaos, o que levará ao choque das tropas. Ele assente e o plano é executado, com Atena a descer do Olimpo, em cena típica das viagens divinas.

Cabe ressaltar como esse início do canto marca, uma vez mais, a assimetria da relação entre imortais, superiores, e mortais, inferiores, e como a estima de um deus por um mortal ou uma cidade, que fizeram por merecê-la, pode não lhes ser de grande valia. Destruir Troia é, afinal, uma questão institucional, por assim dizer, na medida em que Zeus *xénios* ("hospitaleiro") zela pela *xenía* que Páris aviltou (canto III).

vv. 85–219: quebra da jura, fim da trégua

Assumindo a identidade do filho de Antenor, Laódoco, a deusa instiga Pândaro a mirar sua flecha em Menelau, prometendo-lhe (v. 95) "favor" e "triunfo" que traz glória – os termos conceituais são *kháris* e *kŷdos*, respectivamente; aconselha-o ainda a antes erguer promessa de reverência a Apolo, deus do arco e flecha; afinal, não há êxito humano sem o favor divino, no pensamento tradicional grego. É assim que persuade o "juízo no sem juízo" (v. 104), no enfático jogo sonoro da sequência *tōi ... phrénas áphroni*.

A relevância do lance é frisada em três recursos pelo poeta. O primeiro: dedica-lhe detalhada descrição em *crescendo*, iniciada pelo armar-se do herói, passando às próprias armas e chegando ao tiro em que a seta se torna animada, porque é o sujeito da forma verbal (v. 125) que finda a descrição. O segundo: o narrador fala diretamente a Menelau – recurso dramático que vivifica ainda mais o relato –, para ressaltar o favor de Atena que o poupará de morrer pela seta (vv. 127–133). O terceiro: o narrador continua a falar ao herói, ao descrever o ferimento (vv. 139–147) que faz medo a Agamêmnon. A sequência fecha com o chamamento de um médico para cuidar da ferida – *iētḗr* (v. 190), forma épica de *iatrós* ("aquele que cura"), o conhecedor de *phármaka* ("drogas"). Trata-se de Macáon, filho de Asclépio, "médico irreprochável" (v. 194) que do centauro Quíron recebeu "benévolas drogas" (v. 218) que usa em Menelau.

Na tradição mítica, diga-se, os centauros são criaturas híbridas, homens-cavalos, arrogantes, que habitam as encostas do monte Pélion. Quíron deles se distingue por ser bom, sábio nas artes da cura e noutras que, aliás, passou a Aquiles, de quem foi tutor.

VV. 220–544: AS TROPAS SE ARMAM E SE BATEM

O avanço das fileiras, os guerreiros a se porem em armas: é a cena da *Epipṓlēsis* ("Inspeção das Tropas", vv. 226–421) a que inicia esta etapa, como a chamavam os antigos (Kirk 2001: 353), ao final da qual o choque enfim se dará. Inspeciona-as Agamêmnon, em ação nomeada no verbo *epipōleîsthai* (v. 231), cujo efeito é de último adiamento do reinício da luta, além de incremento do "conhecimento da audiência dos líderes aqueus, aprofundado já em certos casos pela Visão dos Muros" (Kirk 2001: 353). Ao percorrer as fileiras, o Atrida encoraja seus homens à luta, valendo-se não só do elogio aos ansiosos por ela, mas da censura aos que assim não se mostram, em binômio próprio à "cultura da vergonha": *épainos-psógos* ("elogio"–"censura").

O retorno à luta acarreta longa série de heróis mortos, de ambos os lados, muitos pelo narrador enfocados, como Simoésio, filho de Antémion, morto por Ájax Telamônio. Em sua morte (vv. 473–489) pensava, quando ressaltei, na apreciação inicial, um dos muitos recursos de humanização do relato bélico, de que se vale o poeta, pelos quais assinala o caráter trágico da guerra e da vida humana finita, limitada, frágil.

O primeiro dado a notar é que, ao realçar a luta que mata Simoésio e apresentar quem tomba, o narrador, como em geral, dá seu patronímico ou aponta sua filiação; aqui, para incremento do *páthos*, ele nos fala dos seus pais e de seu *status* de *ēítheos*, quer dizer, "moço não-casado" (v. 474). Ele é muito jovem, com toda uma vida por viver, o que é de novo sublinhado no adjetivo *thalerós* ("vicejante, florescente", v. 474) que reverbera a imagem do pai, *Anthemíōn* ("Floroso"). Ora, se a morte de qualquer indivíduo é comovente, tanto mais o é a *mors immatura*, a "morte precoce", cujo *páthos* – emoção-comoção – cresce quando o narrador lembra onde nasceu Simoésio, onde a mãe o deu à luz, às margens do famoso rio troiano Simoente, o que explica seu nome; e ainda das circunstâncias do parto, quando ela descia o monte Ida, onde com os pais via rebanhos. E mais: antes mesmo de narrar o golpe fatal, anuncia que o jovem herói "aos genitores / queridos não deu retorno à nutrição recebida, pois de breve duração [*minynthádios*] era sua existência" (vv. 477–478), em frase que ressoa a qualificação da vida de Aquiles (canto I, v. 352).

A tragicidade da morte de Simoésio se torna tangível na narrativa que recorda que ele, humano que é, foi gerado e parido por uma mulher, tinha uma família que o criou e nutriu e à qual ele não terá chance de retribuir, tolhida precocemente sua vida. Isso se agudiza na descrição do tombar do herói: o detalhe do mamilo direito, junto ao qual repousa a lança, por inteiro trespassando-o; a queda ao chão, "no pó" (v. 482), "qual álamo" (v. 482) crescido em largo prado, com ramos vicejantes, com que o homem – cortando-o (v. 485) – faz "lindíssimo carro" (v. 486), após "jazer" (v. 487) o álamo à beira-rio, a secar. São seis versos a elaborar no símile (vv. 482–487) a imagem da alta, bela, elegante árvore, cheia de vida, a perecer por simples ação de instrumento cortante manejado por hábil mortal comum. Projeta quão frágil é a vida – a vegetal, a humana – e sua finitude imposta por golpe certeiro que faz tombar na poeira a jazer planta e homem, exaurida a potencialidade.

Esse símile não é único; outros muitos recorrem, com o efeito de intensificar o *páthos* – o sofrimento e suas emoções – da *mors immatura*, analisa Aubriot (2001: 55), para falar da tragédia da guerra e da mortalidade humana. Daí porque mesmo a morte de um herói que não pertence ao grupo dos líderes proeminentes recebe tamanha atenção e cuidado por parte do poeta que, ao narrar a guerra, "no que concerne à morte, nunca se torna ingenuamente sentimental ou impensadamente brutal. Ele equilibra igualmente grandeza dos matadores e *páthos* dos mortos" (Schein 1984: 72).

Canto V
Diomedeia - A *aristeía* de Diomedes

Este é o primeiro dos cantos centrados na *aretḗ* ("excelência") de um herói em plena batalha reiniciada e cada vez mais sangrenta, narrada em riqueza de detalhe que lhe confere grande "vividez" – a comentada *enárgeia*. Eleva-se a *aristeía* de Diomedes pela entrada de deidades na luta – de Atena, que o favorece, e de Afrodite, que o enfrenta para proteger o filho troiano Eneias, gerado do mortal Anquises, como em detalhe reconta o *Hino homérico V* (c. 650 AEC), dedicado a ela. O herói aqueu é filho de Tideu, um dos aliados de Polinices na disputa do trono de Édipo com Etéocles, seu irmão e herdeiro legítimo, em episódio que se acha nas tragédias do século V AEC – *Os sete contra Tebas*, de Ésquilo, e no passado de *Antígone*, de Sófocles.

A rivalidade Atena-Afrodite acirra-se pelo "Julgamento de Páris" (cantos I e III), mas deriva de algo mais fundo: a incompatibilidade intrínseca às suas respectivas especificidades. Atena é sempre *parthénos* – moça núbil não-casada, que jamais participa do sexo e da boda, ambos nomeados em *gámos*, cujo mundo é regido por Afrodite, como, aliás, lembrará Zeus. Noto que aqui apenas a deusa será designada por seu outro nome, *Kýpris* ("Cípris"), reflexo da forte ligação mítico-poético-cultural com a ilha de Chipre.

ESQUEMA GERAL

vv. 1–430: Diomedes, Atena, Afrodite: Atena insufla o aqueu e tira Ares da luta, pois apoia Troia; a fúria guerreira do herói caindo sobre os troianos, com destaque para Eneias, em prol de quem Afrodite enfrenta o Tidida.

vv. 431–710: Apolo e Ares: Eneias é salvo por Apolo e retorna à luta em que Ares volta a atuar pelos troianos; os aqueus recuam, mas alguns se destacam, assim como Eneias e Heitor, do lado troiano.

vv. 711–909: Deuses na luta: Hera e Atena descem para enxotar Ares ao Olimpo; elas atuam junto a Diomedes; alcançado o objetivo, saem da batalha.

LEITURA PASSO A PASSO

vv. 1–430: Diomedes, Atena, Afrodite

vv. 1–165: Atena insufla Diomedes

Atena intervém para tornar "conspícuo" (v. 2) o herói e conferir-lhe *kléos esthlón* ("glória nobre", v. 3), diz a expressão formular, dando a Diomedes ainda mais "força e coragem" (v. 2). Insuflado e com as armas a brilhar, ela envia-o à refrega. Vemos como a presença de um deus é "recurso poético para chamar a atenção à grandeza de um vitorioso e de uma vitória" (Schein 1984: 58), conferindo "dignidade especial tanto ao vitorioso quanto à vítima, ao mostrar que os próprios deuses se preocupavam o suficiente para intervir em suas batalhas". E vemos assomar o conceito-chave de *kléos*, a "glória" de grandes feitos aos quais os aedos dão memória e fama (cantos I e II).

Diomedes cai sobre o inimigo, enquanto Atena retira Ares da luta, ardilosamente – deus que ela chama "praga a mortais, sanguinário, rompe-muros" (v. 31),[1] epítetos que marcam sua selvageria característica. Sem entender o lance da irmã, ele retira-se justo quando os troianos, que favorece, fogem da fúria bélica do herói favorecido por ela. Seu erro deve-se ao fato de que a violência e a brutalidade governam o deus "obtuso por natureza" (Kirk 2000: 56), que não vê o que se passa de fato.

Ferido por flecha de Pândaro (vv. 95–113), Diomedes, o Tidida, é mais insuflado por Atena, após dirigir-lhe prece (vv. 114–143) que ela vem responder (vv. 124–132), restituindo-lhe as forças e tornando-o capaz de distinguir deuses e homens na luta, instruindo-o a evitar aqueles, exceto Afrodite, a quem pode ferir à vontade. A exceção prepara a cena do combate com Eneias, filho da deusa que adentra a luta para protegê-lo, sem sucesso.

vv. 166–430: Diomedes/Atena vs. Eneias/Afrodite

Personagem pouco presente no imaginário grego, mas forte no latino a partir da *Eneida*, a epopeia de Virgílio (século I AEC), Eneias enfrenta Diomedes, após diálogo com um Pândaro estupefato com o furor do aqueu a quem nada detém – um deus decerto o favorece, no entendimento que reflete o pensamento tradicional (mítico, arcaico), de que inexiste êxito humano sem auxílio divino. O Tidida o sabe; daí sua fala a Estênelo, de que matará ambos os troianos, se Atena lhe der tal *kŷdos* (v. 260), diz o termo que designa dom

1 No original grego: *brotoloigé, miaiphóne, teikhesiplêta.*

ou atributo que "assegura o triunfo" (Benveniste 1995b: 67), o qual abre caminho para o *kléos* que é "a recompensa suprema do guerreiro" (Benveniste 1995b: 58).

Depois de matar Pândaro, desfere Diomedes um golpe que quase mataria Eneias, não fosse o auxílio de Afrodite ao filho.

vv. 330–430: Diomedes vs. Afrodite: a deusa humilhada

Na luta para salvar Eneias, Afrodite é acossada pelo aqueu que a fere gravemente. Isso é notável no que tange à vivacidade dos deuses homéricos e ao antropomorfismo grego. Dizem Sissa & Detienne (1991: 29–30):

> O leitor de Homero tem a ilusão perfeita de que os deuses Olímpios formam uma sociedade de pleno direito, e independente. [...] A sua estrutura hierárquica e genealógica está continuamente exposta ao risco de conflito. Mas essa sociedade possui igualmente uma profunda estabilidade que assenta num sistema de comportamentos e de representações: os Olímpios obedecem a regras, seguem costumes, têm uma consciência muito precisa de sua identidade étnica.

Cada deus tem funções e domínios definidos nessa sociedade regida por sistema hierárquico e "de comportamentos e representações" (Sissa & Detienne 1991: 30), que devem ser respeitados, e cada deus é sempre multifacetado.

Quanto ao antropomorfismo, sua especificidade jaz no fato de que, imortais e eternos, os deuses são pessoas que, "tal como os poetas as representam, são humanas até às últimas consequências. Elas não são de modo algum um 'espírito' puro", sublinha Burkert (1993: 357). Sua superioridade aos mortais não se afirma em termos ético-morais de pureza abstrata e perfeita, frisa ele, mas de potencialidades maximizadas pela imortalidade inerente à sua natureza; suas figuras não são "arquetípicas da realidade", mas estruturam-se "de tal maneira que surge uma personalidade individual, com um ser próprio bem moldado", do qual o homem é o referente.

Sendo pessoas, os deuses têm limitações, mas enormemente menores do que as da natureza mortal. Podem ser enganados e até feridos, mas há nisso uma ilusão com a qual jogam os poetas: por mais similar que seja do corpo humano, o divino não verte sangue rubro-purpúreo das veias mortais, mas "o imortal sangue dos deuses, / icor [*ikhṓr*]" (vv. 339–340). Afinal, eles se nutrem de ambrosia e néctar, canta o aedo, "pois pão não comem, nem bebem luzente vinho, / porque exangues são e imortais são chamados" (vv. 341–342).

Na narrativa, o ferimento gera insuportável dor que faz Afrodite largar o filho Eneias quase mortalmente golpeado, tornando-se necessário o auxílio a ambos de outro deus favorável aos troianos, Apolo. E Diomedes não para por aí; da guerra – repetindo o termo *pólemos* que a nomeia (vv. 350-351) – ele enxota aos gritos a deusa, humilhando-a (vv. 348–351):

> "Deixa, filha de Zeus, a guerra e a peleja;
> ou não te basta que as mulheres fracas seduzas?
> Mas se à guerra tu amiúde vieres, penso que – certo! –
> pela guerra haverás de estremecer, se dela alhures ouvires!"

Após tão retumbante fracasso, ela se refugia no Olimpo, com a ajuda de Ares, seu irmão, e de Íris; junta-se à mãe Dione que, exortando-a a suportar a dor, recorda-lhe (vv. 382–417) o quanto os deuses já sofreram pelos mortais, e frisa-lhe quão perigoso ao herói é o favor divino de que ora goza, pois pode se deixar levar e ultrapassar os limites de sua condição mortal, pelo que será punido. Observei antes (canto III) quão instáveis são as relações deuses-homens; disso fala Dione. Enquanto trata da ferida da filha, revela-lhe que Atena insuflou o aqueu a atacá-la, ela que, ali perto, diverte-se junto a Hera e relata o ocorrido a Zeus. Este, rindo com benevolência à "áurea Afrodite" (v. 427), lembra-a de sua especificidade (vv. 428–430):

> "Não a ti, filha minha, são dados da guerra os feitos,
> mas zela tu pelos feitos adoráveis da boda.
> Disso tudo da guerra Ares veloz e Atena cuidarão".

Himeróenta ... érga gámoio (v. 429): eis a esfera de Afrodite, a do desejo e do sexo que consuma o casamento, ambos nomeados em *gámos* (Redfield 1982: 188); eis os *érga* ("trabalhos, feitos", v. 429) da deusa. Daí a desastrosa intervenção na guerra cujos *érga* (v. 427) pertencem às esferas de Ares e Atena.

Há que atentar para a fala no contexto do poema, pois não se sustenta a ideia da incompatibilidade de Afrodite com a guerra, como têm mostrado estudos recentes, como o de Pironti (2007). Bem mais coerente com as evidências, mostra seu estudo, Ares e Afrodite se ligam pela *míxis* ("mistura"), um princípio comum a ambos, manifesto, inclusive, na tradição poética da linguagem bélica e da erótica. A deusa de *érōs* ("desejo") atua na mistura dos contrários que gera vida; o deus da carnificina da *mákhē* ("guerra") esterilizante, na que gera morte. Neste canto, o binômio *érōs-mákhē* é acentuado em sua oposição para contrastar Atena e Afrodite. Na tradição poética em geral, prevalece a sobreposição das arenas de *érōs* e de *mákhē*. Isso veremos no canto XIV.

VV. 431–710: APOLO E ARES

O Tidida segue atacando Eneias a quem Apolo protege, esquecido da ressalva de Atena. Por isso, depois de três investidas, recebe na quarta dura advertência do deus que o lembra de que é mero mortal. Só assim ele cede e se afasta, e Apolo então retira dali Eneias e leva-o a seu templo em Troia, deixando em campo um *eídōlon* ("espectro", v. 449) do troiano, para que não pensem que abandonou a luta. Preserva o deus sua honra, crucial na "cultura da vergonha", em cena "singular e surpreendente" (Kirk 2000: 107).

Salvo Eneias, Apolo incita Ares a voltar à luta e enfrentar Diomedes, cuja ação contra Afrodite e contra si reconta-lhe, dirigindo-se a ele (v. 455) com as mesmas palavras usadas antes por Atena (v. 31); depois, retira-se e posta-se como espectador. Ares, então, assumindo a identidade de Acamante (v. 462), incita os troianos a acossarem os dânaos; é o que faz o lício Sarpédon (v. 471–493), filho de Zeus, aliado de Heitor, a quem chama aos brios. Com os troianos reagrupados, recrudesce a peleja e muitos mortos são listados em catálogos. Deles, destaco Tlepólemo, filho de Héracles que, por sua vez, é filho de Zeus – Tlepólemo é neto do deus; mata-o Sarpédon (vv. 627–669) que, todavia, termina ferido e levado da batalha pelos troianos – o corpo do Heraclida morto, levado pelos aqueus, em cena de inescapável simetria. Note-se que aqui o lício é salvo por Zeus (v. 662), seu pai, à diferença do que se dá no canto XVI.

vv. 711–909: Deuses na luta

Vendo o morticínio dos aqueus, as deusas agem com permissão de Zeus, que Hera solicita, e logo incitam-nos contra os troianos, Atena se juntando de novo a Diomedes (vv. 793–863), e a dupla investindo contra Ares, a quem o herói fere. Urro apavorante emite o deus que foge ao Olimpo, em cena simétrica à de Afrodite. Lá, porém, recebe de volta o desprezo de Zeus que o considera "o mais odioso" (v. 890) dos imortais, pois se compraz no sangue e na violência pura, desprovida da mediação da razão, e pela têmpera intratável como a da mãe, Hera. Eloquente é essa postura, pois a soberania de Zeus deve-se ao uso conjugado da razão e da força insuperáveis.

Finda-se o canto com Atena e Hera de volta ao Olimpo, e todos os deuses sentados junto a Zeus, quais espectadores do monumental espetáculo no plano mortal, digno de atenções, mas que não lhes causa sofrimento senão temporário, eternos que são.

Canto VI

A planície e a cidadela sitiada - encontros e despedidas

Os aqueus têm a vantagem, em oscilação que se manterá por muitos cantos. Da primeira cena (vv. 119–236) na planície – o famoso encontro entre Diomedes e o lício Glauco –, logo adentramos a cidadela sitiada com Heitor que, na segunda grande cena (vv. 237–528), para lá se vai, por causa da pressão do inimigo. Célebre é seu trajeto pelo mundo do *oîkos* ("casa") que a guerra destruirá, a encontrar mãe, esposa e bebê, e a buscar Páris que no quarto com Helena se acha (canto III). Ambas as cenas se ligam pelos valores e pela rotina dos tempos de paz: o valor da *xenía* ("hospitalidade") na primeira, e os da vida doméstica, na segunda, tocada pelas futuras grandes vítimas da guerra – mulheres, bebês, idosos.

No percurso de Heitor, revemos as "ambiguidades em Helena e em seu amante (e, logo, na *causa belli* como um todo)" (Kirk 2000: 155) e vemos o choque entre os mundos masculino e feminino no contexto bélico, sobretudo no diálogo entre Heitor e a esposa, Andrômaca, que dramatiza com eloquência tal choque envolvendo "os sentimentos, os valores e as prioridades de homens e mulheres", anotam Graziosi & Haubold (2012: 31). Ademais, faz-se patente este contraste:

> Os aqueus são todos heróis, suas concubinas, quase sem rosto, e as condições no acampamento naval são antes marciais do que domésticas; é por meio dos

> troianos que muito do *páthos* e da complexidade moral da guerra têm que ser apresentados, e são eles que vão sofrer quando a cidade cair (Kirk 2000: 155).

O olhar mais detido para a vida cotidiana na urbe sitiada, para o futuro desolador e terrível do saque, do luto já palpável em Troia, é mais um elemento que confere à comovente narrativa intenso *páthos*, que acentua a tragicidade do relato, humanizando-o. E por ele fica cada vez mais clara a força do tema do luto na epopeia, junto aos da morte e da cerimônia fúnebre; afinal, jaz essa enlaçada tríade sob humanos que têm na finitude e na experiência comum da perda um elo de solidária identidade.

ESQUEMA GERAL

vv. 1–118: troianos acossados – Heleno e Heitor: os aqueus em vantagem na luta; Heleno pede ao irmão Heitor que vá a Troia, à rainha Hécuba, para que ela faça oferendas a Atena, em troca da ajuda da deusa.

vv. 119–236: interlúdio: *xenía* – Glauco e Diomedes: os inimigos travam o diálogo que revela o elo de hospitalidade, valor acima da guerra; eles não lutam entre si.

vv. 237–528: Heitor em Troia – encontros, despedidas: executando a tarefa dada por Heleno, o herói aproveita para ver sua família e para buscar Páris e levá-lo de volta à luta; o percurso é feito sob o signo do luto desde que adentra os muros.

LEITURA PASSO A PASSO

vv. 1–118: Troianos acossados – Heleno e Heitor

Na luta, destaco os Atridas Agamêmnon e Menelau no confronto com Adrasto. Menelau faz prisioneiro o inimigo que lhe suplica pela vida e quase o persuade a poupá-lo, não fosse a censura do irmão (vv. 55–60), exortando a que nenhum troiano sobreviva, nem "um menino que, no seu ventre / estando, a mãe carregue" (vv. 58–59), "mas que todos / de Ílion, de uma vez – sem lamento, sem rastro – sejam destruídos" (vv. 59–60). Menelau, ouvindo-o, mata Adrasto. Assustadora é a brutalidade de Agamêmnon que quer ver os troianos literalmente "não-chorados" (*akḗdestoi*, v. 60), privados de lamento fúnebre, e "não-visíveis" (*áphantoi*, v. 60), privados de monumentos que tornam visíveis os mortos.

Fica exposto na cena de entrada do canto um "indício do caráter impiedoso da guerra", o qual "reside na recusa em fazer prisioneiros" (Vidal-Naquet 2002: 56).

vv. 73–118: Os irmãos Heleno e Heitor – o vidente e o esteio de Troia:

Heleno, "o melhor dos áugures" (v. 76), vendo a situação aflitiva dos troianos, pede a Heitor e a Eneias, os melhores nas armas e na razão, que incitem as abatidas tropas. Além disso, instrui o irmão a ir à cidadela, para ter com Hécuba; que a oriente a reunir as anciãs em procissão ao templo de Atena, para oferecer-lhe, detalha Heleno (v. 90), um *péplos* ("peplo, vestido longo") – "o mais gracioso" e "o maior" –, a ser deposto sobre os joelhos da estátua, em imagem da decisão divina.

Atena, que tem por prerrogativa a *mêtis* ("inteligência astuciosa"), patrocina as artes das mãos: a carpintaria, trabalho masculino, e o tecer, feminino. Logo, a ela, como a outras deusas, cabe a oferta de vestidos, mantos, guirlandas (canto III). Para o futuro, Hécuba deve prometer, caso seja atendido o pedido, doze vitelas virgens como Atena. Qual pedido? De que ela afaste os aqueus e Diomedes, em particular, compadecida "da urbe, das esposas dos troianos e das inocentes crianças" (v. 95), diz Heleno – das grandes vítimas da guerra, que expõem sua dimensão trágica.

vv. 119–236: interlúdio: *xenía* – Glauco e Diomedes

Glauco, filho de Hipóloco, e Diomedes, filho de Tideu, encontram-se na luta que ao redor deles ressoa terrivelmente, e travam um diálogo aberto de modo singular, pois o segundo pede ao primeiro que diga sua identidade (vv. 123–143), se mortal ou divina – caso que o faria recuar, dados a instrução recebida de Atena (canto V, vv. 124–132) e o fim do mortal Licurgo que ousou enfrentar Dioniso. Esse *exemplum* nos é desconhecido (Kirk 2000: 172), mas o passo mostra como o universo mítico é repositório de sabedoria encerrada em experiências humanas vividas no passado idealizado, empiricamente respaldadas na vivência dos mortais comuns; daí que seja fonte de paradigmas, de *exempla*, à conduta dos homens, diz a *Ilíada* que extrai sua narrativa.

A longa resposta de Glauco (vv. 145–211) abre-se com o símile das folhas (vv. 146–149), admirado desde os antigos (Graziosi & Haubold 2012: 116), e tradicional ao tema da efemeridade da vida do mortal *ephêmeros*, que está "sobre" (*epì*) o "dia" (*hēméra*); a fala do herói "enfatiza o destino comum de toda a humanidade", incluindo o seu, e expõe "as vanglórias de Diomedes [vv. 123–143] como fúteis".[1] Ei-la:

> "Ó Tidida, grande-coração, por que indagas qual minha estirpe?
> Tal qual a estirpe das folhas, assim a dos homens –
> o vento verte as folhas ao chão, mas a floresta
> vicejante gera outras, e sobrevém a estação vernal;
> assim a estirpe dos homens – uma floresce, a outra perece".

Na sequência, o herói faz detalhado relato (v. 152–211) sobre sua afamada linhagem situada em Argos, que vai de Éolo, Sísifo, Glauco, a Belerofonte – a quem os deuses deram beleza e virilidade (v. 156) e de quem descende seu pai. A beleza é justamente o gatilho da trama em que se enreda o antigo herói que se torna desejado por Anteia, mulher do rei Proito, a quem ela, rejeitada, faz falsa denúncia contra Belerofonte, de sedução. O rei então prepara a vingança: envia-o à Lícia, ao sogro, com sentença de morte, "sinais funestos / gravando numa tabuinha, muitos e destrutivos" (vv. 168–169). Combinam-se *sêma* ("sinal, marca"), *gráphein* ("riscar, arranhar"), e *pínax* ("madeira plana macia"), de modo tal que suscita a questão da menção da escrita aqui, discutível por diversas razões (Kirk 2001: 10–14),

1 O tema será amiúde atrelado ao do como deve viver o homem; a resposta, na perspectiva hedonista grega, é a exortação a aproveitar o presente, em poetas como o mélico (lírico) Alceu (c. 680–530 AEC, Fragmento 346), e, séculos depois, no *carpe diem* ("colhe o dia"), do latino Horácio (c. 65–8 AEC, *Odes* 1.11).

como a tardia atestação segura do verbo usado no sentido de "escrever".

Rei da Lícia, o sogro de Proito recebe Belerofonte segundo as melhores práticas da *xenía*. Porém, depois de ver a mensagem, manda que faça terríveis trabalhos, para que em algum deles morra, mas sem lhe sujar de sangue de hóspede. O rei não espera o êxito do herói que precisa matar poderosas criaturas híbridas e enfrentar guerreiros exímios; nele vendo auxílio divino, prepara-lhe uma emboscada que também fracassa em matá-lo. Sem outra alternativa, reconhece no herói o rebento de um deus; dá-lhe o reino, terras férteis e sua filha, com quem gera o ignoto Isandro, Hipóloco (pai de Glauco), e Laodameia, que de Zeus gera Sarpédon, que destaquei no canto V. Um dia, todavia, Belerofonte cai na desdita e passa a ser odiado pelos deuses, talvez por desmedida, ultraje a eles, como no padrão de muitas narrativas míticas. Recai a punição sobre ele e seus filhos, exceto Hipóloco, que enviou Glauco – neto do herói – à Guerra de Troia.

A reação de Diomedes, ao ouvir o relato, é de desarmar-se em regozijo e falar-lhe, não com vanglória, mas com doçura: é que percebe que Glauco é um "hóspede [*xeînos*] antigo da casa paterna" (v. 215), dado que Belerofonte foi anfitrião de Eneu, seu ascendente, e ambos trocaram *xeinḗïa* ("dons de hospitalidade", v. 218). Há entre ambos, por legado, o elo da *xenía* e um laço de *philía* ("amizade"), que devem honrar, afirma Diomedes, trocando a luta por renovados dons, os que estão à mão, ou seja, as armas, de modo a dar a conhecer a todos o legado, revalidando-o (vv. 226–231). Na troca, porém, Zeus influencia o herói lício, ofuscando-lhe os sensos, pois recebeu armas menos valiosas do que as que deu (vv. 232–236). O fim do episódio "não permite dúvida quanto a um ponto: Glauco sofre uma derrota simbólica" (Graziosi & Haubold 2012: 39) – prévia da que sofrerá a hoste troiana a que se aliou.

VV. 237–528: HEITOR EM TROIA – ENCONTROS, DESPEDIDAS

vv. 237–311: Heitor e Hécuba

A entrada do herói na urbe, logo cercado por mulheres indagando por guerreiros que lhes são caros, é comovente, tanto quanto a atenção que lhes dá o herói, a pedir-lhes preces, a cada uma, "muitas já alcançadas pelo luto" (v. 241). Nessa atmosfera, abre-se a grande cena de Heitor em Troia, e nela fecha-se igualmente, deixando-nos seu retrato, de suas relações na família e da vida doméstica que revisita pela última vez.

Hécuba, "mãe generosa" (v. 251), vem ao filho afetuosamente, diz o verso formular (v. 253);[2] oferece-lhe repouso e vinho que lhe devolva "a força" (v. 261), mas ele, na retidão de baluarte de Troia, tudo recusa, para não esmorecer, e porque está sujo de sangue, não podendo libar aos deuses. Percebido amiúde como fármaco até no contexto bélico, o vinho é dádiva divina; antes de bebê-lo, há que oferecê-lo aos deuses, vertendo-o à terra (libação), um sacrifício não-cruento (sem sangue). Mensageiro de Heleno (vv. 86–101), transmite-lhe o pedido de sacrifício a Atena e anuncia a ida a

---

2 No original grego: *én t' ára hoi phŷ kheirì épos t' éphat' ék t' onómaze* ("então apertou-lhe a mão, disse-lhe palavra e o nomeou"). Note-se a pequena variação com relação ao do canto I (v. 361), de Tétis a Aquiles: *kheirí té min katérexen, épos t' éphat' ék t' onómaze* ("afagou-lhe a mão, disse-lhe palavra e o nomeou").

Páris, a quem maldiz, para levá-lo de volta à guerra que causou. Instruída em detalhe, Hécuba executará a tarefa junto às anciãs troianas, mas, revela o narrador, Atena dirá "não" ao pedido (v. 311).

vv. 312–368: Heitor, Páris, Helena

Armado e sujo da luta, Heitor encontra seu irmão Páris fresco e bem vestido nos aposentos, a cuidar das armas, lustrando-as. O contraste diz tudo sobre o herói de têmpera oscilante, junto ao qual está Helena, entre as servas, a zelar pelos trabalhos domésticos. A divisão entre as arenas masculina e feminina, que correm separadas no mundo grego, parece comprometida, pois ela está em seu espaço, mas não seu amante. Não admira a nova censura de Heitor, mas espanta a resposta de Páris, de que se deixou levar pelo "sofrimento" (v. 336), e que o irmão tem razão em censurá-lo, pois até a esposa o quis persuadir a retornar à luta, e ele próprio concluiu ser, de fato, o melhor a fazer. Sugere a ele que o espere ou se vá, caso em que ele o alcançará.

Ao cunhado, fala Helena (vv. 344–358). Similarmente ao do canto III (vv. 172–180), seu discurso é de desgosto consigo, desprezo pelo amante, consciência da responsabilidade na guerra. Indo além, fala da loucura de Páris e da influência de Zeus no conflito. Por duas vezes se diz *kýōn* ("cadela", vv. 344 e 356), termo que, qual *kynôpis* ("cara de cadela", canto III, v. 180), de modo vulgar projeta a promiscuidade como sua marca; e ao apontar para o amante, a expressão *Alexándrou hének' átēs* (v. 356) – repetida no canto XXIV (v. 28) – afirma que é "por causa da *átē* de Alexandre", de sua "cegueira ruinosa" (canto II), e por sua própria impudência, que o sofrimento pesa em Heitor, pilar de

Troia, pois provocaram a guerra que sabe ser digna do canto de aedos futuros – da epopeia em que é personagem, como da urdidura que tece com suas cenas (canto III, vv. 121–128). O passo frisa a face metapoética de Helena e repisa a função pragmática da poesia épica: dar memória e fama aos grandes feitos.

A nova oferta de descanso é por Heitor recusada: não há tempo, nem é adequada. Ele lhe pede que instigue Páris ("esse aí", v. 363) a ir à guerra e anuncia que irá ter com a esposa e o filho, pois não sabe se tornará a vê-los, afirmação que o revela ciente de que sua morte está à espreita, estreitamente ligada que é à da urbe. O luto que antevê sobre as mulheres ao entrar é o que vislumbra sobre si e sobre sua família.

vv. 369–502: Heitor, Andrômaca, Astíanax

A comoção que permeia o trajeto do herói cresce no encontro-despedida com Andrômaca e Astíanax, esposa e filho. Adensa-se o olhar ao cotidiano cujas camadas são exploradas "principalmente por meio das mulheres e de suas reações diante de Heitor" (Kirk 2000: 155), a começar pelas que o rodeiam quando adentra Troia. Notável é a imagem de *Andromákhē*, nome que, somando *anḗr* ("homem") e *mákhē* ("guerra"), coloca-a plenamente no círculo de virilidade bélica (Vidal-Naquet 2002: 79), do qual ela será a grande vítima, depois de ter sido a grande protegida. Filha de rei e irmã de sete irmãos – todos mortos por Aquiles –, esposa do filho do rei troiano, que será morto pelo mesmo algoz, Andrômaca acabará engolfada pela ruína, quando enviuvar e ruir a cidade da qual Heitor é bastião, algo refletido no nome público de Escamândrio, o bebê do casal, chamado *Astyánax* – "líder" (*ánax*) da "cidadela" (*ásty*) – pelos troianos (v. 403).

No primeiro andamento, o desencontro: Heitor busca no quarto a esposa, mas as servas informam que ela foi aos muros com uma serva e o bebê, onde lamenta e plange, qual enlutada mulher. Explicam que por notícias da luta foi-se apressada, "parecendo enlouquecida" (v. 389), diz *maínesthai*, verbo ligado a *manía* ("loucura"). Essa imagem faz-se prenúncio da tragédia, quando assim vemos Andrômaca correr à muralha, já viúva (canto XXII). O ânimo dela é dado por termos que indicam seu desespero, o referido verbo e outro, *goân* (v. 373), ligado a *góos* ("lamentação"), prática ritual fúnebre feminina – misto de pranto, grito, dor, gesto, lamento – executada na *próthesis*, a exposição do corpo.

No segundo andamento, o encontro: Heitor corre à muralha, e Andrômaca corre para ele (vv. 390–394) – ela que o narrador então apresenta, realçando sua nobreza de princesa. Muito emocionada, ela vem com a criada que no colo traz o bebê. O pai olha para o lindo filho, sorri e nada diz, num silêncio revelador do afeto e da intimidade que dispensam palavras, as quais o bebê sequer compreenderia. Junto a eles, a esposa plangente faz ao marido o que a ele fizera Hécuba: pega sua mão, fala-lhe e o nomeia, diz o verso formular (v. 406),[3] revelador de estreitos elos de *philía*, de afeto na família.

Depois, Andrômaca profere longo discurso (vv. 407–439) ao herói, buscando, em suma, movê-lo a compadecer-se e retornar da batalha ou lutar protegido, e não na vanguarda. "Encorajada, sem dúvida, pelo

3 No original grego: *én t' ára hoi phŷ kheirì épos t' éphat' ék t' onómaze*. Ver o comentário sobre Hécuba-Heitor (vv. 237–311).

amor dele pela criança", nota Kirk (2000: 213), ela "faz séria tentativa de deter" o marido, em vão. Inicia falando das futuras viuvez e orfandade do filho; antes a morte, pois, sem o herói, estará privada de qualquer "ameno calor, consolo" (*thalpōrḗ*, v. 412). Tal privação deve-se à tragédia que já a privou da família de origem, como antes ressaltei: Aquiles, em ataque à sua terra, matou seu pai e seus sete irmãos num único dia, e levou sua mãe, resgatada e retornada à família de origem dela, mas morta por Ártemis, na imagem tradicional para a morte repentina de mulheres (Kirk 2000: 216). Afirma-lhe de modo comovente (vv. 429–430):

> Heitor, agora tu és para mim pai e minha augusta mãe
> e ainda meus irmãos, tu és para mim o vicejante sócio de leito.

A escolha do termo final do verso 430, *parakoítēs*, em vez de *pósis* ("marido"), é eloquente, pois sublinha o elo conjugal pela menção do "leito" (*koîtos*) em que a boda é consumada e no qual o sexo cumpre a função de gerar prole que perpetua a linhagem. Heitor é, enfim, tudo o que lhe resta, toda a proteção que ainda tem, a qual, frise-se, é um dever dele como chefe de sua família (Kirk 2000: 217); é disso que se trata, do dever abarcado no papel social do homem adulto que é marido, o qual a própria Andrômaca realça nos versos citados, na dupla repetição dos pronomes *sý* ("tu") e *moi* ("para mim").

Dor, solidão e desamparo: eis o futuro trágico na tríade que sustenta seu discurso ao marido que lhe responde (vv. 441–481) claramente comovido, com calma e doçura. Começa ele por afirmar sua preocupação com tudo o que ela lhe disse, mas lembra-a do quanto o envergonharia o olhar de todos os troianos, homens e mulheres, se coragem não demonstrasse na luta. Na "cultura da vergonha" do mundo mítico do poema e do histórico em que se insere, a covardia é execrável e leva à exposição pública, dado que a *timḗ* ("honra") não é individual, privada, íntima, nem o é o sujeito; ela é social, tal qual o sujeito a quem é conferida pela estima pública. A fala do herói é cabal nesse sentido.

A clareza é inconteste e se aprofunda quando ouvimos Heitor dizer à esposa que seu coração jamais o comandaria a agir covardemente, pois é isso que significaria ceder ao pedido dela, zelando pela vida mais do que pela honra, em inversão do que está na essência do heroísmo. Ser corajoso na guerra, afirma, é ser "nobre" (*esthlós*, v. 444), e foi esse seu aprendizado, é isso que está no cerne de sua formação e se traduz em lutar na vanguarda e assegurar *méga kléos* ("grande glória", v. 446), diz ele, por si e pela linhagem – genitores e prole. Afinal, a *timḗ* abarca a ambas a ascendência e a descendência, consistindo em modelo do grandioso; igualmente o *kléos*, segundo Heitor, e isso é-lhe típico (Graziosi & Haubold 2012: 207).

Sucede a essa abertura esta declaração de Heitor, "simples, veraz e devastadora" (Graziosi & Haubold 2012: 207): "Pois isto eu bem sei no juízo e no coração" (v. 447), que Troia vai cair; e sabe, afirma-lhe, que troianos – ele incluído – e rei serão destruídos. Da esposa ele nada oculta, mas lhe mostra a plena consciência – razão e emoção – de seu fim e da ruína de tudo, tão próximos. Mostra-lhe o quanto lhe pesam as consequências dolorosas disso, mas que sua maior dor advirá do sofrimento dela na servidão em que a imagina, em fala cada vez mais comovente. Seu consolo será só um: quem a vir a verter lágrimas recordará quem ela é – "a mulher de Heitor" (v. 460), que dos troianos na guerra "era o melhor", diz o verbo *aristeúein* (v. 460), ligado à ideia da *aristeía* ("excelência").

Contudo, reconhece Heitor, isso agravará a dor dela, ao lembrá-la do marido que, morto, nada poderá fazer pela desamparada esposa cativa. E então ele próprio, que abriu seu discurso "afirmando que se comportaria como guerreiro" (Graziosi & Haubold 2012: 207), finda-o agora (vv. 464–465) "declarando que quer morrer, antes de Andrômaca ser escravizada"; que prefere estar morto antes de ouvir, diz ele, "o grito" (v. 465) dela, a ser violentamente arrastada pelo inimigo à escravidão, após o saque. O que imagina o herói é mais forte do que pode parecer a depender da tradução, pois expressa-o um termo (*helkēthmós*) que conota violência sexual (Graziosi & Haubold: 213), horror que está no horizonte de Andrômaca – e de qualquer outra mulher, quando cai a cidade no domínio do inimigo.

O consolo é, pois, insuficiente a ambos os cônjuges, e o diálogo põe em relevo a impotência de ambos: dela, porque o mundo da guerra não é o seu, e fala de um lugar – o feminino – incompatível com o lugar a partir do qual fala Heitor; dele, porque não pode abrir mão, por caráter, por formação e pela responsabilidade para com Troia, do que dá sentido às suas existência e inserção social. Se pelo diálogo com a esposa se evidencia a grande "capacidade de Heitor para o amor e a compaixão", igualmente por ele se evidencia "o trágico conflito entre o dever público e o dever privado, que a natureza heroica é a menos apta a resolver", anota Kirk (2000: 156), por ser-lhe constitutivo. Para além disso, creio que o diálogo faz saltar aos olhos a *homophrosýnē* que enlaça o casal tão estreitamente, "a união de corações e mentes" (Redfield 1982: 197) nítida entre eles, decorrente de sua afinidade, que nem de longe vemos entre Páris e Helena, casal de ilícita boda estéril e destrutiva.

Às comoventes falas sucede uma das cenas mais tocantes jamais compostas: o pai afetuoso e paciente tenta pegar do colo da ama o bebê que se encolhe e chora assustado pelo impressionante elmo do herói (vv. 466–470). Em momento que é pungente, expressivo da cumplicidade, intimidade e afeto, o casal, sem nada dizer, ri da reação do filho (v. 471). Heitor, então, mostrando o quanto o quer no colo em que o beija e abraça, retira o elmo, pondo-o no chão: o guerreiro por breve instante desaparece; emerge o pai e marido. "Que outro herói épico foi alguma vez visto em atitude tão humana e familiar?" (Romilly 1997: 50). Com Astíanax junto ao peito, faz prece a Zeus (vv. 476–481), a qual, em essência, sintetiza o ideal heroico que o norteia; mas os votos ao filho são tragicamente vãos, como sabe a audiência amiúde mais ciente da "situação do que as personagens no poema" (Graziosi & Haubold 2012: 184), o que intensifica as emoções.

Feito isso, devolve o bebê (v. 466) à esposa que sorri e chora ao mesmo tempo (vv. 482–484), em profundamente humana mescla e *crescendo* que comove tanto Heitor que ele busca algum outro consolo àquela que tem que deixar na cidadela, sabendo que talvez não retorne vivo. Penalizado, faz-lhe o que a si tinham feito Hécuba (v. 253) e Andrômaca (v. 406), em verso formular (v. 485).[4] Depois, pede-lhe que não aflija "em demasia" (v. 486) o peito dele, que só morrerá quando chegar a hora; e que volte à vida e ao mundo que são dela ainda, que ainda não ruíram. É o que diz quando lhe ordena que retorne aos trabalhos no tear e às demais tarefas de senhora do *oîkos*, enquanto a ele compete retornar à luta e cuidar da guerra – "a mim sobretudo" (v. 493), arremata o herói.

Retomando o elmo – e o papel de guerreiro –, Heitor parte, enquanto Andrômaca se afasta da muralha que é o limite após o qual fica o mundo dele, sobre o qual ela não tem qualquer agência, mas que aplastará o dela (vv. 494–496). Em mais um detalhe da coreografia fascinante e muito comovente, porque revestida de trágica humanidade, o narrador conta que é aos prantos que ela retorna à casa, amiúde voltando-se para ver Heitor, celebrado pela esposa como pai de seu filho, marido, seu único familiar e protetor, mas nunca como guerreiro (Graziosi & Haubold 2012: 32). Com tal ação não-verbal que tanto diz, ela parece tentar guardar a derradeira imagem do herói.

No andamento final (vv. 498–502), após o qual nada mais há além do último encontro de Heitor com Páris, para retornar à planície (vv. 503–528), a tragédia – que não tardará a se materializar – recai sobre os aposentos de Andrômaca. É que ao ali entrar, as servas e ela em pranto se juntam (v. 500): "Elas lamentavam [*góon*] Heitor, ainda vivo [*zōòn*], na casa dele", diz o "verso devastador, memorável e detalhado" (Graziosi & Hau-

4 No original grego: *kheirí té min katérexen, épos t' éphat' ék t' onómaze* ("afagou-lhe a mão, disse-lhe palavra e o nomeou"). Ver o encontro, no canto I, de Tétis e Aquiles, e, aqui, o comentário sobre Hécuba-Heitor.

bold 2012: 224). A formulação põe lado a lado (*zōòn góon*) termos contrastantes e paradoxais que a assonância só realça (Graziosi & Haubold 2012: 224). Não há dúvida de como é visto já o herói em ironia trágica dito *androphónos* ("mata-varões", v. 498).

Lembro, para concluir, que a poeta mélica (lírica) Safo (Lesbos, c. 630–580 AEC) cantou a celebração feliz da festiva boda do casal, no Fragmento 44.[5] E que a servidão de Andrômaca é matéria da tragédia de Eurípides (c. 480–406 AEC) que leva seu nome.

5 Estudei e traduzi a canção, pensando a *Ilíada* (Ragusa 2006).

CANTO VII
O DUELO ÁJAX-HEITOR

Este canto, que retorna à luta, replica a cena de duelo (canto III), mas com fim distinto, de projetar Heitor como guerreiro, após o canto VI o ter mostrado como filho, marido, pai. A replicação é característica da poesia épico-homérica. Pelo duelo, também é posto em relevo Ájax Telamônio, o melhor na ausência marcada de Aquiles. Nem este canto nem o próximo impactam "o monumental plano do poema" (Kirk 2000: 230), mas trazem lances notáveis; aqui, os aqueus hesitantes em aceitar duelar com Heitor; e o "oferecimento quixotesco de Menelau, e a escolha de um campeão por sorteio, são especialmente dramáticos" (Kirk 2000: 230).

ESQUEMA GERAL

vv. 1–205: proposta – Heitor vs. Ájax: Heitor e Páris na luta; Atena e Apolo a suspendem, insuflando aquele a duelar com um aqueu; Heleno, o vidente, percebe o desígnio dos deuses; o desafio de Heitor; a escolha do aqueu.

vv. 206–312: duelo – empate

vv. 313–482: os vivos, os mortos: após um banquete, os aqueus reforçam a defesa das naus (sugestão de Nestor); os mortos são sepultados.

LEITURA PASSO A PASSO

vv. 1–205: proposta – Heitor vs. Ájax

A vantagem na batalha pende aos troianos, indica a abertura em que Heitor, Páris e Glauco matam vários inimigos; daí a intervenção de Atena e Apolo, opostos na guerra, querendo a vitória de seus respectivos lados; eles acertam um modo de suspender a luta: mover Heitor a duelar com um dos aqueus. Percebe-o Heleno (vv. 43–57), vidente excelente (canto VI, v. 76), que dá ao irmão Heitor a sugestão, acrescendo que nele ele não perecerá.

Tudo organizado, os dois deuses são espectadores da cena, e Heitor e Agamêmnon fazem sentar seus respectivos homens. Dirige-se aquele aos dânaos; sob jura, chama um dos "melhores [*aristêes*] dos panaqueus" (v. 73) a um duelo. Que jura (vv. 76–91)? De honrar o inimigo, assim como quer ser honrado: o vencedor levará as armas – um prêmio –, mas não o cadáver do vencido, a ser restituído para os funerais devidos; a tanto se compromete, caso Apolo o favoreça. Um limite importante é aqui demarcado, no que tange ao corpo do herói morto – limite que Aquiles, ao voltar para a luta e matar Heitor, vai desrespeitar insistentemente, para indignação dos deuses (cantos XXII–XXIV). Aqui, o troiano ainda imagina que o túmulo que os aqueus hão de erguer ao herói morto pelo "ínclito Heitor" (v. 90) será objeto de admiração de passantes que saberão da excelência do vencido e do *kléos* ("glória") do vitorioso, que "nunca perecerá" (v. 91).

A reação ao desafio é o silêncio envergonhado e temeroso, tal a imponência de Heitor. Censurando os aqueus, Menelau assume, imprudentemente, a responsabilidade, do que é dissuadido por Agamêmnon, dadas não só suas limitações, como a superioridade do troiano que mesmo a Aquiles faz tremer – a ele cuja ausência todos sublinham. Censura também faz Nestor aos aqueus "encolhidos" (v. 129), imaginando a reação de Peleu, pai de Aquiles, de geração de guerreiros ainda maiores que os que estão em Troia, e cuja proeminência no seu discurso sobre a excelência reflete a do filho ausente. Lembra Nestor que no tempo dela era jovem, mas nem por isso menos exitoso, e afirma que enfrentaria Heitor sem hesitar, "de livre vontade" (v. 160), se pudesse.

Sua eloquência eficaz se comprova na reação dos chefes excelentes, que logo se erguem – nove deles –, voluntariamente: Agamêmnon, Diomedes, os dois Ajazes, Idomeneu, Meríones, Eurípilo, Toas, Odisseu. Nestor, então, instaura a seleção de um deles por sorteio. Assim é escolhido Ájax Telamônio, por quem as tropas rezavam a Zeus. Como foi feito o sorteio (vv. 170–174)? Cada um dos heróis "indicou uma sorte com um sinal [*esēmḗnanto*]" (v. 175), diz a forma verbal ligada ao substantivo *sêma*; lançaram-nas no elmo de Agamêmnon (v. 176); Nestor tirou uma, dando-a ao arauto que percorreu as fileiras, mostrando-a aos líderes, em busca do escolhido que a reconheceria, o que se dá com Ájax (vv. 181–199). De pronto, feliz, ele pede aos aqueus prece a Zeus por sua vitória, enquanto se arma, em cena típica (vv. 191–199).

De novo, noto que a tradução pode induzir à ideia de que o passo refere a escrita. Porém, se o caso da tabuinha de Belerofonte (canto VI, v. 169) permanece em debate, aqui não se dá o mesmo, pois o que há é uma "marca" realmente, no sentido básico de *sêma*, reconhecível só a quem a riscou, diz o verbo *gráphein* (v. 187).

VV. 206–312: DUELO – EMPATE

Nem Heitor, nem Ájax – nenhum deles morrerá no duelo, bem o sabemos do início do canto, nem nenhum vencerá, portanto. Neste canto, o duelo é antes um recurso de suspensão momentânea da luta, para estancar as baixas de cada lado. Nesse sentido, observe-se que o escudo é que se destaca na cena típica do aqueu a envergar armas, o qual é defensivo, e não de ataque, como a espada, a lança e o arco-flecha; nomeio-as na ordem hierárquica de *status* definido por quão perto do inimigo deve estar quem as maneja. Trata-se, ainda, o duelo, de recurso para engrandecimento de ambos os heróis, projetando, no caso de Ájax armado, sua qualidade massiva consolidada em *hérkos Akhaiôn* ("bastião dos aqueus", v. 211), expressão formular para o herói, e no adjetivo que o singulariza, *pelṓrios* ("colossal, portentoso", v. 208), ligado ao substantivo *pélōr*, o extraordinário "amiúde em termos de enormidade" (Zanon 2018: 255) típica de criaturas como os Ciclopes.

O embate é, como em geral, precedido por diálogo – o duelo com as palavras –, o que deixa claro o quanto tudo passa pela voz na epopeia – inclusive a morte do guerreiro, que só chega com seu silêncio. O diálogo, afinal, é o elemento dramático por excelência, e faz-se com frequência ele próprio uma batalha, como na assembleia do canto I, em que duelam Aquiles e Agamêmnon. Nesse modo de construir a narrativa bélica, o diálogo não só incrementa as emoções, como, por vezes, como no grande duelo do poema, entre Heitor e Aquiles (canto XXII), é mais elaborado e mais impactante que a própria luta.

No duelo deste canto, só Heitor é ferido, o que não o diminui, mas o engrandece, porque não o esmorece; mas por isso recebe ajuda de Apolo para escapar à potência de Ájax (vv. 268–272) – um sinal, mais um, de que será enfim subjugado pelos aqueus, quando Aquiles retornar à guerra. Ao fim, decretado o empate no anoitecer em que toda batalha cessa, ambos trocam dons, em mútuo reconhecimento – que será público, assinala Heitor (v. 302) –, em amizade e harmonia. Fica para o futuro o novo confronto.

VV. 313–482: OS VIVOS, OS MORTOS

Após o banquete, Nestor sugere que seja reforçada com muro e vala a defesa das naus, pois perdê-las colocaria os aqueus em apuro impensável; isso é logo feito. Esse dado terá relevância no recrudescimento da guerra.

Por fim, ambos os lados se dedicam aos mortos; lavam corpos em silêncio, levam-nos à cidadela os troianos, cremam-nos os aqueus que lhes erigem um túmulo comum (vv. 427–436). Eis outro momento que nos fala da cerimônia fúnebre, da preocupação com o trato dos que tombam, a qual não pode ser subestimada, pois dar-lhes um destino abarca rituais pelos quais vemos, nas mais variadas sociedades, ressalta Burkert (1993: 371), "os testemunhos mais antigos da cultura humana".

Quanto à iniciativa de maior proteção das naus, a Posêidon (vv. 445–433) não agrada, porque os apressados aqueus erguem o novo muro sem devido oferecimento de sacrifícios às deidades e porque por ela ganharão *kléos* ("glória", v. 451) que ofuscará a muralha outrora feita por ele e por Apolo para o rei Laomedonte, de geração anterior à de Príamo. É grave o erro, evidenciado na reação do deus marinho a quem Zeus concede que destrua o muro que mal acaba de ser feito, junto a Apolo, finda a guerra. Por trás de tal reação está o *zễlos* ou *phthónos*, o "ciúme" ou a "inveja", que não dizem respeito aos mortais propriamente, de natureza tão inferior à divina, mas do cioso zelo com que os deuses sustentam e mantêm a ordem cósmica, seus territórios, estatutos, superioridade. Esse zelo faz com que punam severamente mortais que ameacem tudo isso, ao faltarem com a devida "reverência" – *sébas* – aos deuses, cometendo *asébeia* ("impiedade").

Termina o canto em inquietude, terror até, a despeito de harmônicos banquetes dos dânaos e dos troianos, pois Zeus troveja, irritado, planejando males àqueles que não o percebem, mas oferecem libações ao soberano, para apaziguá-lo – em vão.

Canto VIII
A guerra cerceada

Conhecido na antiguidade como *Kólos mákhē*, "A guerra cerceada" (Kirk 2000: 293), o canto abre-se com um discurso de Zeus no Olimpo, decretando a proibição de interferência na luta em que agora estão pressionados os dânaos. É mais um de seus passos para cumprir a promessa a Tétis; daí o apoio a Heitor, que tanto desgosta e frustra Hera e Atena.

Esse cenário prepara a ação do canto IX: a tentativa vã dos aqueus de reintegrar Aquiles às tropas. Logo, intensifica-se neste o "sentido de crise, necessário para motivar a Embaixada" (Kirk 2000: 293), como ficou conhecido o episódio.

ESQUEMA GERAL

vv. 1–349: assembleia olímpia – os deuses, a guerra: a ordem de Zeus, de afastamento de todos da luta; o favorecimento do deus aos troianos, por vezes também aos aqueus, numa série de ataques e contra-ataques.

vv. 350–565: Zeus, Hera, Atena – cessa a luta: cai a noite festiva aos troianos, após o deus, ao conter as deusas, revelar a prevalência de Heitor sobre o inimigo até a morte de Pátroclo (canto XVI), que trará de volta Aquiles.

LEITURA PASSO A PASSO

VV. 1–349: ASSEMBLEIA OLÍMPIA – OS DEUSES, A GUERRA

No discurso para cercear a interferência dos deuses na luta, Zeus cobra a devida obediência a si, antes mesmo de dar a ordem. Ele pontua sua fala com ameaça de violência punitiva e a lembrança de que é insuperável em força (v. 17). Atena, protetora dos aqueus, faz-lhe objeção, com cautela, mas como Zeus, a despeito da circunstância presente, pautada pela promessa a Tétis (canto I, vv. 493–533), favorece a queda de Troia em punição ao crime de Páris, recebe a fala da filha de modo benévolo.

Ordem dada, Zeus (vv. 41–52) viaja ao píncaro do monte Ida, onde contempla os aqueus que querem punir aquele crime contra a *xenía* ("hospitalidade", canto III), invadindo e saqueando Troia, e os troianos que fazem a defesa "das crianças e das mulheres" (v. 57), numa guerra em que são tantos os mortos que a terra se enxarca de sangue (vv. 58–63). É nesse contexto que pela primeira de duas vezes – a próxima será no canto XXII –, Zeus ergue sua balança para pesar os "lotes da morte" (v. 70) de uns e outros. A expressão *kêres … thanátoio* recorda esta, *moîra thanátou*, equivalente e recorrente, que combina a *thánatos* ("morte") o termo para "lote, parte, quinhão", *moîra*, usado para nomear o lote comum aos mortais – a "morte" –, designando-a com mais frequência ainda do que *thánatos*. Ademais, *moîra* liga-se ao verbo *meíresthai* ("receber como porção"), algo que reflete uma ideia própria ao pensamento mítico (tradicional, arcaico), de que "todo mundo tem uma porção atribuída na vida", frisa Janko (1999:

5) – ideia "muito antiga", diz ele. E a *moîra* é personificada divinamente no trio das *Moîrai*, quase que equivalente ao das *Kêres* (Parcas); compõem-no as deusas Cloto ("Fiandeira"), que faz o fio-lote da vida, Láquesis ("Distribuidora"), que o mensura, e Átropo ("Inflexível"), que o corta.

Na balança de Zeus, o prato dos dânaos desaba, o dos troianos eleva-se pelo favor do deus (vv. 68–76) que o expressa trovejando, para temor do inimigo (v. 77). Tal ação do deus encoraja crescentemente Heitor que a reconhece, levando-o, no calor dos êxitos, à perigosa vanglória (vv. 173–183) que muito desagrada a Hera e a Posêidon, eles que por enquanto não desobedecem à ordem de Zeus e ficam longe da luta.

Fazem-se patentes não só a repercussão no Olimpo da convulsão no mundo dos homens, o que é esperável, dado o entrelaçamento dos dois planos, próprio à poesia épica, mas também o quanto o favor divino pode expor o mortal e torná-lo alvo de atenção não-benévola. Vale a pena observar esses dois pontos nos cantos seguintes.

Embora sem descer aos mortais, Hera incita Agamêmnon a agitar os aqueus encurralados por Heitor, e Zeus, a quem o Atrida dirige preces nessa tarefa (vv. 227–244), equilibra a luta, dando coragem aos aqueus pelo sinal de seu favor no voo da águia, sua mensageira (v. 245–252). Porém, estes ganhando impulso, volta a favorecer os troianos que de novo encurralam os aqueus junto à vala perto da muralha, para desespero deles que aos deuses todos suplicam.

vv. 351–565: Zeus, Hera e Atena – cessa a luta

Na sequência inicial, Hera se aflige e, como de hábito, a Atena fala, dela ouvindo um discurso de censura a Zeus, acusando sua falta de reciprocidade, pois lembra da ajuda constante ao filho bastardo dele, Héracles, mesmo contrariamente à esposa soberana que o perseguia por meio de Euristeu, rei de Tirinto. Héracles – o maior herói do imaginário grego – a ele se submeteu, dele recebendo as ordens dos famosos trabalhos, dos quais o do resgate de Cérbero, cão infernal de Hades, é o mais excepcional. Voltarei a essa tradição no comentário ao canto XIX. Atena, que ainda recorda que a ação de Zeus decorre da promessa a Tétis, decide intervir, armando-se e pondo-se no carro preparado por Hera que com ela parte do Olimpo, mas elas não escapam ao deus, nem às ameaças dele, às quais cedem, em recuo que também se dá pela futilidade do sofrimento dos deuses por causa dos homens (Kirk 2000: 331), dada a inferioridade deles – tema recorrente, que Hera levanta (vv. 427–431). De volta ao Olimpo, as duas deusas Hera e Atena ficam apartadas de todos, em cólera e impotência frustrante, mas Zeus as ignora, reafirmando (vv. 470–483) seu favor aos troianos até o dia em que perecer Pátroclo (canto XVI), e isso trouxer Aquiles à guerra.

Notável é a violência verbal do deus para com ambas, incorporando até termos (*kýon*, v. 423; *kýnteron*, v. 483) que desenham a imagem especialmente pejorativa da "cadela", da mulher "canina", nas suas respectivas traduções. E mais notável ainda é a revelação do que será o lance de virada na narrativa, não na ira de Aquiles, mas na causa e no caráter dela, que de institucionais, digamos, porque primeiro decorrente da crise ético-moral do *géras* ("prêmio de honra"), como vimos no canto I, passa a passional e pessoal a partir do canto XVI, porque decorrente dos mais profundos afetos de *philía*, de "amizade", e do senso de responsabilidade de Aquiles para com a morte do melhor amigo.

Canto IX
A embaixada a Aquiles

O canto IX, aberto e fechado por reunião de conselho de líderes aqueus, mostra a confiança dos troianos favorecidos por Zeus e o temor sobretudo de Agamêmnon, que se vê diante do alto custo do ultraje a Aquiles (canto I), e da necessidade de sua reparação. A tentativa nesse sentido é a ação pela qual busca reintegrar o Pelida às tropas; sabemos, porém, que irá falhar, pois Zeus, na fala final do canto VIII (vv. 473–477), revelou que o herói só retornará à luta após a morte de Pátroclo (canto XVI). Como é usual, a audiência sabe mais do que as personagens, o que torna ainda mais intensa a emoção diante dos eventos.

A tentativa consiste no envio a Aquiles de embaixada liderada por Odisseu, Ájax Telamônio, e Fênix – o velho tutor do herói –, com a oferta do Atrida, de vasta e valiosa indenização, desde que volte à guerra. Com ela, o canto "explora a postura moral que Aquiles adotou, e é necessário à compreensão dela e dos perigos que lhe reserva", nota Hainsworth (2000: 55). A defesa de sua posição – cada vez menos sustentável, dadas as críticas crescentes à sua inflexibilidade – aprofunda ideias que Aquiles encarna, de "glória, vingança, presciência, responsabilidade", acrescenta ele. A primeira está na essência do heroísmo de que é o maior representante entre os aqueus; a segunda concerne ao senso de dever para com a preservação da honra herdada e legada, e, depois da morte de Pátroclo (canto XVI), para com o amigo morto por tentar preencher sua ausência na luta. A terceira articula-se à vida breve do Pelida, que se findará na guerra em curso, algo que sabe por ter mãe divina, Tétis, e que terá dimensão ampliada no canto XVIII, quando saberemos que sua morte se articula à de Heitor, o algoz de Pátroclo, seguindo-a de pouco. A quarta, por fim, alimenta o sentido de dever que o faz romper com os aqueus e a eles reintegrar-se, por razões de todo distintas. Somadas, essas ideias dão a Aquiles caráter inegavelmente trágico, incrementando as dores geradas por sua ação ou omissão.

Como a embaixada falha, a ação do poema não se altera. O Pelida, porém, retorna a seu centro, e o canto "apura sua caracterização, ao mostrá-lo junto aos que lhes são mais próximos", anota Hainsworth (2000: 56), de sorte que sua "contribuição primária é dada ao enredo ético da *Ilíada*", em que a "responsabilidade moral" do herói é questão cada vez mais presente e será, pelo próprio, repensada (canto XVIII), quando souber da morte de Pátroclo, a qual sela sua trajetória. Aqui, os termos ainda são de dilema que, com a perda do amigo, desaparecerá – o de voltar à guerra ou à sua casa, com as consequências respectivas a uma e outra opção.

A irredutibilidade exibida na rejeição à justa indenização, mesmo que "pelos mais altos motivos heroicos", observa Hainsworth (2000: 57), cairá por terra, mas não antes de ser tarde demais para quem não imaginava que, entre os aqueus que queria mortos, a sofrerem na guerra – a promessa de Zeus a Tétis (vv. 493–533) –, estaria Pátroclo. Resta, ao fim do canto, a imagem de um Aquiles afastado de sua própria humanidade, pois a ira excessiva o cega ao sofrimento do outro, bem como aos perigos que atrai para si mesmo.

Lido após o canto VI, este completa o retrato dos dois grandes heróis, pelo qual se faz inequívoca e patente a grande diferença entre eles: "Heitor é representado como quintessencialmente social e humano, enquanto Aquiles é inumanamente isolado e demoníaco em sua grandeza" (Schein 1984: 180). A distinção, enunciada de forma cabal nessa frase, só se agudiza no poema em que tão difícil é a empatia para com o aqueu e tão imediata, para com o troiano.

ESQUEMA GERAL

vv. 1–184: Agamêmnon e o conselho – a embaixada a Aquiles: o Atrida reconhece seu erro para com Aquiles; sugere a fuga, mas Diomedes e Nestor intervêm; o segundo sugere um desagravo ao herói, para que retorne, e o Atrida enuncia o catálogo indenizatório a lhe ser ofertado; Nestor indica a embaixada (Odisseu, Ájax, Fênix, os arautos Ódio e Euríbates) que levará a ele a oferta.

vv. 185–668: Aquiles e a embaixada: chega a comitiva ao campo do herói que a Pátroclo canta; cena de hospitalidade; Odisseu expõe a oferta do Atrida; recusa de Aquiles; nova tentativa, vã, de Fênix, com o relato mítico sobre outro herói irado, Meleagro; outra recusa; Ájax percebe que nada o persuadirá e sugere o retorno; Fênix fica.

vv. 669–713: O fracasso: os aqueus recebem de volta a comitiva; fracasso relatado; silêncio dos aqueus; Diomedes critica Aquiles e aconselha a todos ao descanso para a retomada da luta; sugere que o Atrida exorte os homens.

LEITURA PASSO A PASSO

vv. 1–184: Agamêmnon e o conselho – a embaixada a Aquiles

Com os aqueus abalados abre-se o canto – o mais abalado deles, o rei, convocando discretamente uma assembleia na qual, entre lágrimas fartas e fundos gemidos, dirige-se aos líderes. Esse pranto desbragado, como o de Aquiles (canto I, vv. 348–350), é típico dos heróis épico-homéricos, uma "demonstração de pesar e desespero" (Wees 1998: 11). Sob tais emoções, Agamêmnon lamenta a influência de Zeus na *átē* ("cegueira ruinosa", v. 18) que o levou a crer na pronta tomada de Troia. O herói se refere, claro, ao sonho enganador (canto II), em razão do qual agiu com o raciocínio obliterado – é o que se dá sob a influência da *átē* que comentei no canto II –, sem perceber que se tratava de "vil ilusão" (v. 21) do deus. Este, afirma o herói, na realidade, o "manda voltar inglório [*dysléa*] a Argos" (vv. 21–22), após tantas perdas. Por isso, propõe a fuga, a sério desta vez, e não como teste da moral das tropas (canto II).

Nomeada nos termos *agorḗ* ou *agṓn*, a assembleia é "um importante recurso épico para colocar em andamento nova ação-consequência" (Hainsworth 2000: 59), como se percebe desde o início do poema e sobretudo nos cantos I e II, porque, no primeiro, nela se instaura a crise do *géras* ("prêmio de honra"), que leva à ruptura de Aquiles com o Atrida; no segundo, por ela as hostes decidem o engajamento na luta. A assembleia do canto IX dá-nos outro exemplo, porque a postura de Agamêmnon diante da situação e sua proposta de fuga geram reação negativa, notadamente de Diomedes e de Nestor.

O segundo sugere, então, voltar ao problema em reunião entre experientes anciãos, como ele, que o Atrida deverá receber em banquete, comprometendo-se a ouvir – ele não o fez até aqui – quem proferir "o melhor [*arístēn*] conselho" (vv. 74–75). Nessa reunião, faz discurso de elogio ao Atrida e de ênfase na sua responsabilidade de líder da expedição, que deve pensar no bem de todos; anuncia que dirá o que pensa desde que ele tirou Briseida de Aquiles, *géras* do herói, em ação reprovada pelos aqueus (v. 108). A censura, porém, recorda Nestor, não o demoveu, e ele desonrou o Pelida – note-se o verbo (*atimân*, v. 111) frisando a privação da *timḗ* ("honra") –, cujo *géras* retém consigo. Logo, conclui, é necessário reintegrar Aquiles à luta, e o rei, que errou, deve persuadi-lo, indenizando-o.

A sugestão encerra a intervenção de retórica taticamente construída, com "oblíqua abordagem do até aqui não mencionado tópico da briga com Aquiles" (Hainsworth 2000: 63), mas de modo tão eficaz que o Atrida não pode senão ceder. É então que enuncia o catálogo de bens, que Nestor o aconselha a oferecer ao herói por meio de embaixada cujos membros já nomeei (vv. 163–172). O rei o faz, primeiro em discurso (vv. 115–161) que começa por reconhecer, em sua ação na briga, a própria "cegueira ruinosa" – o substantivo *átē* (v. 115) a designa, mas também o verbo *aân* (vv. 116 e 119) –, que não pode atribuir a Zeus desta vez, como no canto II (vv. 120–141). Depois, reconhece o valor de Aquiles no óbvio favorecimento do deus aos troianos. Daí enuncia o catálogo indenizatório (vv. 122–156).

O que contém? Briseida – um bem como outros do saque (canto I) – que promete devolver sob jura de nunca ter se deitado com ela; dons outros imediatos; dons futuros, após o saque de Troia. São todos bens materiais – trípodes, cavalos, e mulheres de Lesbos, hábeis nos trabalhos e as mais belas que há, além de cativas troianas, as mais belas depois de Helena. A exceção é a oferta de boda entre Aquiles e uma filha sua que o herói escolha para si, pela qual se firmará a aliança consigo, de sorte que como a um filho, como a Orestes, será recompensado (v. 142). Veja-se o uso positivo no passo do verbo *tínein* ("retribuir, punir, vingar"), como também na fala de Nestor (v. 110), o qual não se dá com o substantivo *tísis* ("retribuição punitiva"), sempre negativo.

Chama a atenção o estatuto das mulheres de cidades saqueadas. Como Criseida e Briseida, elas se tornam objetos do butim dividido entre os heróis segundo o engajamento de cada um na luta. Isso nos fala da tragédia da guerra, pois elas são suas grandes vítimas – tragédia esta que Andrômaca (canto VI) expõe e encarna, na antevisão da servidão ao inimigo, do desemparo, do horror da violação, à qual alude Heitor (canto VI, vv. 464–465), da orfandade de filhos, na terrível lógica bélica de civilizações antigas – que séculos afora lamentavelmente se repete, a despeito de tudo. É a violação, aliás, que se projeta com a ênfase na beleza das cativas e na condição de concubinas, feita na "grande jura" (v. 132) do Atrida, de que não desfrutou de Briseida no leito, como seria esperável na "norma" vigente, declara, usando o termo conceitual *thémis* (v. 134).

Tudo isso que o catálogo abarca e que o Atrida se compromete solenemente a dar a Aquiles está condicionado ao fim da ira, frisa ele: o herói deve se deixar dominar e, com urgência, expressa o imperativo do verbo *damázein* (v. 158), porque só Hades, um deus, pode ser *adámastos* ("indomável"); e deve aceitar sua autoridade de *basileúteros* ("o rei mais rei", v. 160) e *progenésteros* ("o mais velho", v. 161). Ou seja, Agamêmnon soma os argumentos da necessidade humana de ser flexível, de seu *status* e de sua idade, à abundância e qualidade indisputável dos bens, para inviabilizar a recusa, firmando-a de saída como inaceitável. Ele antecipa, assim, o problema da irredutibilidade do herói, na qual ele próprio incorreu (canto I) e pela qual ora paga alto preço.

Quanto aos membros da embaixada, Nestor não explica a escolha, mas a de Fênix decerto se embasa no elo emocional com o Pelida, uma vez que foi seu antigo tutor; de Odisseu, na astúcia que lhe dá eloquência incomparável; e de Ájax Telamônio, no fato de que é o guerreiro mais parelho a Aquiles. Bem pensado é o trio, mas ineficaz: o herói desdenhará os dons por Nestor ditos "não desprezáveis" (v. 164).

VV. 185–668: AQUILES E A EMBAIXADA

vv. 185–221: Aquiles canta a Pátroclo

Quando a embaixada chega ao campo dos mirmidões, Aquiles protagoniza uma cena metapoética de *performance* (vv. 185–191), que é também nova expressão – antes, por Helena (cantos III e VI) –, da autoconsciência da poesia épica sobre sua função. Afastado de todos, com audiência de um homem só (Pátroclo), com a forminge, um dos tipos de lira, que acompanha o canto épico, o herói "canta" – diz o verbo *aeídein* (v. 189) usada pelo aedo na invocação à Musa no proêmio (canto I, v.

1) do poema que canta a ira do Pelida – os *kléa andrôn* ("glórias dos varões", v. 189), diz a expressão formular. Altamente significativa, a cena nos fala da *paideía* ("formação") aristocrática, de domínio das armas e da eloquência, de conhecimento do passado – das tradições míticas – e do código de valores ético-morais heroicos, tudo que tem na poesia poderoso veículo de preservação e disseminação. Poesia esta que é, por isso mesmo, parte essencial dessa *paideía*. Fala-nos, ainda, da natureza dos cantos épicos e da relação *performer*-audiência a partir da figura paradigmática de Pátroclo, com seu silêncio respeitoso diante do cantor, favorecido pelas Musas.

vv. 225–306: 1º discurso: Odisseu

Após a recepção da comitiva com as melhores práticas de *xenía* ("hospitalidade"), executadas pelo obediente Pátroclo, começa Odisseu a transmitir a Aquiles a oferta indenizatória do Atrida. Ele parte do elogio à acolhida e passa à descrição da pressão de Heitor e dos troianos sobre os aqueus, reconhecendo o valor do Pelida, crucial à reação. Finda com o pedido de que volte à guerra, tentando movê-lo emocionalmente, com a memória das palavras que Peleu disse ao filho quando da ida a Troia, das quais ele se esqueceu, afirma Odisseu. Só então enuncia o catálogo (repetição dos versos 122–156), e pede-lhe que se compadeça, se não do rei, dos demais aqueus que haverão de honrá-lo; e que não desperdice a chance de matar Heitor, seu grande feito!

Pelo verbo *eleaírein* (v. 302), entra no poema um tema cada vez mais relevante na narrativa e crucial ao seu desfecho no canto XXIV: o de *éleos*, a "compaixão" que gera solidariedade, porque permite enxergar o outro como ser humano, a despeito do que quer que seja ou que esteja para além dessa limitada, precária e finita condição essencial.

vv. 308–429: Resposta de Aquiles: a veemente recusa

"Infelizmente para Odisseu, Aquiles está prestes a ser retratado qual desarrazoado jovem, a quem a glória não significa nada agora, e que vai martelar justo o ponto que Odisseu cuidadosamente omitiu, a verdadeira atitude de Agamêmnon" (Hainsworth 2000: 94), qual seja, o roubo de seu *géras* (Briseida). Seu longo e indignado discurso, cheio de desprezo ao rei, detalha a recusa e denuncia a armadilha retórica de Odisseu que, suas emoções agitando, buscou nelas enredá-lo. Eis seus pontos, a este somados:

i. Odiando intensamente Agamêmnon, avisa que não se deixará persuadir em seu ultraje, porque não é valorizado como grande herói que é.
ii. Declara que não se sente de fato amarrado à guerra, não se sente dela beneficiário.
iii. Recorda por duas vezes que o Atrida lhe subtraiu seu *géras* preferido.
iv. Reconhece que Heitor aproveita sua ausência para ousadamente lutar, mas afirma que o troiano é problema dos dânaos, por causa do que lhe fez Agamêmnon.
v. Anuncia a partida com naus, homens e prêmios, exceto o *géras* subtraído.
vi. Profere insultos ao rei e reitera sua inflexibilidade.

vii. Elege a vida acima do *géras* e do *kléos*, à diferença do que afirmou ter feito até aqui, pois não foi suficientemente recompensado.
viii. Recomenda a fuga a todos, afirmando que Troia não cairá.
ix. Pede que Odisseu e os demais da embaixada partam, ficando consigo Fênix.

Os itens i-v reiteram argumentos antes usados (canto I). Do item vi em diante, temos os que só agora, dada a evolução dos eventos, pode utilizar; e do oitavo emerge o dilema (vv. 410–416) em que consiste a revelação de Tétis, de que morrerá na Guerra de Troia. Tal dilema é seu "duplo lote [*kêras*]" (v. 411): ou volta à casa, sem seguir na luta, obtendo "longa existência" (v. 415), mas privada de *kléos esthlón* ("glória nobre", v. 415), diz a expressão formular; ou volta à luta e perde o *nóstos* ("retorno", v. 413), mas obtém *kléos áphthiton* ("glória imperecível", v. 413), uma expressão[1] que só sai da boca de Aquiles e unicamente aqui, e que, lembrando o comentário sobre a noção de *kléos* (canto II), faz eloquente síntese da função da epopeia e do objetivo da vida heroica. Isso em fala de quem, qual aedo amparado pela forminge, há pouco cantava a Pátroclo, justamente, os *kléa andrôn* (v. 189), as "glórias" de heróis mais antigos, que são, para ele e para todos, paradigmáticos, referenciais.

O Pelida sabe pela mãe imortal o que os mortais ignoram: onde vai morrer e em que contexto. O dilema vem à tona após sua retirada da luta, em reação ao ul-

1 A origem dessa expressão é indo-europeia, segundo estudos como os de Benveniste (1995b: 58) e West (2023: 464).

traje à honra, quando o peso desse saber explode, carregado da desilusão que o faz "negar a doutrina heroica de que a glória se sobrepõe à vida" (Hainsworth 2000: 102). Afinal, os dois "lotes" enunciados são, por óbvio, irreconciliáveis, e a escolha não existe em realidade – não ao herói que só pode sê-lo ao privilegiar antes a coragem do que a sobrevivência. Há duas escolhas, cada uma com respectivos custos e benefícios, mas a primeira implica simplesmente abrir mão do que dá sentido à existência heroica: a imortalização do nome pelos feitos, posto que a morte do corpo é inexorável.

O dilema de Aquiles, portanto, expõe uma tensão plasmada na *Ilíada*, "entre a busca por glória e o vazio da morte" (Hainsworth 2000: 117). Além disso, afirma a noção de livre-arbítrio cujo exercício, contudo, gera consequências com as quais deve arcar quem age, as quais com frequência ultrapassam as fronteiras do indivíduo e recaem sobre seu entorno tanto mais na "cultura da vergonha", de sujeitos sociais. Daí que a liberdade de escolha pode ser dramática, quando quem a exerce, como Aquiles, se acha em trágica encruzilhada. Qual será sua escolha? A segunda, que de fato se coaduna com sua condição de herói, não pelo catálogo e reparação do ultraje, mas, sim, pela vingança contra Heitor, pela morte de Pátroclo (canto XVI). É consequência dessa ação a conquista do *kléos áphthiton* com o qual se regozijará (Hainsworth 2000: 103), ainda que saiba ter abraçado a própria morte.

vv. 434–605: 2º discurso: Fênix

A reação é de silêncio admirado (vv. 431–431). Fala então o velho tutor, empenhado em persuadir Aquiles pelo afeto do elo entre eles e pelo *exemplum* do irado Meleagro, a quem dons foram oferecidos para que abandonasse a cólera, algo que só fez quando estava à beira da perda de sua cidade então em plena guerra, de sua esposa, dos que lhe eram mais caros, sem que por isso tenha recebido os dons antes rejeitados. Fênix acentua a estratégia final de Odisseu, de apelo à sua compaixão, assim falando-lhe:

i. Recorda o elo entre eles, assentado na *paideía* que deu ao herói habilidade na palavra e na ação, o que dá ao tutor condições de aconselhá-lo e mesmo censurá-lo.
ii. Recusa-se a abandoná-lo e afirma que não o faria, mesmo se em troca um deus lhe oferecesse a juventude privada da velhice, que é um dos maiores males humanos, no imaginário grego.
iii. Lembra o tempo de jovem e os eventos na família, a ira paterna e a maldição da esterilidade sobre si, pelas quais decidiu exilar-se na Ftia, na casa de Peleu que o acolheu e que dele fez tutor do filho que adotou afetivamente como seu.
iv. Pede-lhe que ceda na cólera, pois há a indenização, e porque mesmo os deuses cedem, bem como heróis mais antigos, como Meleagro (*exemplum* relatado).
v. Afirma que, caso ceda, receberá dos aqueus recompensas como se um deus fosse.

No item iv, ao apontar em Aquiles uma atitude que nem um irado deus teria – e o apaziguamento do colérico Apolo (canto I) o prova –, Fênix recorda um dos argumentos do Atrida para o aceite da oferta que envia (vv. 158–159). O tutor acusa o caráter excessivo da irredutibilidade do herói, muito perigosa do ponto de vista das possíveis consequências advindas de sua contraposição às normas de reciprocidade. A indicação é clara: antes a cólera era justa; não é mais. Ilustrativamente, Fênix recupera o relato do irado Meleagro, extraído dos *kléa andrôn* (v. 524) centrados no tema da "veemente cólera" (v. 525) de mais antigos heróis. Veja-se que com a expressão transliterada o narrador havia identificado o tema do canto de Aquiles a Pátroclo (v. 189), e que o próprio herói-cantor é protagonista de canção – a *Ilíada* – pertencente ao grupo identificado nas narrativas sobre cóleras tenazes de heróis de antigas gerações.

A relação entre as canções sobre heróis irados, do passado e do presente do enredo iliádico, é evidente, e por ela a epopeia homérica explicita seu elo com a tradição mítica que oferece paradigmas mesmo às personagens do poema, como é de fato sua função no mundo da "cultura da canção" externo à *Ilíada*. A importância desses *exempla* e dos *kléa andrôn* que os preservam, parte da *paideía* grega, é, ademais, frisada no modo cuidado e solene (vv. 524–528) com que o velho tutor de Aquiles introduz o paradigma de Meleagro como "parte da retórica homérica da persuasão, o falante sugerindo que a situação do presente é análoga à referida" (Hainsworth 2000: 130).

O episódio contado (vv. 529–599) é desencadeado pela ira de Ártemis contra o rei da Calidônia, Eneu, a quem pune pela *asébeia* ("impiedade") de só a si não ter sacrificado, mas contemplado todos os demais deuses. Tal punição não recai sobre ele diretamente, mas sobre Meleagro, seu filho, como em muitos relatos que refletem a concepção de que a ação humana tem consequências que ultrapassam o sujeito que age, recaindo sobre sua linhagem e comunidade e ressoando no mundo divino. Esqueceu ou não pensou o pai – pouco importa a causa; fato é o crime que Ártemis retribuirá com a cólera materializada no contexto da guerra de seu povo, os etólios, e dos curetes de Pleurão, clã de sua esposa (Altaia). Como? Com envio de monstruoso javali contra o qual os inimigos vão se unir, para depois de novo, por influência da deusa, se chocarem na luta por seu couro, prêmio do feito de dominá-lo. Neste segundo embate, a Calidônia leva vantagem por ter Meleagro à frente; perde-a, todavia, quando ele se retira da luta, irado com as maldições – quais, não sabemos – da mãe enlutada contra si, por ter ele matado um tio materno – decerto em meio à luta pelo couro do javali. As maldições que iram o herói que se recolhe a seus aposentos no palácio de Eneu despertam as Erínias, deidades horrendas que punem os crimes entre consanguíneos; isso faz de Altaia responsável indireta pela descida dele ao Hades, que Fênix omite no recorte que faz do relato exemplar.

Ira, saída da guerra, recusa em retornar, mesmo diante da oferta de dons: eis os pontos de contato entre Aquiles e Meleagro, além do sofrimento que causam a suas respectivas comunidades. As diferenças: o antigo herói desconhece seu futuro, porque é filho de mortais, e sua ira, no que tange às causas e consequências, insere-se no âmbito de sua família; além disso, ao fim ele se dobra, após ouvir o último dos apelos, o da esposa Cleópatra, que lhe descreve o horror do saque iminente, que vitima homens, mulheres, crianças inocentes. Meleagro salva a urbe, porém, sem a retribuição de dons, pois tardou demais a se deixar aplacar. Grave é tal fato, pois "herói algum pode ser glorioso sem a devida recompensa da sociedade" (Janko,1999: 327). Já Aquiles pode salvar os aqueus, se voltar à luta, recebendo dons; mas, se não ceder à ira agora, poderá ficar sem eles. É o alerta que Fênix lhe dá com o *exemplum*.

vv. 606–620: Resposta de Aquiles

Inamovível, ameaçador, desdenhoso, o herói não cede. O fracasso de Fênix

> sublinha o perigo da posição de Aquiles, de um ponto de vista moral, e indica o caminho para a tragédia que se seguirá [a morte de Pátroclo] e para a compreensão, pelo herói, por meio de seu próprio sofrimento, de quais outros valores há, ao lado do κλέος [*kléos*], que ele acabou de rejeitar (Hainsworth 2000: 120).

Na irredutibilidade que se choca com as normas da tradição, incorre no mesmo comportamento do Atrida que disso não colheu qualquer benefício. Não colherá também Aquiles, como saberá, quando nada puder fazer para reparar seu erro, à diferença do que se dá com o rei. Isso porque há excesso na sua atitude cada vez mais censurada e difícil de defender, pois, a despeito de base justa, a convicção obstinada e sem compaixão a leva ao extremo que jamais é prudente e sempre gera males. Dessa convicção advêm só dor, isolamento e inflexibilidade, um padrão trágico típico, a fundo explorado por Sófocles (c. 496–406 AEC) na sua "tragédia do herói solitário" (Romilly 1998: 71–99).

A atitude do implacável Pelida pode ser pensada, portanto, conclui Hainsworth (2000: 57), em termos de *hamartía*, conceito com que Aristóteles (c. 384–322 AEC), na *Poética* (1453a), nomeia o "erro" trágico que leva à queda e que decorre da falibilidade humana; isso muito "aprofunda no heroísmo" de Aquiles "a ideia da tragédia".

vv. 624–643: 3º discurso: Ájax

Brevíssima, porque a sabe inútil, a fala de Ájax reforça os adjetivos a que resumi o Aquiles que responde a Fênix, e constata seu ânimo desprovido de compaixão, que desconsidera a *philía* ("estima, amizade") dos companheiros que Aquiles reconhece terem-no honrado – salvo por Agamêmnon – acima de todos. E constata que ele age contrariamente ao regramento que leva até irmão, por homicídio de irmão, e pai, de filho, à aceitação de recompensa indenizatória, refreando ânimos contra algozes. Nada disso, reitera Ájax, ele considera, salvo por uma moça, mesmo havendo tantas mais no catálogo oferecido. Acusa-o ainda de desrespeito à *xenía*, pois a oferta veio de hóspedes. Sem meias-palavras, sintetiza o que Fênix expusera: que Aquiles, antes correto e embasado nos "melhores motivos, agora se colocou do lado errado" (Hainsworth 2000: 141).

vv. 643–655: Resposta de Aquiles

Breve também, a resposta mostra que nada abalará o herói refratário a tudo, mas sinaliza igualmente a dificuldade de sustentar sua postura, do ponto de vista ético-moral; daí que concorda com a fala de Ájax, tratando-o amigavelmente. Não obstante, declara que somente se moverá quando Heitor estiver no seu próprio acampamento, prestes a incendiar suas naus, após ter massacrado os aqueus; só então o deterá, porque é o único capaz disso.

Nada mais resta à embaixada fracassada, senão partir sem Fênix. Obedecendo a Aquiles, Pátroclo prepara-lhe o leito; depois, deitam-se Pátroclo e o Pelida, com suas respectivas concubinas, espólios de guerra.

vv. 669–713: O fracasso

O sono recai sobre o campo dos mirmidões; não sobre o dos aqueus que recebem a má notícia, em silêncio admirado. A conduta de Aquiles é por todos percebida como excessiva; resta-lhes lutar, sem contar com ele, frisa Diomedes, exortando o rei chefe da expedição, Agamêmnon, a assumir a liderança dos homens na guerra, ao raiar do dia.

Canto X

Doloneia - Espionagem e massacre

Este canto narra dois episódios noturnos: a chamada "Doloneia", que põe o espião troiano Dólon na rota de Odisseu e Diomedes, espiões aqueus; e o massacre de Reso e de seus homens e o rapto de seus alvos cavalos, feitos pela dupla. Desde os antigos, foi visto como interpolação, ou seja, acréscimo tardio à *Ilíada*, mas essa visão, embora ainda muito difundida – beirando a condição de preconceito (Nickel 2012: 345) –, não mais se sustenta como (quase) consenso. Isso porque aprofundaram-se os estudos da epopeia, da tradição da "poética da emboscada" (Nickel 2012: 343), e da *mêtis* ("inteligência astuciosa") ilustradas pelo evento máximo no ciclo mítico troiano, o do cavalo de pau, aludido neste poema (canto XXIII, vv. 689–691; canto XXIV, vv. 778–779 e 804). Trata-se de um artifício de Odisseu sob influência de Atena, filha da deusa *Mêtis* e senhora dessa prerrogativa; artifício noturno, ademais, em cujo seleto grupo de varões liderado pelo herói se acha Diomedes e cujo resultado é massacre, espoliação, lamento, gerados, em menor escala, pelas emboscadas deste canto X, igualmente sob influência da filha de Zeus.

Sobre a *mêtis*, explicam Detienne & Vernant (2008: 11) que

> implica um conjunto complexo, mas muito coerente, de atitudes mentais, de comportamentos intelectu-

> ais que combinam o faro, a sagacidade, a previsão, a sutileza de espírito, o fingimento, o desembaraço, a atenção vigilante, o senso de oportunidade, habilidades diversas, uma experiência longamente adquirida [...].

Quanto à "poética da emboscada", não é primordial na *Ilíada*, mas integra o relato de Belerofonte (canto VI, vv. 157–199) (Nickel 2012: 344), e a ação de espionagem aqui, na qual o *skopós* ("vigia, espião", v. 324) troiano tem no nome o *dólos* pertencente ao campo semântico da *mêtis* central à caracterização de Odisseu e de Atena, aquele sendo o herói que concebe as ações executadas por Diomedes.

Consideradas a "poética da emboscada" e a *mêtis*, elas desenham "uma moldura a abordagens que enriquecem nosso entendimento da tradição da qual emerge toda a poesia homérica" (Nickel 2012: 345) que inclui esta epopeia em que o canto X é, de todo modo, parte integrante na tradição de sua preservação.

ESQUEMA GERAL

vv. 1–298: Agamêmnon insone, artimanha de Nestor: climas contrastantes nos campos troiano e aqueu; Agamêmnon busca um ardil vantajoso aos aqueus; Nestor e o plano de espionagem (Odisseu, Diomedes).

vv. 299–579: Dólon, Reso – Atena, Odisseu, Diomedes: Heitor propõe espionar os aqueus; o espião troiano, Dólon, encontra os espiões aqueus; auxílio de Atena a estes e morte daquele; rapto dos cavalos de Reso e massacre dele e de seus guerreiros; cólera de Apolo.

LEITURA PASSO A PASSO

vv. 1–298: Agamêmnon insone, artimanha de Nestor

A primeira parte do canto contrasta o clima festivo do campo troiano e a apreensão no aqueu, tamanha que torna insone Agamêmnon, similmente a Zeus (canto II). À insônia se somam fartos gemidos e gestos de desespero lutuoso – como o arrancar dos cabelos (v. 15) –, pois a desvantagem na luta é enorme e Aquiles não se move. Por isso, o Atrida vai a Nestor, em busca de "artimanha [*mêtin*] irreprochável" (v. 19) que recupere a vantagem aqueia.

A insônia acomete também a Menelau, dada a preocupação dele com varões que, "por sua causa" (v. 27), navegaram a Troia – algo que ele outras vezes expressa. Decide ir ao irmão e chega indagando se pensa enviar um espião ao inimigo, à noite, dele ouvindo resposta positiva, pois o rei reconhece na força de Heitor o favor de Zeus – daí tão incrível êxito, pelo qual mais elevado e perigoso se faz o herói. Ordena-lhe que busque Ájax e Idomeneu, enquanto vai buscar Nestor.

No diálogo com o velho herói, Agamêmnon não expõe a ideia da espionagem de imediato, mas ouve-o primeiro a prever ruína para Heitor, caso Aquiles volte à guerra – o que refirma que só ele pode derrotar o troiano. E sugere despertar os chefes, de tenda em tenda, reunindo-os para o conselho em que pede voluntários a uma missão noturna de infiltração no campo inimigo, aos quais dons serão dados, em troca (v. 204–227). Diomedes se candidata, demandando o apoio de mais um herói, em termos que apontam para Odisseu, porque destacam a importância de combinar à coragem e força a *mêtis* (v. 226); por isso escolhe-o para ir consigo. É que, além de favorecido em especial por Atena, é superior a todos em discernimento. Ele de pronto aceita o pedido.

Armados, os dois partem sob o portento positivo da deusa que lhes envia uma garça – *erōdiós*, "nome de vários pássaros de longas pernas, aqui, claramente, uma garça noturna, ave de bom presságio" (Hainsworth 2000: 182). Eles não a veem, mas a ouvem, e Odisseu entende do que se trata; agradece-a (v. 278–282), pedindo-lhe êxito e prometendo-lhe sacrifícios. O mesmo faz o Tidida (v. 284–294). A ambos ela concede os pedidos, e eles aceleram o passo, em cena que assim encerra esta primeira parte, em clima de expectativa pelo "renovar da batalha à primeira luz" (Hainsworth 2000: 158).[1]

vv. 299–579: Dólon, Reso – Atena, Odisseu, Diomedes

Mais acelerada é esta etapa que concentra a ação. Abre-se com breve cena no campo troiano, símil à do aqueu, com Heitor reunido a seus homens para obter dentre eles um voluntário para espionar o inimigo, sob a promessa de dons no retorno. O arauto Dólon aceita o desafio, "único irmão para cinco irmãs" (v. 317) – a implicação seria de insuficiente virilidade (Hainsworth 2000: 187) –, feio, mas veloz e rico. Em troca, pede alto

1 Hainsworth percebe ecos desse clima de expectativa pelo choque das tropas no amanhecer na tragédia *Henry V*, de Shakespeare, no prólogo do Coro no Ato IV, quando hostes de franceses e de ingleses se acham frente a frente, à noite, diante de Agincourt.

prêmio, os cavalos e o carro de Aquiles, e jacta-se de que chegará despercebido à tenda do Atrida.

Seu tom é arrogante – mesmo no pedido que faz –, ao contrário do de Odisseu, ao aceitar acompanhar Diomedes, e deste, ao se candidatar. A diferença mostra-se lutuosa, e igualmente o nome do espião troiano ("Sorrateiro") e o eco de sua figura com a de Tersites (canto II). O êxito não está no seu horizonte, e Heitor "jurou inutilmente" (v. 332) dar-lhe o prêmio pedido, uma vez que, diz o narrador (vv. 336–337), Dólon não regressará. Ainda isto é mau sinal: ao armar-se, não o faz como os aqueus, mas se disfarça sob peles de lobo – traiçoeiro – e de doninha – animal de "vil reputação" (Hainsworth 2000: 189), associada à ganância e mesquinhez –, munido só de arco e flecha, e um dardo.

Acumulam-se indícios da malfadada atuação que fracassa, mal chega ele às naus aqueias, onde é percebido pelos espiões aqueus. Diomedes primeiro o observa, a saber se é espião ou espécie de carniceiro a despojar os corpos dos mortos na luta, prática "repugnante (e claro, anti-heroica)" (Hainsworth 2000: 189). Depois, o Tidida e Odisseu caem sobre ele, alvo de emboscada terrível dos dois aqueus ocultos entre cadáveres (vv. 349–359) e apoiados por Atena. Daí à confissão de tudo é um passo, no interrogatório liderado por Odisseu, depois que Dólon oferece-lhes bens que lhe poupem a vida (vv. 376–381). Acaba morto por Diomedes (vv. 447–457), antes mesmo de fazer o gesto de suplicante, com golpe de espada fatal no pescoço, mas sem a tortura que não seria descabida na cena, no seu contexto e naquela cultura (Hainsworth 2000: 198); e é despido de vestes e armas.

Em gratidão ao auxílio que dá sucesso à emboscada, Odisseu (vv. 460–468) oferta o espólio de Dólon à Atena *lēḯtidi* ("junta-butins", v. 460), epíteto só aqui usado, ao contrário de seu equivalente (*ageleíē*); ambos realçam o fundo envolvimento dela com o mundo bélico. Na prece à deusa, pede mais um favor: que os auxilie a ir a Reso e seus cavalos admiráveis pela velocidade incomparável, porte físico potente, alvura de neve. Esses alvos se destacam da confissão do espião e são capturados na segunda emboscada (vv. 469–514), para a qual vão Diomedes e Odisseu, por entre corpos e sangue.

De novo é do segundo herói, o Laertida, a liderança na exitosa ação-surpresa, cuja carnificina fica para o Tidida insuflado por Atena. Jazem, ao fim, doze trácios e Reso, o rei. O massacre não escapa a Apolo, porém, que nota a atuação da deusa e se enfurece (vv. 515–525); ele desperta Hipocoonte, primo de Reso, que acorda os troianos, e ergue-se no campo lamento e confusão. Enquanto isso, os dois aqueus recolhem, no local onde o mataram, as armas de Dólon; com o butim voltam ao campo onde impressionam os companheiros sobretudo com os cavalos de Reso, os únicos brancos (v. 437) na tradição épica que de negro sempre os pinta (Haft 1990: 38); e Nestor os exalta, reconhecendo no sucesso o favor de Zeus e de Atena (vv. 550–553). A atmosfera entre os aqueus passa a ser festiva, mas no caso da emboscada de Reso – que rendeu a tragédia homônima de Eurípides (c. 480–406 AEC) –, a "vitória barata sobre homens desarmados e adormecidos" (Hainsworth 2000: 154) deixa travo amargo na boca e é um tanto estranha à *Ilíada*.

Tudo somado, Haft (1990: 38) faz ponderações que vale recuperar. Primeiro, argumenta haver uma relação do canto X com o IX, que recorda a do II com o I, na medida em que tanto o IX quanto o I enfocam a ausência de Aquiles, enquanto o X e o II, por causa dela, dão proeminência a Odisseu. Isso se justifica, uma vez que, diz Haft, no canto X, ele "usa sua *mêtis* para obter para si e para Diomedes um triunfante retorno de detrás das linhas inimigas", e no II, "sozinho evita a desmoralização dos gregos por partirem de Troia em desgraça". Ademais, nota Haft, em ambos esses cantos, e só neles, é duas vezes (canto X, v. 363; canto II, v. 278) chamado *ptolíporthos* ("saqueia-urbes"), epíteto que evoca seu papel crucial na queda da cidade – com o cavalo de pau –, a qual permite os *nóstoi* ("retornos") dos aqueus, sendo que o dele é o mais demorado (dez anos) e famoso, pois o canta a *Odisseia*.

Pode-se concluir, arremata Haft (1990: 20), que, se "a equivalência entre a morte de Heitor e a queda de Troia" eleva e honra Aquiles, o protagonista da *Ilíada*, "Homero prefigura, sob a superfície do poema, o papel que Odisseu desempenhará no saque da cidade". Essa ligação do herói a cavalos extraordinários e ruinosos para os troianos, como os de Reso ou o de pau, está posta aqui (Haft 1990: 38).

Canto XI
Aristeía - Excelência de Agamêmnon

A excelência bélica do Atrida, que Aquiles insistentemente ataca (cantos I e IX), é retratada na esteira da notícia do fracasso da embaixada no canto IX e da exortação de Diomedes lá (vv. 697–709), a que liderasse as tropas, tirando-as de perto das naus. Isso ocorrerá, mas o ganho logo se perde no recrudescimento da guerra, que expõe e realça as consequências da ausência do filho de Peleu e Tétis. Os aqueus chegam mesmo a bater em retirada, algo que, como a fuga, é bem complicado na ética heroico-aristocrática.

Algo muito importante dá-se neste canto, quando da retirada da luta de muitos líderes aqueus feridos, o que a Aquiles, que de longe observa, preocupa o suficiente para que envie Pátroclo a ver o que se passa. É quando o amigo do Pelida encontra Nestor cuja fala planta no enredo a primeira peça da complexa engrenagem trágica que dará na Patrocleia, a *aristeía* do herói, sua "excelência" e morte no canto XVI, em razão da qual Heitor, algoz do herói, será morto por Aquiles, de volta à luta por vingança.

Começam a se desenhar as condições à reintegração do herói às tropas, não por causas relativas à crise da honra, mas por insuportável perda sofrida por quem pediu a Zeus a promessa de fazer sofrer os aqueus, sem pensar que Pátroclo era um deles.

ESQUEMA GERAL

vv. 1–309: Agamêmnon, Heitor – a luta renhida: excelência do aqueu, reação do troiano; Éris (Discórdia) e Zeus se envolvem; carnificina.

vv. 310–598: dânaos feridos, troianos exaltados: Agamêmnon, Diomedes, Odisseu, Macáon, Eurípilo – todos feridos e tirados da batalha, em ação que destaca Menelau, Nestor e Ájax; aqueus em grande aflição.

vv. 599–848: Aquiles, Pátroclo, Nestor – novo plano do velho rei: o Pelida envia o amigo ao campo dos aqueus, por notícias; Pátroclo aflito com a situação; o diálogo com Nestor e o plano para ajudar aos aqueus.

LEITURA PASSO A PASSO

vv. 1–309: Agamêmnon, Heitor – a luta renhida

Na abertura (vv. 1–14), ouvimos o terrível grito de *Éris*, a deusa Discórdia, tão logo raia o dia – o quinto, no tempo do enredo (Hainsworth 2000: 213). O amanhecer vem na imagem de Eos, a Aurora, a se erguer do leito de Titono, mortal troiano por ela raptado e por Zeus imortalizado, mas não privado da velhice, razão pela qual será por ela um dia abandonado, narra o *Hino homérico V, a Afrodite* (vv. 218–238, c. 650 AEC). Note-se como recorrentemente numa breve imagem se vislumbra toda uma tradição mítica.

O grito de Éris, a quem Zeus envia aos aqueus, é dado junto às naus e lança sobre os guerreiros tremendo ímpeto de lutar; batalha é o que narram este canto e os seguintes, cada vez mais intensa, aqui com ênfase na *aristeía* de Agamêmnon, como disse na apreciação geral, que também grita (v. 15), exortando seus homens, e se arma (vv. 15–46), em cena típica que "anuncia o êxito inicial" (Hainsworth 2000: 211), o qual será momentâneo, pois a vantagem volta aos troianos cujo líder é Heitor.

Cabe observar que a atenção dada às armas dos heróis nos cantos já vistos e nos seguintes é eloquente, na medida em que elas são signo concreto e visível do heroísmo de quem as porta; elas são como que partes do corpo do guerreiro. Daí também sua valorização aos vencedores que não raro as despem dos vencidos, pois são troféus.

De terrível grito e "fragor vil" (v. 53) enviado por Zeus enche-se o campo aqueu, e assim avançam eles, anunciando sua força aos troianos preparados para o choque, mergulhando todos em mútua carnificina que regozijava a Éris e ao deus, únicos imortais envolvidos. A excelência de Agamêmnon (vv. 92–283) dá-se nesse cenário estrondoso de matança, e tal é a fúria bélica do herói que empurra os troianos aos muros da cidade, e leva Zeus a enviar Íris a Heitor, para que do aqueu se mantivesse afastado, até que, ferido, se retirasse da luta; então, poderia reagir (vv. 284–309). Como no canto V, mas centrando-se na eficácia mortal só do Atrida, o narrador lista o catálogo dos mortos por ele, para cuja tarefa invoca as Musas a darem-lhe conhecimento (canto II). Símil catálogo (vv. 299–304) lista para a "contra-*aristeía*" de Heitor, mas sem chamar as Musas, em distinção que eleva Agamêmnon, chefe dos aqueus que vencerão a guerra.

O poeta projeta a sequência, como vemos canto após canto, com impressionante visualidade, graças ao detalhamento do relato que atenta até à poeira que da planície se ergue pelas patas dos agitados cavalos dos guerreiros e de seus carros (vv. 150–153), no meio da dura refrega, e à sua "vividez" – a comentada *enárgeia*. É assim que coloca o campo da luta sob os signos ambivalentes da coragem e perícia bélicas, e do horror, da morte, da brutalidade, da violência, e nos torna imersos nele.

VV. 310–598: DÂNAOS FERIDOS, TROIANOS EXALTADOS

A desgraça e impotência dos aqueus é tal que por pouco não fogem às naus (v. 311) – de novo emerge o tema da fuga. Diante da retirada do Atrida ferido e da fúria de Heitor, Diomedes e Odisseu contra-atacam (vv. 312–368), com aquele chegando mesmo a acertar a cabeça do troiano que não perece por ação de Apolo, mas cai atordoado e, misturando-se aos demais guerreiros, sai da mira do aqueu. É nesse cenário que Páris é visto em atuação na luta, embora de longe e de modo sorrateiro, lançando seta certeira contra Diomedes; disso se gaba a seguir, ao que o aqueu responde com censura que rebaixa duramente o troiano como guerreiro (v. 385–395). O Tidida ecoa a censura de Heitor (canto III, vv. 38–57), ao falar da vaidade da beleza e da sedução de mulheres como marcas de Páris. E expressa, ainda, "eloquente expressão do aristocrático desdém de lanceiros pelos que lutam à distância (e amiúde anonimamente), com o arco" (Hainsworth 2000: 268).

Vale dizer que Páris não recebe do narrador, a despeito do *status* de príncipe, "uma *aristeía* formal de sucessos sucessivamente narrados" (Hainsworth 2000: 267); esse é mais um indicativo da condição problemática do herói. Fere, porém, Diomedes que então se retira da luta em que fica agora só Odisseu (vv. 402–410), cuja reação inicial é um diálogo com o próprio *thymós* (v. 403) – "coração, peito", sede de emoção e razão –, usado pelo poeta em outros momentos nos quais o herói precisa tomar uma decisão difícil. O tema é a possibilidade da fuga, logo rejeitada como ação de homens "vis" (v. 408), recordando o que consiste em "argumento moral", frisa Hainsworth (2000: 270): "ser o mais excelente", diz o verbo *aristeúein* (v. 409), é permanecer na luta tenazmente, atacando e sendo atacado. Esse argumento, prossegue Hainsworth (2000: 269–270), prepara a entrada do herói na luta e a saída dela – o primeiro é o caso de Odisseu.

O herói, uma vez na luta, se engaja em diversos combates que formam uma "pequena *aristeía* que culmina num duelo pouco relevante" ao enredo, afirma Hainsworth (2000: 271), mas recua após ser ferido por lança inimiga (v. 463–488). Em seguida, Ájax Telamônio mergulha na peleja, enquanto noutro flanco Heitor conduz seus homens contra Nestor e Idomeneu (v. 489–503). Todos recuam quando Páris acerta Macáon, *iatrós*, "aquele que cura" (canto IV), ao qual proteção especial é dada e valor superior é atribuído (vv. 514–515), em função da importância de seu saber que cura as feridas dos guerreiros. Nestor, então leva o herói-médico dali, enquanto Ájax, alvo dos troianos, é posto a fugir por ação de Zeus (v. 544) – fuga necessária, pois pelo deus é constrangido a tanto, mas jamais desejável no âmbito da ética heroico-aristocrática. Daí seu acabrunhamento; e daí que acaba fincando-se entre dânaos e troianos, impedindo, com a ajuda de Eurípilo, o avanço do inimigo. Nada o atinge, mas seu aliado, ferido por Páris (v. 581–585), dali é levado.

vv. 599–848: Aquiles, Pátroclo, Nestor – novo plano do velho rei

Como já ressaltei, neste canto Aquiles enfim sofre pelos companheiros que abandonou numa guerra que só recrudesce. Sua ação, porém, desengatilha a tragédia de Pátroclo, armada por sua saída da luta, pela promessa de Zeus, pela sua irredutibilidade. Qual? Chamar o amigo (vv. 602–604) para enviá-lo ao campo aqueu em busca de notícias de Macáon. Ordens recebidas, Pátroclo, filho de Menécio, cumpre-as de pronto – eis a *arkhḗ* ("o início", v. 604) da desgraça, antecipa o narrador.

Tendo percorrido o campo, o herói logo chega à tenda de Nestor, onde os homens (vv. 618–643) descansam e se refazem, inclusive com o vinho que lhes serve a amante dele. Vê-se que, embora se diga velho, ele ainda não o é o suficiente, pois atua na guerra e no mundo de *érōs*, ambos não mais adequados a quem de fato foi tomado pela velhice, como Príamo e os anciões que o cercam (canto III). Digna de nota, na cena, é a descrição da taça do herói (vv. 635–639), a qual é incrivelmente semelhante a um dos mais famosos objetos arcaicos, a "taça de Nestor" (c. 740–725 AEC), ligado à magia erótica.[1]

1 Ela traz esta inscrição em versos: "De Nestor sou a taça, deliciosa./ Quem desta delícia beber – de pronto / o desejo de Afrodite, bela-guirlanda, o tomará". Faraone (2001: 18–19) afirma que é "o mais antigo exemplo no mundo grego" de "encantamento para a potência" sexual, associado à deusa do sexo. A magia é importante naquele mundo e amiúde é erótica, como veremos no canto XIV.

Pelo diálogo, o Menecida se informa dos fatos e avisa que de pronto retornará a Aquiles "terrível" (v. 653) – *deinós*, adjetivo ambivalente –, ao amigo veloz em condenar mesmo quem é "inocente" (v. 654) – *anaítios* (v. 654), privado de *aitía* ("culpa, responsabilidade"). Nota-se a crítica – e críticas cada vez mais as ouviremos – ao Pelida de "temperamento ingovernável" (Hainsworth 2000: 295).

Responde-lhe Nestor com longo discurso admoestatório (vv. 656–803) que questiona a preocupação de Aquiles para com os aqueus – até que ponto vai –, e fala da gravidade da situação presente dos aqueus, dos líderes feridos. Mais: recorda o rei de Pilos sua própria força na juventude, em digressão que reconta uma pequena epopeia pílea, afirmando sua excelência, em seguida do que vem a dura censura ao comportamento do Pelida. Finalmente, chega a isto: insta Pátroclo a usar sua influência junto a ele, exercendo o papel de que o incumbiu Menécio, na partida dos dois jovens da Ftia, que testemunhou – papel de conselheiro que deveria sempre se recordar de ser mais velho do que Aquiles, o qual a Pátroclo é superior em *status* e força. Indo mais longe, concebe um plano – tal qual noutros cantos (VII, IX, X) – para fazer recuar os troianos.

O discurso nos permite entrever cenas da vida de Aquiles na casa do pai, e nele Nestor projeta-se como quem tem "o direito de colocar pressão moral sobre Pátroclo e, por meio dele, em Aquiles, pondo-os em conexão com as palavras de despedida dos [respectivos] genitores" (Hainsworth 2000: 305). Esse vislumbre daquelas cenas é incrementado adiante, pela menção que Eurípilo, líder aqueu ferido, faz a Pátroclo (vv. 828–836) do sábio tutor do Pelida, o bom centauro, Quíron, que dominava as artes da guerra, da eloquência, da cura (canto IV) – a terceira é a arte que, conhecida por Pátroclo, permite-lhe tratar de Eurípilo.

E o crucial plano de Nestor, qual é? Que Pátroclo persuada Aquiles a deixá-lo levar seus guerreiros, os mirmidões da Ftia, à guerra, vestido como se fosse ele, com as armas do amigo irredutível e irado. Isso porque os troianos, ao verem-no, argumenta o rei píleo, vão recuar, dando respiro aos acossados aqueus e permitindo que se recomponham e se reorganizem. A visão do Menecida investido da imagem do Pelida bastará para gerar pânico no inimigo, tal a imponência dele e de suas armas que logo seriam reconhecidas pelos troianos, divinas que são, frisa Hainsworth (2000: 308), como mostrará o poema.

Aceitando a sugestão, Pátroclo parte dali de coração encorajado, mas para na tenda de Eurípilo, pois não pode deixar de tratar seus ferimentos. Nada lhe diz nem a ninguém, porém; tampouco Nestor. Mal sabe o rei o que pediu, o que isso provocará. Mal sabe o Menecida que o aceite o encaminha à própria ruína – à qual seu grande amigo, sem o saber, haverá de enviá-lo. Trágica ironia, cujos acordes começam a ficar mais insistentes e sonoros. Vamos ouvi-los todos no canto XVI, quando o quadro da guerra ainda mais grave estará e quando Pátroclo enfim chegará às tendas de Aquiles.

CANTO XII
ASSALTO À MURALHA AQUEIA

A batalha se intensifica rumo à muralha dos aqueus cada vez mais acossados pelos troianos; ela está em foco, mas não a vemos com precisão. Ignoramos quantas são suas portas, mas uma delas é rompida por Heitor neste canto que traz "algumas das cenas mais celebradas" da epopeia, anota Hainsworth (2000: 313), e dois de seus "melhores símiles": o dos flocos de neve (vv. 278–289), altamente imaginativo, no contraste entre sua leveza e silêncio *versus* o barulho de pedras pesadas lançadas na refrega; e o do leão (vv. 299–306), com Sarpédon por referente (vv. 299–306), tido como o mais belo dos desse tipo.

Quanto às cenas, são a do discurso de Heitor a Polidamante (vv. 231–250), rechaçando sua interpretação do portento de Zeus; e da fala de Sarpédon a Glauco (vv. 310–328), em prol da liderança dos lícios na empreitada contra a muralha dos aqueus; Heitor rompe as portas da muralha dos aqueus (vv. 445–466), no clímax da narrativa. Essa sequência "forma uma sucessão de imaginativos *tours de force*", com os quais o avanço à muralha e sua ruptura ganham "realçada coloração heroica" dotada de realismo, comenta Hainsworth (2000: 315).

ESQUEMA GERAL

vv. 1–289: muralha, deuses – defesa e ataque: construção e destruição futura pela aliança Poseidon-Apolo (cantos VII e VIII); os ataques troianos (Polidamante e Heitor); o portento de Zeus; a luta defensiva dos aqueus; equilíbrio.

vv. 290–471: equilíbrio, avanço – Heitor rompe a muralha: os lícios buscam destacar-se (Glauco, Sarpédon); o olhar de Zeus e sua influência; Heitor rompe o muro e viabiliza o assalto troiano ao campo aqueu.

LEITURA PASSO A PASSO

VV. 1–289: MURALHA, DEUSES – DEFESA E ATAQUE

Oprimidos estão os aqueus sob o avanço troiano contra as defensivas vala e muralha (canto VII, vv. 337–343, 436–441, 443–465), pouco eficazes, e aquela, condenada, porque feita sem prévios sacrifícios aos deuses, recorda o narrador, detalhando sua futura e total destruição, finda a guerra (canto VII, vv. 33–463). No presente, a muralha se sustenta, a luta a crescer intensamente ao redor, os troianos pressionando a ruptura das portas, os aqueus a evitá-lo, mas em grande desvantagem, "domados pelo chicote de Zeus" (v. 37) que favorece – e o fará por bom tempo – Heitor e seus homens, cumprindo a promessa a Tétis.

A descrição da situação diante da muralha e da vala – ampla, funda, com estacas – que os cavalos dos troianos se recusam a saltar ocupa o andamento inicial, ao qual se sucede o diálogo entre Polidamante e Heitor, com aquele propondo (vv. 60–79) a divisão estratégica dos homens em batalhões – algo único no relato (Hainsworth 2000: 326) –, liderados por distintos heróis, dos quais se destacam, além deles, Ásio e os lícios Sarpédon e Glauco. Os grupos assumem formação alinhada com escudos para arremeter contra os dânaos, em tática de cerco (Hainsworth 2000: 329). Desastrosa, porém, será a ação de Ásio que se desvia da estratégia; daí o adjetivo *nḗpios* ("néscio, estulto, tolo", v. 113), que o poeta reserva aos que agem de modo insensato e imprudente, ignorando bons conselhos. É nesse contexto que se dá a ocorrência do primeiro símile dos flocos de neve, trazidos pela nevasca (vv. 156–160), o qual "antecipa o mais longo e mais famoso" (Hainsworth 2000: 335) símile dos serenos e silentes flocos (vv. 278–289).

Tão aguerrido é o combate, que o narrador, sem invocar as Musas, usa um recurso que ecoa o da invocação delas diante da enormidade da tarefa de enunciar o catálogo das naus e os nomes (canto II, vv. 484–493). Diz ele aqui: "Duro me seria falar destas coisas todas como um deus" (v. 176) – do fogo, da tenaz defesa aqueia, do sofrimento divino pela aflição dos aqueus. Em seguida, volta-se ao portento de Zeus (vv. 195–209), no qual voa pela esquerda das hostes a águia, sua mensageira, com serpente no bico – símbolo do poder ctônico, isto é, pertencente à terra e ao mundo sob ela; mordida, porém, pela presa que se recusa a ceder, a águia a abandona.

Digo algo sobre portentos e profecias já notados (cantos II, III, IV, X). São veículos de comunicação entre deuses e homens, cuja natureza encerra um problema inerente e incontornável: o conhecimento que embasa as palavras dos imortais parte de um alcance de passado e futuro que ultrapassa em muito a limitação própria à natureza humana. Eles não (pre)determinam os fatos, mas antecipam o que resulta do desenrolar da ação humana, de escolhas feitas. A profecia e o portento adiantam aos mortais o que eles próprios só podem ver ao final, por seu limitado alcance do porvir e das consequências de suas ações, do que está sob elas, de como se combinam ao mundo em que se inserem. Logo, não raro o mito mostra a dificuldade de entender o que ouvem, suas interpretações equívocas, dada a limitada natureza humana, inferior à divina cuja superioridade é assim sublinhada.

Nesse quadro, cria ruídos um termo como "destino", amiúde usado para traduzir *moîra* ("lote, porção") – conceito comentado (canto VIII) – e sinônimos, porque é carregado de paradigmas estranhos aos do mundo grego em que o termo deve ser pensado como a trajetória traçada pelo mortal, por suas escolhas, pelo modo como reverberam ao redor, por suas circunstâncias, pelo imponderável – os deuses, o acaso, a sorte.

Voltemos ao ambivalente prodígio deste canto. Polidamante o toma por sinal de recuo, em discurso de prudência. Rejeita-o Heitor (vv. 230–250), em excessiva confiança no apoio que sabe ter de Zeus (canto XI, vv. 200–209), e acusa sua falta de tenacidade, ameaçando-o de morte, caso fuja ou convença outros a tanto. Mais: diz que não lhe importam voos de aves: "O presságio melhor [*áristos*] é defender [*amýnesthai*] a terra pátria" (v. 243), o verbo merecendo atenção, porque dá o sentido da guerra aos troianos. A confiança do herói deveria ser mais equilibrada, pois as relações deuses-homens são assimétricas, distintas sendo suas naturezas e seus lugares na ordem cósmica. O desdém a sinais emanados de forças superiores é imprudente, pois não só escapam à compreensão mortal, mas recordam aos humanos o quanto são limitados e quão maior é o mundo em que agem. Isso tudo aumenta o crescente perigo para Heitor de sua posição e do favor divino, pelos quais escolhe não ouvir, nem ver, e agir com impetuosidade temerária.

A notável fala do herói atrai esta observação: "O heroísmo é enfatizado, se ao herói é dada a oportunidade de agir de modo não heroico, e ele a recusa, ainda que, como é o caso de Heitor, a rejeição tenha notas de *hýbris*" (Hainsworth 2000: 341). O termo conceitual (canto I) significa o desrespeito aos limites da condição humana, expresso em ações marcadas pela "desmedida" que não fica impune, pois elas – a violência excessiva, a arrogância – ofendem o regramento da vida humana e perturbam a ordem cósmica. Não obstante, ele profere "memorável discurso heroico, apropriado a seu papel dramático como líder e ao trágico movimento da *Ilíada*", frisa Hainsworth (2000: 343).

Segue-se a luta, com um passo singular "da poesia de cerco", nota Hainsworth (2000: 344): Heitor avança junto aos troianos, com fragor *thespésios* ("divino, sobre-humano", v. 252); Zeus *terpikéraunos* ("que se apraz com o trovão", v. 252) ergue tremenda poeira com intenso vento, senhor de forças climáticas. Ao fazê-lo, dá *kŷdos* ao herói, "triunfo" (v. 255), porque confunde a "mente" (v. 255) dos aqueus – enfeitiça-a, ilude-a, diz o verbo *thélgein* (v. 255), ligado à *thélxis* ("magia") que tem o engano em sua natureza. Confiantes no novo portento, os troianos tentam destruir as estruturas de base da muralha, enquanto os dânaos reparam como podem os danos, e alvejam o inimigo.

A cena notável com o enfoque nos dois Ajazes – o filho de Télamon e o de Oileu – que animam os companheiros com palavras de apoio ou de censura – duas estratégias exortativas já vistas. Aqui emerge o símile dos flocos de neve (vv. 278–289), referido na apreciação geral deste canto e prefigurado no da nevasca (vv. 150–156); com ele, o poeta procura dar conta da brutalidade da ação e de seu som – as pedras lançadas mutuamente entre as hostes inimigas a erguerem "por sobre a muralha o fragor" (v. 289).

vv. 290–471: equilíbrio, avanço – Heitor rompe a muralha

Em meio à luta intensa, ocorre o notável símile do leão para o lício Sarpédon (vv. 299–308). Esse filho de Zeus, deus que antes o poupou (canto V, v. 662) da morte, entra em foco após fala de Glauco à qual responde com argumento em prol da liderança dos lícios no ataque à muralha e da entrega "à guerra glorifica-varão", na expressão *mákhēn es kydiáneiran* (v. 325), em que o adjetivo traz a noção de *kŷdos*, o "triunfo" que dá *kléos* ("glória") (canto V). Tal entrega, diz, é o que resta aos que da morte não podem escapar, nem da velhice, caso fujam da luta, mas que nela podem escolher como morrer – com destemor que dá renome. Essa fala é célebre como a "mais clara declaração do que na *Ilíada* são os imperativos que governam a vida heroica e sua justificativa. É, como diz Sarpédon, uma espécie de contrato social: bravura em troca da honra" (Hainsworth 2000: 352). Claro está que, "embora a morte possa ser uma fonte de ansiedade para os mortais", pondera Schein (1984: 70), ela é, ao mesmo tempo, aquilo que, encarado de frente, leva-nos a desejar a imortalidade – e a nos movermos nesse sentido, buscando alguma grandeza.

Os dois heróis lícios mergulham na luta, mas são feridos – e Sarpédon de novo é pelo pai poupado da morte (v. 402). Outros heróis são feridos e mortos até o clímax que se dá com o *kŷdos* outorgado por Zeus mais uma vez a Heitor (v. 437), de penetrar a muralha (v. 438) antes de qualquer outro troiano. Ele então grita e açula seus homens (vv. 439–441) a ela e a incendiar as naus aqueias, pondo os aqueus em fuga (vv. 464–471). O momento é de impressionante triunfo épico, nota Hainsworth (2000: 364), e perfeito para o fecho e para a posição do canto na epopeia, "a meio-caminho" da narrativa que culminará, ela própria, com a morte do Priamida em duelo com Aquiles (canto XXII), com o clímax estendido à devolução de seu cadáver para os funerais (canto XXIV) na Troia que ainda se sustenta, não por muito tempo.

Canto XIII
A batalha junto às naus

O canto evidencia o resultado do triunfo dado por Zeus a Heitor no final do canto XII, de romper as portas da muralha aqueia, movendo a batalha para perto das naus, nas mais perigosas condições, mas agora sem a atenção do deus que "voltou seus olhos luzentes / para longe" (vv. 3–4). Julgava Zeus, diz o narrador, que os outros olímpios respeitariam sua ordem de abstenção do combate (canto VIII), e distraía-se com outras guerras. Engana-se. No mundo convulso da *Ilíada*, a hierarquia olímpica não é de todo respeitada.

A defesa das naus, a resistência às investidas troianas: este canto enfoca o pânico dos dânaos, nota Janko (1999: 39), e ao final temos "os exércitos basicamente na mesma situação" (Janko 1999: 40) e a "contínua resistência [dos aqueus, que] aos troianos não é menos ominosa do que a águia que aparece quando Ájax ousadamente provoca Heitor com a ruína iminente" – águia que neste deveria inspirar cautela. Impressiona ainda aqui a *androktasía* ("matança de homens"), em narrativa tremendamente gráfica.

ESQUEMA GERAL

vv. 1–672: os deuses, a guerra – Zeus, Posêidon: afastamento do soberano, entrada do deus marinho, em favor dos aqueus; os exércitos por si, a luta equilibrada e indecisa, com vantagem aos troianos; defesa dos aqueus; intensa *androktasía*.

vv. 673–837: luta junto às naus: troianos em desvantagem; choque entre Posêidon e Zeus; Zeus volta a contemplar a guerra.

LEITURA PASSO A PASSO

VV. 1–672: OS DEUSES, A GUERRA – ZEUS, POSÊIDON

Após o afastamento de Zeus, o desobediente Posêidon na luta se insere em prol dos aqueus, sob o disfarce de Calcas; os Ajazes reconhecem a presença divina e são por ela encorajados. Como já na cena entre Afrodite e Helena (canto III, vv. 383–397), o disfarce nunca é total, havendo sempre sinais que revelam os deuses, algo importante ao aumentado impacto de suas epifanias. Posêidon atiça o ânimo dos guerreiros; os aqueus se enfileiram em falange, para conter o inimigo. Em Homero, os heróis fazem, se necessário, essa formação, não exatamente no sentido da tática bélica aperfeiçoada pela Esparta arcaica (a "falange hoplítica"), mas da formação densa de ataque ou de defesa (Janko 1999: 59).

Segue-se a intensa *androktasía*, com Posêidon ativamente atuando. Na encarniçada "guerra mata-mortais" (v. 339), o narrador realça o choque entre Zeus, querendo cumprir a promessa a Tétis – daí o favor a Heitor e aos troianos –, e o deus marinho, protegendo os aqueus. Daí a *némesis* ("justa indignação") deste com relação ao soberano olímpio, assinala o verbo *nemesân* (v. 353), ambos a retesarem o cabo da guerra em que muitos vão tombando. "Que deuses dirijam o conflito – isso aumenta sua importância [...] e confere-lhe *páthos* [emoção]" (Janko 1999: 90). Lembra o narrador, porém, que Zeus está ao lado dos dânaos; seu favor a Heitor é circunstancial.

Na sequência, destaco uma das vítimas troianas da pequena *aristeía* de Idomeneu (vv. 361–454), cretense entrado em anos (vv. 509–515): Otrioneu (vv. 363–382), noivo da famosa e "mais bela" (v. 365) filha de Príamo, Cassandra, na *Ilíada* sempre a *parthénos* (moça púbere não-casada), e não a profetisa da tragédia clássica. Personagens, como narrativas, diga-se, são trabalhadas pelos poetas a partir das necessidades de suas obras; logo, não são invariáveis em suas facetas. O jovem herói chegou *anáednos* ("sem dote nupcial", v. 366) para lutar – privado de *hédna* (canto VI). É fato que "pretendentes amiúde oferecem dons para garantir uma noiva" (Janko 1999: 94); no lugar deles, Otrioneu promete, em sua tola arrogância, "grande feito" (v. 366): afastar os aqueus da urbe, algo léguas além de suas capacidades; morre enquanto caminha com altivez reflexiva da excessiva confiança na própria aptidão.

Outro passo que vale observar é aquele em que Menelau mata Pisandro (vv. 601–642) que o enfrenta em socorro ao Priamida Heleno. O narrador anuncia (v. 602) que chegou para o troiano "o lote [*moîra*]" do "termo da morte [*thanátoio télos*]", dirigindo-se diretamente ao aqueu, falando-lhe de modo a incrementar a dramatização do evento. As palavras gregas ressaltam a ideia tradicional da morte como lote comum aos mortais (canto VIII), da natureza finita humana enfatizada na expressão que junta *télos* ("fim") e *thánatos* ("morte"). Na luta corpo a corpo, espada e machado nas mãos de um e de outro, Menelau mata Pisandro, em medonha descrição. Ao colocar o pé sobre o peito do corpo caído, despindo-o das armas, o Atrida faz tremendo discurso sobre o crime de Páris, o ultraje à *xenía* ("hospitalidade") (canto III). A violência da linguagem é intensa, e estende tal crime, do ponto de vista da responsabilidade, a todos os troianos, "malignas cadelas" (v. 623). O adjetivo feminino (*kakaì*) dado ao substantivo *kýnes*, que é biforme e admitiria, como comentei no canto III, também o masculino, deixa claro que o vitupério vai mais baixo ainda do que iria, se "malignos cães" significasse, e faz-se mais eloquente, dada a natureza sexual do rapto de Helena, sob o signo da impudência tão associada à cadela.

O Atrida ainda faz duas duras censuras aos troianos, numa fala que ultrapassa "seu triunfo presente" (Janko 1999: 122). Uma, à falta de temor da *mênis* ("ira", v. 624) de Zeus *xénios* ("hospitaleiro", v. 625), diz o epíteto cultual (canto III); dela advirá ruína, frisa, pelo rapto de sua "legítima esposa" (v. 626) – na expressão (*kouridíēn álokhon*) em que os termos se reiteram mútua e semanticamente – e dos *ktḗmata* ("bens", v. 626) que com ela Páris levou, seu próprio hóspede, para Troia (canto III, v. 70). A outra censura é ao "desejo [*éros*] de guerra" (vv. 638–639) dos troianos, ao qual deveria haver, como para "tudo" (v. 636), *kóros* ("saciedade", v. 636) – noção importante no código ético-moral, da moderação. E o herói elenca estes desejos: "do sono e do sexo [*philótēs*]" (v. 636); "do canto (coral) [*molpḗ*] doce e da irreprochável dança [*órkhēthmós*]" (v. 637).

A projeção dos troianos como *akórētoi* ("insaciáveis", v. 639) fala da persistência deles na luta e "sublinha a ferocidade e a indecisão da batalha", observa Janko (1999: 122), num discurso cheio "de pesar e de indignação, baseados no seu sentido de injustiça", dito por um

Menelau "aturdido com o fato de que, longe de fazer reparações", eles seguem lutando, com a "aparente conivência de Zeus" (Janko 1999: 123), que não ouviu sua prece (canto III, vv. 351–354), de que lhe concedesse matar Páris no duelo. A personagem não sabe, claro, da promessa a Tétis e que o compromisso do deus é antes com ela do que com seus inimigos que ele abandonará, quando chegar a hora de a cidade cair.

Repare-se no termo *éros* (v. 638), significativo no que tange à contínua relação, no imaginário grego e posteriormente, entre paixão e guerra, refletida na tradição erótica de palavras e imagens por ambas as arenas compartilhadas, tais como os verbos *meignýnai* ("misturar") e *damázein* ("domar") e seus sinônimos, que vezes sem conta falam, aquele, da mistura quase-fusão dos guerreiros na refrega tanto quanto de corpos no sexo, e este, da subjugação do inimigo na luta tanto quanto do amado na sedução.

Devo ressaltar a irônica cena seguinte, em que Páris (vv. 643–672) avança sobre o aqueu Euquenor, porque outro aqueu, Meríones, matara Harpálion, um paflagônio com quem tinha laços de *xenía* – aqueles mesmo que ele ignorou e, pior, ultrajou, razão pela qual se dá a guerra em que o aliado acaba de perecer; é um passo em que "a crítica à sua moralidade se faz em surdina, mas é inequívoca" (Janko 1999: 127).

VV. 673–837: LUTA JUNTO ÀS NAUS

O foco vai para o centro, para Heitor, após pesadas baixas troianas noutro flanco. É assim que o narrador nos conduz ao que é uma segunda etapa do canto, iniciada com um "catálogo em miniatura", diz Janko

(1999: 129) dos nomes dos oponentes dânaos, sendo os Ajazes figuras culminantes – eles e “sua exitosa tática bélica de mísseis”.

Com os troianos em desvantagem, Heitor é censurado por Polidamante, porque o favor de Zeus o está tornando arrogante. Aconselha-o a reagrupar os homens e pensar se o melhor é continuar a atacar, objetivando atingir as naus, dadas as dificuldades todas e o fato de que a ausência de Aquiles – “insaciável na guerra” (v. 746) – não é necessariamente definitiva. Heitor aquiesce ao conselho, mas o mais relevante é a censura de Polidamante, pois de fato o narrador vai apontando a “crescente (e deslocada) confiança” (Janko 1999: 137) do Priamida em sua força e no favor divino, a qual haverá de se provar trágica.

Ao agir de acordo com o novo plano, vai reunir os líderes e encontra Páris, ao qual dedica os mesmos vitupérios (v. 769) da censura no canto III (v. 39). Indaga-lhe sobre o paradeiro deles, ao que o irmão responde primeiro defendendo-se em formulação curiosa de não ter sido “gerado pela mãe como de todo covarde” (v. 777), e que pretendeu várias vezes deixar a guerra, o que só confirma sua oscilante têmpera. Não podemos, porém, negar-lhe a condição de herói, inclusive quando, segundo seu relato, só ele segue vivo na luta, dentre aqueles a quem Heitor nomeia, em busca de notícias, como anota Janko (1999: 142). Porém, é evidente que ele não se projeta como o mais heroico dos guerreiros e que a figura de Heitor em larga medida o diminui, tanto desse ponto de vista, como do ético-moral.

Reorganizadas as forças, Zeus volta aos combates (vv. 789–837), e troianos e dânaos se animam novamente, com Heitor e Ájax à frente das respectivas hostes. Um portento – um novo voo de águia, agora pela destra dos aqueus, justo quando Ájax fala de Heitor e do dia em que fugirá, invocando o deus, encerra o canto (vv. 817–823), com o troiano, como antes, ignorando-o e expondo-se em sua arrogante confiança.

Canto XIV

Diòs apátē – Sedução de Zeus por Hera

Os aqueus obtêm breve respiro, devido às desobediências às ordens de Zeus, de não-interferência no conflito (canto VIII); Posêidon (canto XIII) as cometeu, e sua ação agora será potencializada por Hera que age para facilitá-la, distraindo a atenção do marido a quem vai seduzir. Daí o nome pelo qual ficou conhecido o canto já entre os antigos, *Diòs apátē* ("engano de Zeus"), episódio singular de humor só possível no plano divino em que a tragédia inexiste, pois aos deuses eternos tudo é relativo.

Dada a sua matéria, este canto, como o terceiro, é pleno de desejo, subjugação e dolo marcados na linguagem e nas imagens tradicionais à concepção de *érōs*. E notável é que, para enganar Zeus, Hera engana a própria deusa da sedução, Afrodite. Vejamos.

ESQUEMA GERAL

vv. 1–353: aqueus acossados – Hera seduz Zeus: a fuga dos aqueus, rompida a muralha; a ação favorável de Posêidon aos aqueus e a aflição de Hera com a situação; o plano para distrair a atenção de Zeus; a sedução do deus, cujo planejamento envolve Afrodite e *Hýpnos*.

vv. 354–522: aqueus aliviados – Posêidon à larga: *Hýpnos* libera Posêidon para agir à vontade em apoio aos aqueus; Zeus em sono profundo; os líderes aqueu e troiano, que duelaram no canto VII, voltam a se bater.

LEITURA PASSO A PASSO

vv. 1–353: aqueus acossados – Hera seduz Zeus

Aqueus em fuga, muralha rompida, perseguição troiana: o "feito indecente" (v. 13) é contemplado por Nestor ainda na sua tenda (canto XI), que vai aos demais líderes feridos para instá-los a agir, já que o inimigo não será detido, pois conta com o favor de Zeus. Orienta-os Agamêmnon a levarem ao mar as naus, para protegê-las para uma fuga, "pois não é causa para indignação [*némesis*] fugir [*phygéein*] ao mal, nem noite afora" (v. 80), e "é melhor, fugindo [*pheýgōn*], que se evite [*prophýgēi*] o mal, que ser arrebatado" (v. 81). Os termos gregos mostram a repetição da ideia da fuga, a opção sempre indesejável na perspectiva da ética heroica, por isso sempre criticada – aqui, por Diomedes e Odisseu, aquele argumentando pela volta à guerra e afirmando a autoridade de sua voz com base em "seus valor e linhagem" (Janko 1999: 162), que compensam sua juventude. Da linhagem fala em detalhe, o que bem mostra, tal qual os patronímicos, a relevância da genealogia na caracterização do herói. Ao final, rejeita a orientação do Atrida e a ideia de Nestor (vv. 62–63) de que feridos não podem lutar, e exorta todos ao reingresso na luta (v. 133).

Posêidon surge a Agamêmnon como um ancião, para dar coragem e força aos aqueus. Suas palavras iniciais criticam Aquiles e seu "destrutivo coração" (v. 139), cuja ausência realça, para agitar o Atrida a reagir, revelando-se, para que saiba que esteve ali.

vv. 153–353: Afrodite enganada, Zeus iludido

De longe Hera percebe a ação do deus e avista Zeus no monte Ida; dada a perigosa desobediência de Posêidon, pensa "como poderia iludir a mente" (v. 160) do marido, ação nomeada em verbo (*exapaphískein*) ligado ao substantivo *apátē* ("ilusão, engano"). O caráter doloso do que fará é evidente: a sedução do deus, para que durma um sono profundo e nada perceba. Trata-se, pois, de trama em que "o expediente erótico se torna o modo e o meio através dos quais tal engano é perpetrado" (Luca 2001: 36). Eis suas etapas: i) preparar as armas (típica *toilette* de embelezamento) para o ataque (seduzir Zeus); ii) suscitar-lhe desejo inelutável, razão pela qual irá a Afrodite, enganando-a também; iii) domá-lo pelo sexo (prazer e sono), razão pela qual irá a *Hýpnos* negociar seu apoio.

vv. 166–186: *toilette* de Hera: a sedutora se arma

Cenas de *toilette* de deusas sedutoras integram a tradição poética hexamétrica; a de Hera ganha descrição bem detalhada, que recorda as de Atena e mesmo de guerreiros a se armarem para a ação bélica (Janko 1999: 174), em sobreposição tradicional das arenas do desejo e da guerra (canto III). Em seu quarto cerrado por secreto fecho, com ares de segredo e clandestinidade afins à ação erótica, limpa-se, unge-se, perfuma-se, adorna-se, veste-se – com veste tecida pela patrona das tecelãs, Atena (vv. 178–179) –, penteia-se, calça-se. Ao fim, cobre o rosto com o simbólico véu da esposa e da boda da qual ela – como Afrodite – é patrona, mas do ponto de vista institucional, à diferença daquela que o é do ponto de vista do sexo e da procriação (canto V).

vv. 187–224: Hera engana Afrodite

Afrodite tem papel essencial na *apátē* de Zeus, por ardil de Hera *dolophronéousa* ("pensando dolos", v. 197) – que age como a deusa, agora enganada, na sedução de Helena ao leito de Páris (canto III, v. 405). Ela quer um objeto-talismã de Afrodite, crucial à infalibilidade do seu plano. Estrategicamente, ao abordar sua vítima, logo reconhece a divisão delas na guerra, mas anuncia um pedido que gostaria de ver atendido, dada sua senioridade. É assim que ela desarma Afrodite, a quem conta uma mentira com que cria o falso pretexto ao pedido de empréstimo daquele objeto que projeta o próprio poder da deusa: "enlace sexual e desejo" (*philótēta kaì hímeron*, v. 198), diz-lhe, que domam – assinala o verbo *damnân* (v. 199) – "todos os imortais e homens mortais" (v. 199). Que mentira? De que levará à reconciliação cônjuges afastados "do leito e do sexo" (*eunês kaì philótētos*, v. 207).

Em linguagem tradicional e frisando os poderes de Afrodite na moldura nupcial, a deslavada mentira é bem calculada, frisa Janko (1999: 180), do elogio ao poder dela à caracterização da falsa missão que insere na esfera da "patrona da boda". O pedido faz-se irrecusável e dotado de ironia, pois a mentira de Hera "parodia sua real intenção" (Janko 1999: 180) para com Zeus. Disso e da veraz motivação dela não se dá conta a *philomeidēs Aphrodítē* (v. 211), a "ama-sorriso", na expressão formular da sedutora deusa ora seduzida.

O que é o objeto-talismã da deusa? Uma "faixa bordada e furta-cor" (vv. 214–215), "em que para ela os feitiços todos estavam forjados" (v. 215);

ali, nela, enlace, e nela atração, e nela sussurros,
e sedução que rouba a mente cerrada até dos mais
sensatos (vv. 216–217).

Eis os elementos nela incrustrados: v. 216, *philótēs* ("enlace sexual"); *hímeros* ("atração"), quase um sinônimo de *érōs* ("desejo"); *oaristýs*, os murmúrios da intimidade; v. 217, *párphasis*, a fala persuasiva e enganadora. Claro está que a faixa é um talismã, imprescindível, potente e perigoso instrumento da *apátē* de Zeus, pois agrega os poderes de Afrodite resumidos como *thelktḗria* ("encantos, feitiços", v. 215), termo ligado a *thélxis* ("magia"). Firma-se de novo no poema o binômio *érōs-thélxis* (canto XI).

O narrador conclui o diálogo com Hera a sorrir a Afrodite (vv. 222–223) – a rir por último, enquanto veste a faixa e fica pronta para a infalível sedução de Zeus.

vv. 225–282: Hera seduz *Hýpnos*

Antes de ir ao Ida, porém, ela viaja até *Hýpnos*, o deus Sono, irmão de *Thánatos*, a Morte (v. 231). Chega-lhe afetuosamente (v. 232)[1] e com oferta de reciprocidade – *kháris* (v. 235) é o termo conceitual –, caso ele a atenda e faça dormir Zeus, logo após o enlace com ela. A reação de *Hýpnos* é de hesitação, porque recorda que, ao atender o mesmo pedido dela noutra ocasião, foi pelo deus punido. Hera então acresce à oferta de dons materiais uma esposa, uma das *Khárites*, as Graças, deusas da re-

1 Indica-o o verso formular *én t' ára hoi phŷ kheirì épos t' éphat' ék t' onómaze* ("então apertou-lhe a mão, disse-lhe palavra e o nomeou"), uma variação de outros versos formulares com o mesmo sentido de afetividade e estreita ligação entre os envolvidos (canto I, v. 361; canto VI, vv. 253, 406 e 485).

ciprocidade e de tudo o que a suscita: favor, gratidão, charme. Elas são companheiras frequentes de Afrodite na tradição mítico-poética, na iconografia e nos cultos, e com ela atuam na esfera erótica-nupcial à qual Hera conduz o diálogo com Sono.

Assim conquistando o deus, partem ambos ao Ida, para o ataque dela a Zeus.

vv. 292–353: Hera seduz Zeus: o deus iludido e subjugado

"De maneira tipicamente homérica, o diálogo promove a ação descrita no início e no fim, de forma breve" (Janko 1999: 197). Hera chega ao Ida e o efeito de sua visão sobre Zeus é fulminante: pelo desejo o juízo dele é envolto e oculto, numa intensidade tal que projeta a memória e o *érōs* da primeira união sexual, às escondidas dos pais de ambos. Ele então a aborda também afetuosamente (v. 297),[2] e com indagação sobre a intenção dela; a resposta da deusa que fala *dolophronéousa* ("pensando dolos", v. 300) combina a mentira contada a Afrodite à nova, do porquê de estar ali, que atribui à condição de esposa atenciosa e avessa a conflitos. Nada é mais divertidamente irônico, se lembramos o canto I e sua própria desobediência neste momento, à ordem de não-intervenção na guerra.

A réplica de Zeus é "uma versão enormemente estendida da de Páris" (Janko 1999: 201) a Helena (canto III, vv. 438–446). Lá, o herói, depois de ouvir a censura da amante, pede-lhe que súbito suba ao leito consigo,

2 No original grego: *stê̂ d' autê̂s propároithen épos t' éphat' ék t' onómazen* ("postou-se diante dela, disse-lhe palavra e a nomeou"). Esse verso é uma variação do apontado na nota anterior e de seus similares ali indicados noutros cantos comentados.

pois nada é mais importante que saciar o desejo que o oprime, intenso como o do primeiro enlace. Aqui, essa mesma maneira de projetar *érōs* está indicada na descrição de como reage Zeus, após ver Hera; e ele expressa sua intensidade ao agir como Páris, com os mesmos pedido e argumento.

Em suma, o deus quer levar Hera ao leito, pois seu "desejo" (v. 315) supera o que por outra "deusa ou mulher" (v. 315) já antes o "subjugou" (v. 316) – de novo, o verbo tradicional para a ação da força erótica. A tal afirmação segue-se o catálogo de *affairs*, em razão dos quais – isso é especialmente divertido –, Hera brigou com ele. Ao enunciá-lo, porém, ele "tem a intenção de adulá-la, ao avaliar seu impulso presente como mais forte do que qualquer um que tenha sentido antes" (Janko 1999: 201). É a tática persuasiva de quem tudo fará para saciar seu desejo, e que amplia o argumento de Páris.

No catálogo (vv. 317–327), lista a esposa de Íxion, de nome ignoto, Dânae e a filha de Fênix (Europa), com as quais teve, respectivamente, os mortais Pirítoo, Perseu e Minos; depois, Sêmele e Alcmena, mães mortais de filhos imortais – Dioniso daquela, Héracles, desta.[3] Por fim, Deméter e Leto, que geram Perséfone, a primeira deusa, e os gêmeos Apolo e Ártemis, a segunda. O desejo que sentiu por cada uma delas, declara, perde para o que ora o arrebata, maior até mesmo do que o do enlace inaugural com Hera, diz Zeus com o verso

3 Héracles morre e desce ao Hades, mas recebe também o dom uma existência imortal, no Olimpo.

formular (v. 328)[4] que ao fim de seu discurso Páris disse a Helena (canto III, v. 446).

O sedutor atinge seu objetivo (vv. 330–340). Sem perder tempo, sobre flores e relva frescos, que faz brotarem para leito, e envoltos em nuvem dourada que produz, Zeus toma Hera nos braços. Note-se o motivo da natureza primaveril como própria aos amantes, plasmado na famosa expressão latina do *locus amoenus*. E o decoro do gênero épico não avança a descrição para além da menção ao enlace após o qual o seduzido-iludido Zeus dorme, "pelo sono e pelo sexo subjugado, tendo nos braços a esposa" (*hýpnōi kaì philótēti dámeis, ékhe d' ankhàs ákoitin*, v. 353). Traduzo os termos desse verso na ordem do original grego, a fim de ressaltar isto: o duplo instrumento que Hera conjuga em seu ardiloso plano; o verbo tradicional da ação erótica; e o termo *ákoitis*, usado para a legítima consorte, projetando-a como tal a partir da ideia nele contida do *koîtos* ("leito") em que o casamento se consuma, como, aliás, indica o termo *gámos* que designa o sexo e, por extensão, a boda (Redfield 1982: 188).[5]

4 No original grego: *hṓs séo nŷn éramai kaí me glykỳs hímeros haireî* ("como agora te desejo e doce atração me arrebata").

5 Recordo que no canto XIII, como antes frisei, a condição de "legítima esposa" (v. 626) vem enunciada duplamente na expressão *kouridíēn álokhon*, em que o primeiro termo, o adjetivo *kourídia* ("casada") reforça o que já está dado no substantivo *álokhos*, um sinônimo de *ákoitis*. Em ambos reconhecemos a menção ao leito nomeado em *lékhos*, relativo ao primeiro, e *koîtos*, relativo ao segundo. E o segundo nome se faz ouvir noutro termo que destaquei, *parakoítēs* ("sócio de leito, marido, consorte", canto VI, v. 430).

vv. 354–522: Aqueus aliviados – Posêidon à larga

Sono vai a Posêidon, dando-lhe a notícia de que Hera seduziu Zeus ao leito e de que ele próprio nele deitou "macio sono" (v. 359) profundo. A partir disso, o irmão do soberano agita os aqueus aos quais passa a vantagem na luta, sobretudo depois que Ájax Telamônio consegue atingir Heitor com massiva pedra que o faz desmaiar, e caírem de seu corpo as armas (vv. 409–420). "O vívido detalhe transmite a ideia de que foram desalojadas *pela* luta [...]; e também sugere quão traiçoeira é a posição do sujeito numa batalha como essa" (Janko 1999: 214). Ressoa na imagem, ademais, o trágico prenúncio da morte de Heitor.

Acorrem rapidamente vários de seus chefes e aliados, para protegê-lo e o tiram dali, para onde o possam reanimar. A retirada do herói impulsiona os aqueus que ganham do narrador uma invocação às Musas, para que nomeie o primeiro dos heróis a dominar o inimigo, na luta que virou a favor deles, graças à intervenção de Posêidon (vv. 508–510). Resta saber por quanto tempo. Zeus, afinal, há de acordar em algum momento.

CANTO XV
CONTRA-ATAQUE

A vantagem dos aqueus na luta, obtida graças a Posêidon e Hera – que neutralizou a influência de Zeus –, é revertida, porque o soberano desperta, e Heitor volta ao combate, refeito da potente pedrada de Ájax. Zeus então revela a Hera o curso da ação, determinado pelo fato que gera o enredo (canto I) – a crise do *géras* ("prêmio de guerra") e o ultraje à *timḗ* ("honra") de Aquiles, razão pela qual Tétis obtém a promessa do deus, de favorecer os troianos para que sofram. Isso até o limite da necessária punição da cidade pela ofensa grave à *xenía* ("hospitalidade") por Páris, instituição protegida por Zeus (canto III). Logo, o deus permitirá o avanço troiano, mas só até certo ponto.

ESQUEMA GERAL

vv. 1–261: Zeus desperto – a promessa a Tétis: diálogo do deus com Hera; reunião no Olimpo; Posêidon deixa a luta; Zeus revela o curso da ação.

vv. 262–405: Zeus, Apolo, Heitor – retorno à luta: o herói retorna; as baixas aqueias se avolumam; o aflito Pátroclo enfim parte para o acampamento de Aquiles.

vv. 405–746: plano de Zeus, fúria bélica de Heitor: luta perto das naus, à frente Heitor e Ájax Telamônio, em seus respectivos lados; Zeus atento; seu plano para cumprir a promessa a Tétis, de um lado, e a queda de Troia, de outro; Heitor insuperável na luta.

LEITURA PASSO A PASSO

vv. 1–261: Zeus desperto – a promessa a Tétis

Ao despertar, Zeus se depara com os troianos em fuga, os dânaos virando a luta a seu favor, Heitor fora dela, a se recuperar da pedrada de Ájax. O plano de Hera foi exitoso, mas temporário o seu resultado: tudo agora será revertido pelo marido ciente de que foi iludido pela deusa *amḗkhanos* ("inelutável, intratável", v. 14) – o adjetivo, ligado ao importante conceito de *amēkhanía*, indicando a privação de meios, a impotência –, pelo *dólos* ("dolo, ardil", v. 14) dela, que qualifica como *kakótekhnos* ("de vil arte", v. 14) – a noção de *tékhnē* dando-lhe caráter artesanal, de artifício de ardilosa artesã. Ameaçando-a com dura violência, lembra punição que antes lhe impôs – por causa da perseguição dela a Héracles, que adiante comentarei.

De pronto, Hera se defende (vv. 36–46), jurando que Poseîdon age por decisão própria, mas omite que ele age à vontade, porque ela a Zeus distraiu da luta; e acresce que pensa ser aconselhável a si como a ele seguirem o rumo dado pelo soberano que se pacifica. Tal rumo, o plano do deus (vv. 49–77), é impactante: Hera deve ir ao Olimpo e instruir Íris e Apolo a virem a si; Zeus orienta Íris a ir a Poseîdon, para que deixe a guerra, e o arqueiro deve ir a Heitor, para ajudá-lo a voltar a ela. O herói entrará com fúria na guerra, empurrando os aqueus às naus de Aquiles, no que seria o limite à abstenção deste (canto IX, vv. 588 e 650–652). O Pelida, então, enviará Pátroclo à luta – sabemos do plano de Nestor (canto XI, vv. 797–803) –, e ele matará Sarpédon, filho de Zeus, e acabará morto por Heitor, razão pela qual Aquiles voltará à guerra e matará o troiano. O deus então vai voltar a favorecer os aqueus, até que Troia caia, cumprida a promessa a Tétis (canto I, vv. 493–533) e honrado Aquiles.

Note-se que, "paradoxalmente, o engano de Zeus por Hera conduz à reconciliação deles" (Janko 1999: 229); isso permite a revelação do plano dele a ela, e só a ela, que não mais o enfrentará, pois tem assegurada a queda de Troia. Já a reação de Ares, que ela encontra junto aos demais deuses reunidos, é de grande contrariedade, como será a de Posêidon. Ares será contido por Atena, a irmã racional, que tira dele o apresto com que partia para vingar a morte de um filho na peleja. Ao fazê-lo, reitera o reconhecimento da superioridade de Zeus, a ser respeitado, em cena que na deusa realça "realismo e senso de responsabilidade" (Janko 1999: 241), e no deus, imprudência e precipitação. Tais traços respectivos bem se coadunam com as funções distintas de ambos na guerra.

No caso da mensagem a Posêidon, nota Janko (1999: 241) que os argumentos são da superior posição de Zeus no Olimpo e de sua senioridade. O deus marinho, porém, reclama para si equivalente *status*, pois é irmão do soberano, como o é Hades, e os três dividem as esferas do cosmos (águas, submundo, céu), como honras, mas a terra é-lhes comum; daí que não precisa de fato obedecer a Zeus, afirma a Íris (vv. 185–194). Ela, porém, recorda-lhe que não é perfeita a equivalência e que a desvantagem é dele, o que faz Posêidon recuar e anunciar que cede na cólera (v. 211), em cena que põe em relevo a divisão cósmica que se insere no processo de instauração de Zeus no trono olímpio, orientada pelo que Janko (1999: 247) aponta como princípio válido no mundo grego antigo e moderno: "A divisão de patrimônio em partes acordadas como iguais, que então são distribuídas por porção que cabe a cada um".

vv. 262–405: Zeus, Apolo, Heitor – retorno à luta

Apolo fala a Heitor em epifania (vv. 236–261), retorna o troiano e eleva-se muito a intensidade da batalha com os aqueus liderados por Ájax. A luta é tenaz, mas o deus faz minguar a bravura destes – algo que só assim ocorreria (Janko 1999: 263). A fuga é a ação seguinte deles, pela qual Apolo concede *kŷdos* ("triunfo", v. 327) a Heitor, fonte de *kléos*, de "glória". Na fuga dos aqueus, a carnificina reina, e o troiano ameaça de morte e de privação de funerais quem não avançar ainda mais com ele para cima do inimigo. Grande ironia: ele mesmo será morto e deles privado por bom tempo. Horrenda é a vívida visão com que Heitor exorta os troianos, no embalo de suas vitórias, Apolo à frente (vv. 355–366). Horrenda será a visão do que lhe ocorrerá, após ser morto por Aquiles (cantos XXII–XXIV).

Ao deus fala o narrador (vv. 365–366), dramatizando sua ação que leva os aqueus, sem saída, a elevarem preces aos deuses, cena que desespera Pátroclo, ele ainda na tenda de Eurípilo, de onde enfim parte, para tentar persuadir Aquiles a aceitar o plano de Nestor, afirmando não ser má a persuasão feita por um *hetaîros* ("companheiro de armas, amigo", v. 404). Notável é o modo ágil como o poeta repõe o herói na ação, no "clímax do avanço troiano" (Janko 1999: 270), evitando lentificar o ritmo acelerado da luta encarniçada; igualmente, a ausência de qualquer referência à ação divina na decisão dele de partir, e antes, de aceitar o plano de Nestor (canto XI, vv. 793–803). Isso "enfatiza a responsabilidade trágica pelas suas ações" (Janko 1999: 271) que hão de levá-lo à ruína.

vv. 405–746: Plano de Zeus, fúria bélica de Heitor

Na continuada *androktasía* ("matança de homens"), Heitor exorta todos a "morrer gloriosamente para salvar terra, família, casa e bens" (Janko 1999: 281), e frisa que perecer defendendo tais causas não é vergonhoso (v. 496), tanto mais se com isso – diz com notas emotivas (Janko 1999: 282) – salvam a vida de vulneráveis mulheres e crianças, e protegem propriedades – tudo o que abriga e é legado à descendência. Em seguida, mergulha de novo na luta.

A violência crua arrebata de todo Heitor, a boca a espumar, os olhos terríveis a luzir, a cabeça a agitar o elmo (vv. 607–609); toma-o a *manía* bélica, a "loucura", expressam o verbo *maínesthai* (v. 606) e a própria imagem do herói sob influência de Zeus que lhe dá *timḗ* e *kŷdos* (v. 612) que leva ao *kléos*. O narrador, porém, diz (vv. 612–614) que o deus o faz porque está sobre o herói a *mors immatura*, "motivo patético tradicional" (Janko 1999: 295), que virá da ação articulada de Aquiles e Atena (canto XXII). A exaltação do herói anuncia o apogeu de sua ação guerreira elevada por Zeus, que culminará na morte de Pátroclo, mas, ao mesmo tempo, que o Priamida, matador de homens, está perto de seu próprio fim.

Canto XVI

Patrocleia - excelência e morte

Pátroclo volta ao campo dos mirmidões da Ftia, terra de Aquiles, não meramente para dar-lhe notícias do sofrimento dos aqueus, mas para expor-lhe o plano de Nestor (canto XI, vv. 783–803), sem creditar-lhe autoria: que Aquiles o envie à guerra envergando suas armas, para gerar pânico nos troianos e alívio aos dânaos. Pátroclo o convence a tanto, insciente de que, ao fazê-lo, caminha à própria morte pela qual o Pelida reingressará na luta, para vingar o amigo, mesmo sabendo pela mãe divina, Tétis, que nela morrerá (canto IX, vv. 410–416). Quem é esse herói que tornará mais profunda e passional a ira de Aquiles?

Pouco presente antes da morte, Pátroclo, o filho de Menécio, emerge de fato no enredo depois dela, porque é a figura-chave ao *kléos áphthiton* ("glória imperecível", canto IX, v. 413) do filho de Tétis – *kléos* ("glória, fama") que depende de sua volta à guerra e que advirá do feito de matar o algoz do amigo, Heitor. A morte do Menecida é, pois, "elo vital entre a ira de Aquiles e a morte de Heitor" (Janko 1999: 310), como diz Zeus (canto VIII, vv. 473–476; canto XV, vv. 59–77). É, ademais, o trágico clímax da promessa do deus à suplicante Tétis (canto I), obtida pela Nereida de acordo com as rigorosas instruções do filho que jamais pensou que o sofrimento dos aqueus, que pediu, poderia arrebatar-lhe o mais querido deles. Limitado é o alcance da vista humana, quanto às consequências de uma ação; por isso, há que agir com prudência. Não assim agiu o herói.

Neste canto XVI, o opaco Pátroclo vive sua *aristeía* ("excelência") na guerra, insuflado, não por um deus, como Diomedes (canto V), mas pelas armas de Aquiles, que lhe dão uma ruinosa ilusão de potência, pela qual, contrariando o amigo, enfrenta Heitor que mesmo ao Pelida faz estremecer (canto VII, vv. 103–119), mas a quem só ele é capaz de deter (canto IX, vv. 351–356). Pátroclo, todavia, não resiste à chance de obter *kléos* que honra traz a si e à sua linhagem – chance única a ele que se move à sombra de Aquiles, com discrição e obediência, em relação de funda amizade em que a ele se sobrepõe o herói mais novo, mas superior em genealogia e força (canto XI, vv. 786–787). É de todo coerente o modo como Pátroclo perde a consciência de seus limites e perece logo após seu maior êxito: ele mata Sarpédon (vv. 419–683), filho de Zeus.

Passivo, confiável, frágil e gentil: assim vemos Pátroclo no canto I, a partir com Aquiles e os mirmidões (vv. 306–308), a obedecer sua ordem de entregar Briseida aos arautos de Agamêmnon (vv. 334–348); no canto IX, a escutar, silente, o amigo que canta com a lira (vv. 185–191), a acolher a embaixada (vv. 192–221), a preparar os leitos de Fênix, do amigo e o seu próprio (vv. 620–622 e 658–668), instruído pelo Pelida sempre, obedecendo-lhe sempre, marca o verso formular[1] que ressurge no canto XI (v. 616), quando é por ele enviado às tendas dos aqueus. Do mesmo modo surge o Mene-

1 No original grego: *Hõs pháto, Pátroklos dè phílōi epepeítheth' hetaírōi*. ("Assim falou [Aquiles]; e Pátroclo obedeceu ao caro companheiro") – cantos I (v. 345) e IX (v. 205).

cida no canto XV, sem Aquiles, a cuidar de Eurípilo, aflito com os aqueus.

Cabe pensar a amizade entre o Pelida e Pátroclo, seu *hetaîros* ("companheiro de armas, sócio"), e a quem Aquiles é *phílos hetaîros* ("querido companheiro"), inclusive no citado verso formular. Há outras amizades na epopeia, dos dois lados da guerra; nenhuma, porém, é tão estreita e tão forte, nem ganha tanto destaque com tão profunda *philía* – os elos de afeto e convívio, em especial na guerra que está na essência do companheirismo designado em *hetaîros*. Cena eloquente nesse sentido é a dos heróis dormindo na mesma tenda, cada um enlaçado a seu *géras*, ou seja, a uma concubina recebida dos espólios de saques, como "prêmio de honra" na percepção de seus pares que o definem (canto IX, vv. 663–668). Pátroclo, portanto, não é só *hetaîros* de Aquiles, mas integra, frisa Konstan (2005: 47–48), "o círculo mais íntimo de relações e companheiros de idade de um homem", embasado "na afeição mútua ('carinho') e na lealdade ou confiança" assinaladas em *pistós* ("leal").

A amizade entre os dois heróis há séculos tem rendido releituras e ressignificações que antes falam da recepção dos clássicos do que deles em seu mundo. Isso porque costuma emergir, sobretudo, modernamente, o homoerotismo já sobre eles projetado em certas fontes antigas, observa Konstan (2005: 54–55), do século V AEC em diante, na Atenas clássica, ao menos em parte como reflexo da pederastia. Esta teve seu auge nas cidades gregas nos séculos VI–V AEC, com função de *paideía* ("formação") do efebo, o jovem aristocrata, e regramento que ditava dar-se entre homem adulto e menino na puberdade, numa assimetria indesejável na simétrica relação de amizade, conclui Konstan (2005: 56).

Esse olhar, todavia, não prevalece nas tradições antigas, que tomam como modelar a amizade entre Aquiles e Pátroclo, num mundo em que o respeito a ela tem o mesmo *status* que o devido aos deuses, às leis, aos pais, e em que implica lealdade e reciprocidade tingidas pelo afeto, cujas fortes cores no caso dos dois heróis se devem ao contexto e ao caráter de Aquiles, ao "temperamento ardente" dele, diz Konstan (2005: 60), bem como às "circunstâncias especiais da morte de Pátroclo em seu lugar". Frisa Janko (1999: 328): "A amizade heroica é um elo forte", mas "Homero nunca declara que Aquiles e Pátroclo são amantes", nem há para eles o erotismo de linguagem e imagens que haveria nessa poesia oral de composição pautada em práticas tradicionais.

ESQUEMA GERAL

vv. 1–256: Aquiles, Pátroclo – persuasão e ilusão: Pátroclo chora em desespero pela situação dos aqueus; persuasão de Aquiles (plano de Nestor); preparação de Pátroclo e dos mirmidões para a luta; naus dos aqueus incendiadas (favor de Zeus a Heitor); prece de Aquiles a Zeus, por Pátroclo.

vv. 257–683: Pátroclo e a matança – Sarpédon: o herói adentra a guerra e promove grande matança; pavor dos troianos que o tomam por Aquiles; no auge de sua *aristeía*, mata o filho de Zeus; disputa pelo cadáver e armas; intervenção divina.

vv. 684–867: Pátroclo morto – quatro golpes: a morte do herói e a trama dos eventos em que é abatido, entrelaçando ação humana e divina; o prenúncio da morte de Heitor; os cavalos imortais de Aquiles.

LEITURA PASSO A PASSO

VV. 1–256: AQUILES, PÁTROCLO – PERSUASÃO E ILUSÃO

O canto é aberto pelo desespero de Pátroclo, em virtude da dolorosa opressão dos dânaos pelos troianos; das tendas aqueias (canto XI, vv. 608–615) ele retorna com fartas lágrimas, razão pela qual Aquiles lhe indaga o motivo, comparando-o à menina que chora junto à mãe e imaginando males nas respectivas famílias de ambos na Ftia. A comparação pode soar depreciativa, se lida como crítica ao seu sofrimento excessivo, mas não, se considerado o afeto intrínseco à relação de *philía* entre os dois, o qual erroneamente é minimizado por vezes, aponta Konstan (2005: 48), embora seja um dos fundamentos da amizade, junto à "lealdade ou confiança". O que o símile (vv. 7–11) realça é a nítida afeição entre eles, encarecendo as ideias da proteção e da confiança: a mãe é Aquiles, protetor afetuoso; a menina infante é o plangente Pátroclo, que busca abrigo em quem confia, num desenho condizente com o modo passivo do segundo e com a hierarquia entre eles (canto XI, vv. 786–787). Logo, nem desdém, nem censura, frisa Janko (1999: 316): o símile antes mostra a comoção de um ante o sofrimento do outro a quem oferece conforto e amparo.

A resposta de Pátroclo, a quem o narrador se dirige diretamente (v. 20), como se junto dele estivesse – um procedimento aqui muito usado, que intensifica a emoção e a dramatização –, descreve a opressão e exaustão dos aqueus sob a pressão dos troianos. Censura a ira incessante de Aquiles, chamando-o *amḗkhanos* ("intratável", v. 29) e *nēleés* ("implacável", v. 33), e, repetindo, sem o revelar, o plano de Nestor (canto XI, vv. 794–803), pede-lhe que em seu lugar vá à luta com tropas e armas dele, para apavorar os troianos, iludindo-os. Feita assim, a proposta move o inamovível Pelida a aceitar o acordo que, em trágica ironia, é justo o que "deveria ter rejeitado, depois de [no canto IX] rejeitar o acordo que deveria ter acolhido" (Janko 1999: 309). Este o levaria à guerra com ganho de ricos e abundantes dons; o deste canto fará o mesmo, mas com a indizível perda do amigo. Veremos o quanto o herói vai se culpar por isso, como se fosse – não é – o único responsável pela morte de Pátroclo (Janko 1999: 316).

No verso de transição a Aquiles, o narrador diz, sobre o Menecida: "Assim falou, implorando, grande néscio!" (v. 46). O adjetivo *nḗpios*, frisei no canto XII, é reservado aos que agem ignorando que geram sua própria ruína, caso desse herói, frisa o narrador (v. 47). Quando lhe responde, o Pelida primeiro defende-se de novo; depois, diz algo inédito: "Mas permitamos que isso fique no passado" (v. 60); mais: dá por fato o que Fênix (canto IX, vv. 434–605), cujo discurso rejeitou (vv. 607–619), mostrava pelo paradigma do irado Meleagro: "Não há como / estar incessantemente colérico nos sensos" (vv. 60–61). Amaina um pouco sua ira, portanto, e inclusive recua o limite de sua abstenção da luta, nota Janko (1999: 324), das naus em chamas (canto IX, v. 653) à chegada a elas de ambos "grito de guerra e batalha" (v. 63). O que mudou? O pedido do companheiro querido: é por ele que começa a ceder.

Anuncia-lhe então a decisão crucial à mudança futura da causa e da natureza de sua ira: aceita o plano, muito lhe enfatizando a importância de impedir que os troianos incendeiem as naus e privem os aqueus do retorno. E, a despeito dos termos modestos com que Pátroclo lhe falou do plano, observa Janko (1999: 320), Aquiles firma-lhe, em forte advertência, um limite, exortando-o a obedecer-lhe, para que lhe traga *timḗ* e *kŷdos* ("grande honra e triunfo", v. 84), de modo que Briseida lhe seja restituída, junto a "esplêndidos dons" (v. 86) – como seriam, poderíamos ironicamente aduzir, os do rejeitado catálogo de Agamêmnon (canto IX). A propósito, lembrei quão grave é no mundo heroico a privação de glórias (Janko 1999: 327), que pode ocorrer a heróis inflexíveis como Meleagro (canto IX, vv. 529–599); o paradigma finalmente ressoa no Pelida que não quer se ver como o antigo herói que só cedeu à cólera com o apelo da esposa *Kleopátrē* – nome que ressoa no de *Pátroklos* (Hainsworth 2000: 136) –, salvando a cidade, sem nada receber por isso.

Insiste Aquiles a Pátroclo (vv. 80–96): que volte de imediato, após afastar os troianos; que não avance sem ele, mesmo se Zeus o apoiar, para não diminuir sua honra, pois não lhe cabe matar Heitor; que tenha clareza de que estará com suas armas, mas não é o amigo; que não se deixe levar, nem se exponha, nem queira alcançar Troia; que retorne de pronto, aliviados os aqueus. E conclui sua resposta positiva ao plano com fala volitiva aos deuses (Zeus, Atena, Apolo), e a fantasia de saquear a urbe só com Pátroclo, mortos os troianos e aqueus todos (vv. 97–100) – fantasia sanguinária e violenta, que no arremate ("para que sós de Troia os sacros véus deslassássemos", v. 100)[2] fala do terrível estupro de mulheres, um dos horrores maiores do saque – se é que é possível hierarquizá-los. Isso porque projeta as ameias da muralha da cidade como "véus", ao usar o plural do termo (*krḗdemnon*) que nomeia o maior símbolo do casamento (cantos III, VI, XIV), combinado ao adjetivo *hierá*, que eleva tal termo, e ao verbo *lýein* ("soltar, desatar"), que remete ao gesto de ritos nupciais – o da *anakalyptḗria*, etapa crucial do desvelar da noiva ao noivo, e o do enlace em que o noivo desata as vestes da noiva. A violação das mulheres no saque está sempre presente no poema, decerto como reflexo da terrível realidade do mundo antigo em que não estavam postos regramentos que, embora infelizmente não a evitem, reconhecem-na como o crime horrendo que é, permitindo a punição de quem a comete.

A atroz fantasia, contudo, exala ironia: Pátroclo e Aquiles estarão ambos mortos quando Troia cair e for saqueada (Janko 1999: 328). Dela emanam a virilidade bélica e a "típica façanha heroica" (Janko 1999: 328) da derrota de toda uma cidade por um único herói, de que é exemplo o soberbo Otrioneu, noivo de Cassandra (canto XIII, vv. 363–384), e que ressoam de falas como a de Diomedes (canto IX, vv. 46–49), a afirmar que lutarão ele e Estênelo, seu amigo, sós, até a ruína de Troia, mesmo se todos os demais aqueus fugirem. Na boca de Aquiles, é aprofundada por seu apreço minguado pelos aqueus e nenhum pelos troianos, bem como pela profunda amizade com Pátroclo.

2 No original grego: *óphr' oîoi Troíēs hierà krḗdemna lýōmen.*

vv. 102–124: Nas naus, incêndio; na luta, Zeus favorece os troianos

Num breve corte entre o aceite de Aquiles e a preparação de Pátroclo, o narrador nos reconduz aos aqueus para agravar ao máximo a situação com o incêndio nas naus – bem o que não poderia ocorrer, tão tremendo e terrível que o precede uma invocação às Musas (v. 112–113) para o relato, de novo com o aedo pedindo-lhes conhecimento. Trata-se de "uso magistral de cenas sobrepostas para manter o suspense", anota Janko (1999: 329), em "excitante prelúdio (dignificado pelo apelo às Musas, decerto) à cena de Pátroclo a armar-se e outras preliminares".

Em meio a isso emerge Heitor a tentar ferir Ájax Telamônio; o insucesso (vv. 114–122) "é eloquente, como sua derrota por ele, enquanto Zeus dormia [canto XIV, vv. 402–439]", diz Janko (1999: 330); igualmente, aduz ele, a negação da honra de atear fogo às naus.

vv. 124–256: Parte Pátroclo, reza Aquiles

Aquiles apressa o amigo a quem ajuda em cena típica do herói a armar-se, por vezes articulada à *aristeía*, como aqui (Janko 1999: 333). Uma arma fica, porém, a lança que só o Pelida sustenta (vv. 140–144), presente do bom centauro Quíron (cantos IV e XI) a Peleu; as demais vão com Pátroclo, bem como o carro do herói e seus cavalos divinos, Xanto e Bálio, junto ao mortal Pédaso. Em seguida, Aquiles apressa os mirmidões que trouxe a Troia em cinquenta naus, contingente em catálogo enunciado, o qual eleva o ataque iminente (Janko 1999: 339). E em discurso Aquiles reconhece a desaprovação de seus homens à sua irredutibilidade ora alterada.

Partem todos, e o herói, que fica, espectador, faz ritual de libação com prece a Zeus (vv. 211–249) – "a mais solene em Homero" (Janko 1999: 348), com as tradicionais partes vistas na já comentada prece de Crises (canto I, vv. 37–42). São dois os seus pedidos, aos quais a resposta é antecipada (vv. 249–252), como a da prece de Hécuba a Atena (canto VI, vv. 305–311). Será atendido o de dar *kŷdos* (v. 241) a Pátroclo, o "triunfo" de afastar os troianos; negado o de que ileso ele retorne, com armas e companheiros.

vv. 257–683: Pátroclo e a matança – Sarpédon

Todos aprestados, Pátroclo discursa de modo significativo à posição indevida e deslocada (Janko 1999: 353) que ocupa, em ilusão eficaz, pois a visão do herói cujo carro é guiado por Automedonte gera susto e pânico nos troianos que creem ver juntos Aquiles e seu amigo. Acertou Nestor: é o que basta para desestabilizá-los, com efeito potencializado pelo Menecida que logo de saída mata um guerreiro e promove, junto aos mirmidões, horripilante matança (vv. 306–418) que põe em fuga o inimigo.

Por isso, Heitor acorre aos companheiros, mesmo sob ataque de Ájax. Pátroclo, esquecendo que veste uma personagem, entrega-se com lascívia à luta, como temia o amigo; expondo-se mais e mais, pela coragem que lhe confere a ilusão, conquista as condições de obter *kléos* ("glória") por feitos grandiosos, mas que o aproximam da própria ruína. No auge da carnificina, mata Sarpédon, filho de Zeus que já duas vezes o poupara (canto V, v. 662; canto XII, v. 402); o herói lício, aliado dos troianos, percebe Aquiles – na verdade,

Pátroclo – e o enfrenta, insciente de que morrerá no duelo.

vv. 419–683: A morte de Sarpédon

Buscando deter a fuga troiana e o furor de Pátroclo, Sarpédon chama seus varões aos brios e salta do carro ao chão, para lutar com o aqueu que faz o mesmo. O duelo dá a este a chance de enfrentar um semideus e herói de *status* dos mais elevados (Janko 1999: 371). Sofre Zeus, espectador, e em diálogo com Hera (vv. 431–457) cogita poupar o filho de novo, mas ela exorta-o a não o fazer (vv. 440–457), porque passou a hora de seu tombar, e pelo risco de perturbar a ordem cósmica, com todos os deuses a salvarem seus filhos que são muitos na guerra. Tal fala mostra os limites postos ao poder do deus: ele é soberano de uma ordem que firmou e à qual deve se submeter, para mantê-la, pois não há ordem sustentável sem delimitação de fronteiras, nem autoridade estável que se poste acima das regras.

Hera oferece outra ação ao marido – a única que pode executar em apreço ao filho que, mortal, deve morrer quando chega o momento: que proteja seu corpo e o envie à Lícia, escoltado por *Thánatos* e *Hýpnos*, Morte e Sono (v. 454) – irmãos, na tradicional vinculação (canto XIV, v. 231) –, onde por sua família e sua gente será sepultado com solenidade (v. 456), "com tumba e estela; pois este é o prêmio de honra [*géras*] dos mortais" (v. 457). A sugestão é lapidar no que tange à reafirmação, reiterada na *Ilíada*, da relevância dos ritos fúnebres aos humanos, aos quais são o *géras*, como espólios aos guerreiros, diz o termo que, além do escopo geral, ata as honras dos vivos na guerra à dos que nela tombam. Na dimensão tangível e visível, os funerais legam a mortos e vivos monumentos memoriais, *týmbos* e *stḗlē* – esta, comovente lápide com imagem do morto.

No duelo, Sarpédon tomba por golpe fatal, qual planta que carpinteiros atravessam com lâminas, no tema da *mors immatura* elaborado no típico símile da planta ceifada, que tanto incrementa o *páthos*, o "sofrimento" pela morte do herói. Moribundo, ele chama pelo *phílos hetaîros* (v. 491), Glauco, pedindo-lhe que proteja seu corpo e suas armas, sob pena de "melancolia e censura" (v. 498), caso falhe. Sarpédon, "vigoroso, direto e atento ao código heroico" (Janko 1999: 381), sabe: o rapto do cadáver e a espoliação das armas, extensões do corpo heroico, somam humilhação e insulto à morte, e buscam privar o guerreiro do funeral, crucial processo de inserção na memória da coletividade dos vivos, da consolação destes e da transição ao mundo dos mortos.

Com auxílio de Apolo, Glauco vai a Heitor e a Eneias pedir ajuda (vv. 527–552) à proteção do amigo, aliado tão importante dos troianos, cuja morte é na narrativa engrandecida como o é o *kléos* de seu algoz, inclusive pela intensa luta pelo seu corpo e por suas armas. Zeus chega até a estender a noite da peleja, sem dela tirar os olhos, ponderando sobre o fim de Pátroclo. Decide, ao fim, permitir a espoliação do filho pelos mirmidões, mas não seu rapto, e leva Heitor a fugir, junto aos troianos e aliados, com Pátroclo em seu encalço e na rota de sua própria morte. Ordena, enfim, a Apolo retirar da luta o sujo, mutilado, ensanguentado, irreconhecível corpo de Sarpédon, para levá-lo à Lícia, tratá-lo e entregá-lo aos funerais, tal qual Hera os descrevera.

O compadecimento de Zeus[3] "dignifica ambos os oponentes" do duelo (Janko 1999: 375), e o deus expressa sua dor vertendo sobre a terra "sanguíneas gotas" (v. 459), "honrando o filho amado" (v. 460). Todavia, a concessão do feito a Pátroclo, tão custosa ao soberano, o empurra à total negligência da advertência de Aquiles e ao confronto com Heitor, de quem Zeus faz "agente, ao vingar o filho" (Janko 1999: 370). Pátroclo esquece de qualquer prudência quando o deus lhe dá a oportunidade de ir além numa *aristeía* que – ele mesmo o disse aos mirmidões (vv. 271–272) – sequer é sua. Assim é que nela "perde sua própria identidade e sua característica gentileza", observa Schein (1984: 35), bem como "o sentido de si mesmo e de seus limites mortais", e vive a própria ruína.

VV. 684–867: PÁTROCLO MORTO – QUATRO GOLPES

O narrador segue Pátroclo, insuflado por Zeus, que mira Heitor; toma-o a *átē* ("cegueira ruinosa", v. 685) – noção comentada no canto II – e o "néscio" (v. 686) não obedece a Aquiles – algo inédito; não escapará do "lote [*kêra*] mau da negra morte [*thanátoio*]" (v. 687), diz o verso que ecoa o v. 47, do comentário do narrador sobre a consequência do seu pedido ao Pelida. Valendo-se de outro recurso de incremento do *páthos*, dirige a Pátroclo uma pergunta retórica sobre quantos matou na busca de Heitor – da própria morte. Responde-a

3 É tema de poema ("O funeral de Sarpédon") do poeta grego moderno Konstantinos Kaváfis (1990), cujo verso inicial remarca seu sofrimento, porque teve que desertar o filho, "deixando-o perecer; essa era a Lei".

com um catálogo de feitos gloriosos (v. 688–897) de *aristeía*, que o engrandecem como guerreiro.

Ao se achegarem de Troia, contudo, Apolo ali está para defendê-la. O Menecida avança contra a muralha, por três vezes, e é repelido pelo deus que na quarta se encoleriza com o herói e faz-lhe advertência de que pare; ele então vira-se ao combate com Heitor por Apolo insuflado ao duelo (vv. 700–725), em que morre primeiro o cocheiro do troiano, Cebríones, ao que se segue fala arrogante do aqueu, que o narrador critica (v. 744). Apolo adentra a luta, e o narrador fala a Pátroclo sobre seu fim iminente (vv. 786–787). Envolto em nevoeiro, o deus faz caírem as armas dele, com golpe nas costas, atordoando-o (vv. 786–806). É o segundo – o primeiro é a ajuda de Zeus a Heitor (vv. 799–800). Pátroclo atordoado, sem armas, sozinho, é golpeado por Euforbo, e do Priamida recebe o golpe fatal – o quarto. "A morte de Pátroclo é extraordinária" (Janko 1999: 408). Ele ataca quem não poderia (Heitor); Apolo finda a ilusão das armas de Aquiles; Euforbo aproveita a oportunidade do inimigo desarmado; Zeus dá a Heitor a vitória, ela própria um tanto ilusória. Afinal, o herói mata o aqueu fragilizado e, ao fazê-lo, sela seu fim e de Troia, da qual é bastião, concretizando-se a necessária punição da cidade, pelos desígnios de Zeus.

A Pátroclo moribundo fala um jactante Heitor, indagando-lhe se pensou o "néscio" (v. 833) que saquearia a urbe, "das troianas mulheres o dia da liberdade retirando,/ para levá-las às naus e à querida terra pátria" (vv. 831–832) – de novo elas, as grandes vítimas dos grandes horrores. Sublinha o herói os limites do aqueu que, iludido, ignorou-os; e ecoa, na imagem das cativas, a fantasia de Aquiles (vv. 97–100). Heitor afirma-se protetor das mulheres que delas afasta "o dia da servidão" (v. 836), enquanto ao "mísero" anuncia (v. 837) que o privará de funerais, frisando que o amigo ausente não o protegeu. Julga ele, em sua bazófia, que Aquiles incitou Pátroclo a matá-lo – deu-se o oposto disso! –, e conclui que este que morre agora se convenceu de que poderia fazê-lo, persuadido o "juízo no sem juízo" (v. 842), diz a enfática expressão *phrénas áphroni*, antes destacada (canto IV).

O Menecida, débil, responde-lhe, diz o narrador a lhe falar (v. 843); acusa em Heitor a sempre perigosa jactância (v. 844) e reconhece no seu fim a ação de Zeus e de Apolo, que "facilmente" (v. 846) o domaram, pois são deuses; fossem troianos, afirma-lhe, a todos teria trucidado. Se morreu, é porque chegou sua *moîra*, o "lote mortal" (v. 849), e porque agiu o filho de Leto, e entre os mortais, Euforbo. Frisa ao algoz que o golpe dele foi o quarto e último, diminuindo seu feito. Termina por prever a volta de Aquiles à luta; sabe-o amigo leal, que o matará. Cala-se – só então de fato perecem os heróis homéricos (vv. 855–857):

> Assim falando-lhe, encobriu-o o termo da morte [*télos thanátoio*].
> E o ânimo, voando-lhe dos membros, caminhou ao Hades
> lamentando [*goóōsa*] seu fim, abandonando virilidade e juventude.

Do corpo desprende-se a *psykhḗ* (v. 856), "sopro vital" preso no diafragma de quem vive, que desce ao Hades na morte que o verso nomeia na expressão que remarca o fato intrinsecamente humano da finitude (canto XIII). É o "ânimo" do herói ainda jovem e viril, cuja *mors immatura* deixa para trás a vida em suas potencialidades; daí o lamento lutuoso com que desce ao mundo dos mortos, no eloquente verbo fúnebre *goân* (canto VI). Amaldiçoado, o algoz se dirige ao herói sem vida, indagando o porquê de lhe profetizar "íngreme ruína" (v. 859), dizendo que talvez matará Aquiles. Do inerte Pátroclo arrancando-a, volta-se com a lança para atacar Automedonte, em vão.

Assim se fecha o canto da *aristeía* e morte do herói que, ironicamente, dará *kléos* ao amigo, não na forma de reconhecimento dos aqueus pelo respiro na guerra, mas por não lhe deixar alternativa que não a de nela reingressar para matar Heitor, ação cujo custo é sua própria morte. Aceita-o Aquiles não para obter *kléos* que imortaliza (canto IX, v. 412–413), mas por vingança e senso de responsabilidade (canto XVIII), uma vez que entre os aqueus que queria mortos e pelos quais não teve compaixão, recusando-lhes auxílio na luta, incluiu-se Pátroclo agora. É certo que disso não podia saber, das consequências todas de suas ações, mas justo por essa limitação inerente à natureza humana, caberia ser mais prudente na conduta, algo nitidamente contrário ao seu caráter.

Ao tratar da dupla motivação das ações na epopeia (canto I), Janko (1999: 4) toma como exemplar a morte de Pátroclo: "Quem é o responsável?" Heitor, Euforbo, Apolo, Zeus, Aquiles – todos são fios da trama trágica que a engendrou, engrandecendo a *aristeía* do herói que nela também está incluído, "tão arrebatado pela vitória sobre Sarpédon que ignorou os alertas de Aquiles", frisa Janko (1999: 310), reduzindo, pela sua negligência, a culpabilidade dele. Também o estão Agamêmnon, com a recusa do resgate de Criseida e o ultraje a Aquiles (canto I), e Nestor, com o plano (canto XI).

A existência humana não se dá em isolamento, mas em urdidura que enlaça o mortal aos que o rodeiam, às circunstâncias, às forças fora de seu controle. Escolher um único responsável por um fato, ou mesmo o mais diretamente a ele ligado, pode ser difícil, mostra a teia intricada que abate Pátroclo; a responsabilidade, no mais das vezes, é múltipla. Porém, ela afirma como verdade incontornável isto: inexiste ação humana sem responsabilidade humana. Eis "um dos grandes temas de Homero", diz Janko, visto aqui sob a perspectiva trágica que faz da responsabilidade moral uma questão complexa. A perspectiva é própria ao tradicional pensamento e ao dito "pessimismo" gregos – realismo? –, segundo o qual o homem vive uma existência trágica, porque são constitutivas à sua natureza finitude, limitação, precariedade; daí que tenha que atuar no mundo com parcos conhecimento e controle, sujeito à falibilidade que lhe é intrínseca, sob o imponderável. Por isso, ser sábio é "reconhecer as limitações inerentes à nossa existência moral e 'não ambicionar subir alto demais'" (Lesher 1999: 226). Pátroclo que o diga!

Tudo somado, pode-se afirmar com Janko (1999: 7) que o poeta

> enfatiza a necessidade de inteligência, coragem e responsabilidade moral em face de um universo perigoso, em que a humanidade tem um papel insignificante, e ainda assim primordial. É essa atitude que torna os poemas homéricos tão sublimes e arquetipicamente humanos.

Canto XVII
O cadáver, as armas

Assim se insere este canto na epopeia (Edwards 2000: 61):

> Entre a morte de Pátroclo [canto XVI] e o anúncio da notícia a Aquiles [canto XVIII], intervém uma longa luta pela possessão do cadáver. O episódio é expandido amplamente, para enfatizar a importância de Pátroclo e para preparar o impacto devastador de sua morte em Aquiles; o resgate do corpo não será conquistado antes de XVIII.238.

Na luta tenaz pelas armas de Aquiles e pelo corpo de Pátroclo, combinam-se dois motivos recorrentes "aqui muito aumentados, tanto para grandeza aduzida quanto para os propósitos do enredo" (Edwards 2000: 61) que segue com a ida de Tétis ao Olimpo, em busca de novas armas ao filho (canto XVIII), e com a expectativa do retorno dele à guerra. Na disputa, Zeus, Apolo e Atena interferem, o que eleva Pátroclo; igual efeito tem este canto dedicado só a esse episódio, que incrementa a dramaticidade da narrativa.

O resultado, quanto ao cadáver, será decidido no canto seguinte; até lá, seguirá em disputa. Quanto às armas, Heitor as toma e as veste – armas que, em realidade, são de seu algoz, Aquiles, em trágica ironia. O excesso de confiança do troiano é cada vez mais evidenciado; é patente na cena em que persegue o carro de Aquiles, cujos imortais cavalos suscitam "comovente elegia sobre as tristezas da humanidade" (Edwards 2000: 61).

ESQUEMA GERAL

vv. 1–411: Pátroclo espoliado – Heitor e as armas de Aquiles: Menelau vê a morte do herói e corre a proteger seu corpo logo assediado pelo inimigo; Ájax e os aqueus a ele acorrem; Heitor e seus homens atacam, e o herói toma para si as armas do morto (de Aquiles) e as enverga; os deuses atuam intensamente; Aquiles insciente.

vv. 412–761: Pátroclo espoliado – seu corpo e os cavalos de Aquiles: o luto arrebata os cavalos imortais do filho de Peleu; Zeus deles se compadece; a luta recrudesce; os deuses atuam; Antíloco levará a notícia a Aquiles; os aqueus alçam o corpo de Pátroclo e correm às naus.

LEITURA PASSO A PASSO

vv. 1–411: Pátroclo espoliado – Heitor e as armas de Aquiles

É inusual a proeminência de Menelau, nota Edwards (2000: 62), que se dá porque "muitos dos líderes gregos foram feridos" (canto XI), e ele é, dos aqueus, aquele a quem "o poeta atribui a mesma natureza gentil e sensível" de Pátroclo. Tão logo percebe o ocorrido, corre a proteger o corpo dele que os troianos assediam, no já apontado motivo do rapto do cadáver e das armas. Sem demora, Menelau mata Euforbo, um dos dois troianos envolvidos na morte do herói; seu tombar recebe o símile do ramo de oliveira arrebatado por forte vento (vv. 53–60); é o tema da *mors immatura*, tão reiterado na epopeia, que espelha as vidas humana e vegetal, tragicamente frágeis ambas, por mais vigorosas que pareçam (Aubriot 2001: 54-55).

A ação imediata faz medo aos troianos, mas o aqueu não consegue pegar as armas da vítima – Apolo não o permite (vv. 70–74), indo a Heitor para insuflá-lo a acossar Menelau, em vez de perseguir "o inalcançável" (v. 75): os cavalos imortais de Aquiles. O Priamida, impulsionado pela visão do Atrida a espoliar Euforbo, obedece e grita tão forte que amedronta o aqueu e o faz hesitar, no tipo de diálogo comentado quando feito por Odisseu (canto XI, vv. 403–410), com seu *thymós* ("peito, coração", v. 97). Pondera Menelau qual sua melhor opção diante da situação de Pátroclo, morto porque lutou na guerra travada por causa do crime de Páris. Vê-se – mais um! – como responsável pela morte dele e não o pode abandonar sem gerar indignação entre seus pares, consequência que o moribundo Sarpédon usou antes, para encarecer a Glauco o pedido de proteção de suas armas e de seu corpo (canto XVI, vv. 492–501). Também não pode enfrentar Heitor sozinho, pois seria cercado pelos troianos. Ademais – e este é o dado principal de decisão, ao falar a seu *thymós* –, não deve enfrentar quem claramente é por um deus honrado, salvo se tiver apoio de Ájax Telamônio, a quem vai tentar chamar, a fim de que juntos salvem o cadáver que deverá ser levado a Aquiles. "A escancarada ajuda divina ao inimigo é razão aceitável para a retirada" (Edwards 2000: 73).

Parte Menelau em busca de Ájax, sem tirar os olhos do corpo nu de Pátroclo, já espoliado por Heitor. Reforça o narrador a visão horrenda, com o troiano a arrastar tudo, armas e cadáver, tencionando decepá-lo e dá-lo aos cães para repasto. Ao ver Ájax a avançar, porém, Heitor ordena aos homens que levem as armas de Aquiles para a cidade, pois são seu *méga kléos* ("grande glória", v. 131), diz a expressão formular que, se ainda era preciso, demonstra a relevância das armas ao herói que luta e ao vencedor. Ájax, após chegar, passa a proteger o corpo de Pátroclo, sobrepondo-lhe seu enorme escudo (v. 132).

O recuo de Heitor é por Glauco duramente censurado – ele empenhado no rapto do cadáver de quem matara Sarpédon. Argumenta que o Priamida deveria se engajar mais, pois tinha no filho de Zeus um *xénos* e um *hetaîros* ("um hóspede e um amigo", v. 150) – a combinação dos termos apontando para uma relação de *philía*, e não só de convívio. Em resposta, recebe de Heitor a negativa de que temeu; ele justifica o recuo pela influência divina e o chama a lutar perto de si, exortando todos à bravura, enquanto se afasta da luta em busca das armas de Aquiles que veste no lugar das suas (vv. 188–197) – "imortais armas" (v. 194), dom dos deuses a Peleu que ao filho o repassara, conta o narrador, concluindo: "Mas o filho não envelheceria vestido com as armas do pai" (v. 197). Frase comovente em sua concisão, que projeta o luto e a dor do velho Peleu sobre a narrativa, humanizando-a. Disse-o Aquiles: ao reingressar na guerra, perde velhice e retorno, ganha *kléos áphthiton* (canto IX, v. 412–413). Sua morte, depois da de Pátroclo, por suas escolhas (Edwards 2000: 7), é reiterada no poema; agora, cada vez mais o será.

Zeus contempla Heitor a investir-se das armas de Aquiles, e fala a seu *thymós* (v. 200), com abanar da cabeça, em misto de reprovação e compadecimento. Ele põe em palavras a arrogante presunção que o troiano enuncia pela ação: insciente de que a morte dele se aproxima, diz o deus, ele veste armas de homem o mais nobre, superiores às dos mortais e que não têm essa mesma natureza, diz o adjetivo que abre a expressão formular *ámbrota teúkhea* ("imortais armas", vv. 202 e 194). Saberemos no canto XVIII que o divino ferreiro Hefesto as fez, e talvez só possam portá-las homens como Peleu, caro aos deuses, e semideuses, como Aquiles. Imortais dons que sejam, porém, elas não podem salvar quem as porta – nem mesmo o Pelida (Edwards 2000: 81). Zeus prossegue: Heitor matou o "companheiro gentil e forte" (v. 204) do aqueu, e contra a ordem – *ou katà kósmon* (v. 205) – espoliou o cadáver das armas. Agora, anuncia, dar-lhe-á *méga krátos* ("grande poder", v. 206), pois à esposa, Andrômaca, não regressará com as armas do Pelida.

Em imagem impressionante, Zeus ajusta o apresto todo ao corpo de Heitor, e nele Ares adentra, violento; luzente, ele retorna às tropas. Segue-se um catálogo de líderes troianos (vv. 215–218) exortados pelo herói a tomarem o cadáver de Pátroclo, com a promessa de prêmios vultosos e de *kléos* (v. 232) qual o seu, em recompensa, lógica vista no canto X. Assim se completa a longa resposta à censura de Glauco (Edwards 2000: 84): lançam-se todos sobre o cadáver, "néscios", diz o narrador (v. 236), muitos deles sendo mortos por Ájax.

Intensifica-se a luta com a entrada de tantos aqueus que o narrador reconhece que nem os pode nomear (vv. 260–261), no motivo do tema inexprimível (Edwards 2000: 88) – visto no catálogo do canto II, de nomes e naus –, que tem efeito símil ao da invocação da Musa com pedido de conhecimento para contar: o engrandecimento da batalha pelo cadáver de Pátroclo, sobre a qual verte Zeus "muita névoa" (v. 269) – outro motivo de luta renhida –, em pesar pelo aqueu que não quer ver privado de funeral, *géras* devido aos mortais (canto XVI, v. 457).

Essa preocupação e a cena aumentam "o *páthos* da morte de Pátroclo, e trazem à tona o nome do ainda insciente Aquiles" (Edwards 2000: 89) que, diz o narrador, jamais a previra (vv. 404–411), embora pela mãe soubesse que não saqueariam Troia juntos; não se realizaria nem de longe a fantasia antes enunciada (canto XVI, vv. 97–100), como soube Pátroclo, por Apolo (canto XVI, vv. 707–709). Aquiles, porém, não podia imaginar que não só ele, mas também o amigo não retornaria, e que ambos morreriam antes do saque da urbe.

vv. 412–761: Pátroclo espoliado – seu corpo e os cavalos de Aquiles

Os aqueus resistem. Afastados, os cavalos de Aquiles são enfocados pelo narrador. Imortais, pranteiam Pátroclo, sob o chicote de Automedonte, recusando-se a regressar ao Pelida e também a adentrar a luta. Na cena comovente, estão "imóveis" (v. 436), cabeças inclinadas ao chão, lágrimas fartas caindo no pó, crinas sujas (vv. 437–440); estão enlutados os cavalos, e tanto que a Zeus fazem pena, levando-o ao diálogo com seu *thymós* (vv. 441–455). Nele, lamenta tê-los dado a Peleu, um mortal, quando são divinos e deveriam estar distantes de tanta dor; não estão, porque vivem junto dos mortais, "e nada há de mais deplorável que o homem / dentre tudo quanto sobre a terra respira e rasteja" (vv.

446–447).[1] O deus anuncia que Heitor no carro não subirá, nem nos cavalos, pois já tem com que se ufanar – as armas de Aquiles. Ao aqueu enfim retornam os animais.

O conflito só recrudesce, com Atena também intervindo e o avivando, enviada por Zeus a incitar os agoniados defensores de Pátroclo (vv. 543–574). Ájax (vv. 629–647) lamenta a ausência de Aquiles, a quem a notícia precisa ser levada. Pede a Zeus e é atendido (vv. 648–650) pelo deus apiedado, que dissipe a densa névoa, para que veja com clareza quem será o mensageiro – Antíloco é o escolhido (v. 653), filho de Nestor que, não sabem os heróis, concebeu o plano que resultou na morte de Pátroclo. Grande ironia! Tremenda tarefa, que a Antíloco horroriza como a própria notícia; vai a Aquiles (vv. 700–702), enquanto os aqueus conseguem pequena vantagem, alçando o cadáver; mas estes logo os acossam, e a luta prossegue.

1 Essa belíssima cena é matéria do poema do mencionado poeta Kaváfis (1990), "Os cavalos de Aquiles", muito colado aos versos iliádicos; eis o início, na tradução de José Paulo Paes: "Ao verem Pátroclo morrer tão jovem,/ em todo o seu vigor e bravura sem par,/ os cavalos de Aquiles puseram-se a chorar./ A imortal natureza deles se insurgia / contra o feito de morte a que assistia".

Canto XVIII
Luto, escudo - Aquiles, Tétis, Hefesto

"Este canto conclui o tema da retirada de Aquiles da batalha e inicia o da vingança contra o matador do melhor amigo, preparando o caminho para seu confronto com Heitor" (Edwards 2000: 139). Isso porque Antíloco, filho de Nestor, traz-lhe a notícia da morte de Pátroclo (canto XVI), por cujo cadáver troianos e dânaos se batem (canto XVII) – cadáver espoliado das armas de Aquiles que Heitor vestiu.

Até aqui, a morte esteve o tempo todo em cena, e com ela o luto e o lamento. Agora, mais presentes ainda se fazem, centrados no Pelida, pela perda do amigo, e em Tétis pela perda futura do filho, em canto que aprofunda a relação entre eles. No canto VI, ao despedir-se de Troia, da esposa e do bebê, Heitor, algoz de Pátroclo, era pranteado como se morto estivesse pelas mulheres, com o *góos* (vv. 499–500). Neste, um morto é assim pranteado, e um herói vivo que da vida abre mão por completo. Tudo o que lhe resta é aguardar as novas armas divinas que a mãe vai buscar junto a Hefesto – a cena mais longa deste canto –, deus que oferece à Nereida a mais perfeita *xenía* ("hospitalidade"). Tais armas imortais, todavia, não podem salvar o herói mortal, nem mesmo delas aquela que é defensiva e a mais elaborada: o famoso escudo de Aquiles.

A atenção do poeta à deusa enlutada, incapaz de alterar a trilha veloz do filho à morte, confere ao canto intensa comoção, bem como a ação dela, de buscar o apresto bélico de que Aquiles carece, para que possa matar e morrer, conquistando *kléos áphthiton* ("glória imperecível", canto IX, v. 413) que imortaliza o nome. É só o que ele, mortal, pode fazer – ele que, por assim dizer, agora só na morte existe de fato, que nada mais terá a perder e por isso haverá de se entregar à violência sem qualquer restrição ou hesitação, porque sem apreço algum pela própria vida. Daí que sua renovada ira se faz muito mais brutal e cruenta, irrefreável e insaciável.

Se é verdade que o enredo continua a ser conduzido por ela, também o é sua qualidade agravada, inclusive pelo que virá à tona pela boca de Aquiles: o senso de responsabilidade para com o fim do querido amigo que enviou à luta em seu lugar, em aceite de que suas divinas armas perdidas são "um símbolo concreto" (Edwards 2000: 139). O indevido lugar do amigo é assinalado (canto XVI, vv. 789–804), na descrição do modo que o golpe de Apolo faz tombar ao chão o aparato bélico de Aquiles que Pátroclo indevidamente enverga; maculam-se os penachos do elmo, que nunca tinham se maculado "com sangue e com pó" (v. 796) – não o permitiam os deuses, pois protegia a cabeça "de um varão divino" (v. 798). Isso só ocorre porque o Pelida irredutível se absteve da luta e do auxílio aos aqueus, aceitando que o amigo assumisse uma tarefa que era sua. Sobre Aquiles recairá o peso disso, sobre ele que quis fazer ver aos aqueus o custo da desonra a si e conhece agora, ele que tantas dores lhes causou (canto I, vv. 2–5), a dor da perda mais dura para si.

ESQUEMA GERAL

vv. 1–148: Luto de Aquiles e Tétis: o herói recebe de Antíloco a notícia da morte de Pátroclo; luto agudo dele e de Tétis; diálogo entre mãe e filho; Aquiles e a volta à luta – decisão tomada, compasso de espera; Tétis vai a Hefesto por novas armas.

vv. 148–368: o corpo salvo de Pátroclo – luto dos aqueus: Aquiles atua para aterrorizar os troianos e manter Pátroclo entre os aqueus, com auxílio de Íris, a mando de Hera e Atena; assembleia troiana, diante do fato do iminente retorno de Aquiles; confiança extremada de Heitor; o corpo na tenda aqueia, primeiros cuidados fúnebres, início da lamentação; Hera e Zeus, espectadores da tragédia humana.

vv. 369–617: Tétis e Hefesto – *xenía* e armas – o escudo: a deusa é recebida pelo deus; sua acolhida, sua situação; Hefesto faz novas armas para Aquiles; confecção do célebre escudo e das demais; entrega à mãe do herói.

LEITURA PASSO A PASSO

vv. 1–148: Luto de Aquiles e Tétis

O canto se abre com Aquiles angustiado, pois ao longe vê o desespero dos aqueus. Como muitos heróis, fala a seu *thymós* ("coração, peito", v. 5): lamenta-se diante da cena e pensa que os deuses ou perfizeram seu lote, de morrer na guerra, abatido por eles – porque terá que voltar à luta, para salvar as naus –, ou morreu Pátroclo, por ter desobedecido a sua advertência de não lutar contra Heitor. "Há aqui um toque muito humano em Aquiles imaginar a má notícia antes que lhe seja anunciada" (Edwards 2000: 143), da morte do amigo que não previa, disse o narrador (canto XVII, vv. 404–411), porque julgava que nenhum dos dois tomaria parte no saque: morreria antes disso, e Pátroclo deixaria a luta.

Antíloco, o Nestorida a quem Ájax fez *ángelos*, "mensageiro" (canto XVII, vv. 652–655) da terrível notícia, chega em pranto; em fala curta (vv. 17–21), conta o sucedido, após se dizer portador de "funesta mensagem" (vv. 18–19), esta (vv. 20–21):

> "Jaz Pátroclo, e combatem em torno de seu corpo
> nu; mas o apresto tem-no Heitor elmo-coriscante".

Duas palavras apenas (*keîtai Pátroklos*) abrem o verso 20. Simples e cortante é a frase que diz o indizível, com o agravante expresso de modo símil: o corpo espoliado em disputa, as armas perdidas para o algoz. A partir desse ponto, "a *Ilíada* se move a elevado patamar de ação e de paixão" (Schein 1984: 128).

De *Akhilleús* não ouvimos palavra; "encobriu-o nuvem negra de dor" (v. 22), diz o verso em que o segundo substantivo, *ákheos*, ecoa o nome do herói que tantas dores espalhou e dor horrível agora sofre. Não espanta que a relação etimológica entre ambos seja explorada, como por Nagy (1999: 69–82), considerando que está no cerne do protagonismo do Pelida desde o anúncio do tema da epopeia (canto I, v. 1–7). Por causa da dor, ele não mais sairá de cena, não será mais, como até aqui, uma presença intermitente (Schein 1984: 128) na narrativa doravante dominada de todo pela morte e pelo luto.

Por Pátroclo rebentam e se espraiam as profundas e lutuosas agonia e dor, primeiro arrebatando o herói, depois as servas, Antíloco, Tétis e as Nereidas. O luto é sempre coletivo e social – a morte é comum a todos e a todos atinge sua dor, mesmo aos deuses. Gestos rituais de agressão ao corpo, sentidos lamentos, prantos, agudos gritos – todos os enlutados se unem na intensa dor da perda. Aquiles se suja como se sujam na poeira os cadáveres ensanguentados dos heróis; lacera sua carne como é lacerada a dos mutilados por horrendas feridas; arranca cabelos para expressar agonia extrema; sobrepõe e mistura luto e guerra, como bem observa Edwards (2000: 144), e ao final (vv. 26–27) jaz no chão, no pó, como muitos heróis mortos, como se morto estivesse ele próprio, diz o verbo *keîsthai* (v. 27), com que Antíloco anunciou-lhe a morte do amigo (v. 20).

Em seu redor, o grupo de mulheres que lamentam intensifica o quadro fúnebre do Pelida ainda vivo: as servas, espólios dele e de Pátroclo, acorrem com altos gritos, batendo nos peitos, em típica ritualística feminina de lamento lutuoso.[1] O enlutado Antíloco (vv. 32–34) segura as mãos do gemente herói, para que não se mate. Tétis ouve os gritos terríveis do filho, lá nas funduras marinhas em que se senta junto a Nereu, seu pai; de pronto emite gritos estrídulos de dor, diz o verbo *kōkýein* (v. 37), do qual deriva o nome de um dos rios

1 Em cena prototípica da lamentação fúnebre feminina, vemos os gestos rituais tradicionais ensinados pela enlutada Afrodite, também nomeada Citereia, numa canção de Safo (c. 630–580 AEC, Fragmento 140), de dois versos: “Morre, Citereia, delicado Adônis. Que podemos fazer?” / “Golpeai, ó virgens, vossos seios, e lacerai vossas vestes”. Tradução de Ragusa (2021). A iconografia evidencia fartamente os gestos fúnebres femininos.

do Hades, o Cócito, dos dolorosos gritos estrídulos das *psykhaí* ("ânimos") dos mortos, ao atravessarem-no. Logo a ela acorrem as Nereidas, como as servas a Aquiles;[2] o luto expande-se na gruta em que juntas batem no peito, como as servas, com Tétis a dar início ao *góos* (v. 51), à ritual lamentação em que se dirige às irmãs para falar de seu pesar.

Ela prepara as Nereidas para ouvirem suas dores e começa por se lamentar, usando o lamento formular *ṓ moi egṓ* ("Ai de mim!", v. 54), que Aquiles usara (v. 6), ao cogitar sobre os eventos à distância, e também Antíloco (v. 18), ao preparar o anúncio da notícia a ele. Além disso, ela se qualifica por notável epíteto composto: *dysaristotókeia* (v. 54), literalmente, "parturiente" (*-tókeia*) "infeliz" (*dys-*) "de excelente" (*aristo-*) varão. Em seguida, revela-lhes que chora a morte do filho e suas dores – ele ainda vivo; e, como mãe, lembra ter gerado, nutrido e enviado à guerra o filho belo, forte, vicejante, que não mais receberá, pois Aquiles não regressará à casa paterna. Ou seja, ela desmembra e desenvolve o conciso epíteto. E assim, enlutada, anuncia a ida até o herói, para saber de seu sofrimento, embora não o possa ajudar – não possa evitar nem sua dor, nem sua morte.

Com tal expansão, o poeta incrementa o *páthos* – a emoção – de algo que vem sendo construído, como tenho pontuado nos comentários, a saber, "a decisão de Aquiles de buscar vingança, pagando-a com sua vida" (Edwards 2000: 151).

---

2 As deusas são nomeadas num breve catálogo não exaustivo, porque são cinquenta no total. Veja-se o catálogo também em Hesíodo (c. 700 AEC), na *Teogonia* (vv. 243–262).

vv. 70–145: Diálogo Tétis-Aquiles

Quando ela chega a Aquiles, está acompanhada do cortejo fúnebre de Nereidas, o que dá grande solenidade ao momento e expressa a solidariedade na dor. Tudo vai repercutindo a essência da cerimônia fúnebre que lhe confere sua função bem definida por Burkert (1993: 372) como emocional e social. E o cortejo, em específico, reflete um dos seus três passos centrais e o mais público deles, a *ekphorá* – a procissão ao lugar final –, que se segue às etapas anteriores de preparo do corpo e de sua exposição.

Com as plangentes irmãs, Tétis emerge das águas e chega ao filho gemente, emitindo o mesmo grito estrídulo (*kōkýsasa*, v. 71) antes descrito (*kṓkysen*, v. 37), e assim se achega carinhosamente a Aquiles, falando-lhe em meio ao lamento, indagando-lhe o que se passa, embora o saiba – tal qual no canto I (vv. 362–363) –, pois importante é ouvi-lo. Recorda de pronto (vv. 73–77), porém, que o que ora sofre resulta da promessa que pediu a ela que obtivesse de Zeus (canto I, vv. 348–430). A ironia trágica é tremenda!

Neste início do diálogo, vale atentar, para além das palavras e do léxico do luto, à gestualidade, porque o luto se manifesta ritualmente em ações verbais e não-verbais. Ao falar ao filho, Tétis toma entre as mãos sua cabeça, ela que antes tomara sua mão (canto I, v. 361). O gesto normalmente dirigido a um morto por quem lhe fala é caracteristicamente ritual, como atestam a iconografia e a poesia (Schein 1984: 131), e o revemos quando feito por Aquiles com a cabeça de Pátroclo (canto XXIII, v. 136), e por Andrômaca, com a de Heitor (canto XXIV, v. 712). Ao atribuir tal gesto à deusa, o poeta projeta Aquiles como morto junto à mãe enlutada, como se em seu funeral estivesse, de sorte a intensificar o *páthos* da narrativa e seu caráter trágico.

Em resposta, Aquiles afirma que a promessa de Zeus, que se perfez como quis, prazer algum lhe dá, pois pereceu o *phílos* ... *hetaîros* ("querido companheiro", v. 80), a quem estimava acima de todos os *hetaîroi* e de "sua própria cabeça" (v. 82), de si mesmo. Diz o nome do algoz, Heitor, que agora tem as armas de Peleu, "esplêndidos dons" (v. 84) dos deuses recebido no dia da boda com Tétis, que o pai lhe havia legado. Ao leito do mortal a Nereida foi lançada por força das circunstâncias sobre as quais um pouco mais direi adiante, quando ela própria disso trata. Que não o tivesse sido é o que exprime o herói, porque agora grandes dores sobrepesam à deusa, inclusive da perda do filho, pois anuncia que adentrará a guerra para matar Heitor em retribuição punitiva (v. 93). Viver não o anima mais; se vive, é só para matar e morrer – custo da vingança.

Do início ao fim, Aquiles tem a morte nos lábios – e a própria mortalidade evocada pelas armas divinas, pela boda da mãe com pai mortal (Schein 1984: 132). Há aqui, porém, um engano que o herói só descobrirá adiante: a morte de Heitor não lhe trará a esperada satisfação prevista no "sistema de valores convencional" (Schein 1984: 132) desse mundo bélico. A perda é irrevogável e irreparável; e em vão o herói buscará no continuado ultraje ao cadáver do troiano a "adequada compensação" (Schein 1984: 133).

Evapora-se, portanto, o dilema do canto IX (vv. 410–416), e a plangente Tétis o confirma, ao dizer que a morte de Heitor e a do filho estão interligadas – a deste sucedendo em pouco a daquele. Aquiles é e será *ōkýmoros* (v. 95), de "veloz vida" (canto I, v. 417), afirma a enlutada mãe, e dores se lhe acumulam. O peso do adjetivo é mais nítido, porque certo é, afinal, o fim próximo do herói, o único na *Ilíada* a recebê-lo, e sempre da boca de sua mãe divina (Edwards 2000: 158). Não o abala a revelação: ele reafirma sua decisão, aceitando o custo – mais do que isso, desejando pagá-lo: "Que eu morra logo em seguida, pois acabei por não / socorrer o amigo que era morto" (vv. 98–99), longe da terra pátria, "carecendo de que eu fosse protetor da desgraça" (v. 100).

Assim fala o herói na réplica à mãe, movida pelo agudo senso de responsabilidade para com o fim de Pátroclo e por nítido desejo de reparação. Por isso, repete que não haverá regresso para si, nem será ele *pháos* ("luz", v. 102) ao amigo e aos demais aqueus mortos por Heitor – também pela ruína deles é responsável. Lamenta que não lhes seja mais útil, embora seja o melhor de todos os guerreiros em Troia, e exprime o desejo de inexistência de *éris* ("discórdia", v. 107) e *khólos* ("cólera", v. 108) entre os homens, que o levaram à ruptura com Agamêmnon, na qual percebe a origem dos males, do maior deles: a perda do amigo. Repete, então, o que a ele dissera (canto XVI, v. 60), quando do pedido para envergar suas armas na luta: que fique no passado o que passou (v. 112); e aduz: que o peito se deixe domar, por força das circunstâncias que coagem a todos e a si, sobretudo, diz o termo conceitual *anánkē* (v. 113). Voltando ao presente (*nŷn*, v. 114), declara: "agora" matar Heitor é só o que importa (vv. 114–119), acolhendo, para tanto, a própria morte, seu *kḗr* ("lote", v. 115). Afinal, dela nem Héracles (v. 117) escapou, o maior dos heróis, filho bastardo de Zeus, pela colérica Hera implacavelmente perseguido, até que o dominasse a *moîra* (v. 119), o "lote comum", a "morte". Por ela Aquiles sabe que será dominado; ele a aceita, escolhendo – ressoa o dilema do canto IX (vv. 410–416) – *kléos esthlón* ("glória nobre", v. 121), na expressão formular que explicita o fato ressaltado no comentário ao canto XVI, de que a morte de Pátroclo é a chave do *kléos* do Pelida.

Ao usar o paradigma de Héracles, em cuja trajetória a cólera desempenha, como na dele, papel essencial, Aquiles reconhece que mesmo um herói superior e semideus está "sujeito às limitações de sua mortalidade" (Schein 1984: 134). Ademais, a partir da imagem daquele que primeiro saqueou Troia no tempo do rei Laomedonte, o herói diz que luto sobreporá às troianas lamentosas que "com ambas as mãos vão enxugar das faces tenras lágrimas fartas" (v. 123). Com essa visão brutal da tragédia da guerra, das mulheres que perdem a proteção masculina e caem vítimas dos vencedores, afirma: todos saberão de seu retorno à luta e da diferença de antes, quando ausente estava. Ele anuncia aqui quanto sangue haverá de derramar, sem mais nada ter a perder.

À mãe se dirigindo, Aquiles adverte-a a não tentar dissuadi-lo de lutar, embora o ame, pois – como de hábito – nada mudará sua decisão (vv. 125–126). Resignada, obedece-lhe Tétis (vv. 128–137) e instrui o filho a aguardar que do Olimpo retorne com novas armas, forjadas por Hefesto, pois as dele estão com Heitor que, diz ela, enverga-as, jactante, mas não por muito tempo, pois *phónos* ("homicídio, assassinato", v. 133) já o ronda – o termo assinalando o caráter antes passional do que propriamente bélico da ação do filho que vitimará o troiano. Ela trará armas indestrutíveis e imperecíveis ao filho mortal de vida breve e fim veloz, em trágica ironia intensificada depois, no diálogo da deusa com o ferreiro divino, pela consciência do deus de que elas não o salvarão da morte (vv. 464–467), mas só da morte pelas mãos de Heitor.

Voltando-se em seguida às Nereidas, comanda-as a retornar a Nereu e tudo lhe contar, anunciando que irá a Hefesto. Ao ir ao Olimpo no canto I, Tétis trouxe ruína aos aqueus, pedida pelo filho que da guerra se retirara; agora, trará ruína aos troianos, ao viabilizar o retorno do filho à luta. A simetria é inescapável.

Deste ponto em diante, Aquiles torna-se cada vez mais desesperado e extremado, na ira que prossegue como fio condutor da narrativa, feroz e dirigida a Heitor e à vingança pela morte do amigo. Desse modo, o herói se projeta como terrivelmente humano e desumano (Schein 1984: 128), e fica claro que seus "feitos heroicos são mostrados como ambos destrutivos e autodestrutivos" (Schein 1984: 137).

VV. 148–368: O CORPO SALVO DE PÁTROCLO – LUTO DOS AQUEUS

Enquanto Tétis sobe ao Olimpo, segue a luta tenaz pelo cadáver de Pátroclo, com auxílio de Atena aos aqueus; os troianos são finalmente contidos, com a ajuda também de Aquiles, a pedido de Íris – enviada por Hera, sem a ciência de Zeus –, que o incita (vv. 169–180) a socorrer o amigo, não permitindo que Heitor corte a cabeça do corpo e a espete em estaca, nem o deixe aos cães, pois desonra seria ao Pelida. Ecoa nessa fala, que desenha tão grotesca imagem, a do moribundo Sarpédon a Glauco (canto XVI, vv. 492–501), pedindo-lhe proteção a seu corpo. Aquiles obedece à deusa mensageira: mostrar-se mesmo sem as armas, pois isso basta para aterrorizar os troianos que recuam, dando respiro aos aqueus, tanto mais porque Atena influencia o herói que adquire luminescência divina e que, fincado na vala, grita, e seu grito é ecoado pela deusa (vv. 203–221).

Marca a cena a potência avassaladora de Aquiles, agora os aqueus a chorar Pátroclo, o herói entre eles, "lágrimas quentes vertendo" (v. 235) diante do corpo ferido do *pistòs hetaîros* (v. 235), do "leal, fiel amigo", diz o adjetivo que realcei no comentário do canto XVI. Em auxílio, Hera intervém – algo que eleva ainda mais o momento –, acelerando o fim do dia (vv. 239–240), de modo que a noite possa trazer a pausa dos combates.

Em Troia, uma assembleia (vv. 243–313) discute a ação a ser tomada diante da volta iminente de Aquiles à guerra. Polidamante é a usual voz da prudência e recomenda a posição mais defensiva das tropas; Heitor, elevado pelo êxito na batalha, torna-se a voz da imprudência, prevalecendo sua exortação ao ataque, encerrada pela afirmação de que não fugirá à luta com o Pelida, da qual qualquer um dos dois pode sair vencedor. As palavras cheias de vanglória vão ressoar nos ouvidos quando ele de fato estiver diante do aqueu, no canto XXII. Dada a decisão, o narrador, no familiar recurso dramático, chama a todos de "néscios" (v. 311), pois Atena (vv. 310–313) lhes tirou os sensos.

Os dânaos seguem pranteando Pátroclo, em lamentação lutuosa assinalada pelo substantivo *góos* (v. 316) e pelo verbo *goân* (315), liderada por Aquiles que pousa as mãos no peito do amigo – "mãos mata-varões [*androphónous*]" (v. 317), diz a imagem impactante do herói prestes a mergulhar na violência mais brutal da guerra, em que trucidará sem cessar os inimigos, até chegar a Heitor, que no canto VI (v. 498) recebe o mesmo adjetivo. Carnificina é o que promoverá, anuncia a Pátroclo, prometendo-lhe vingança – a cabeça do troiano –, recordando que por ela abre mão do retorno e deixando para o futuro o devido funeral do amigo, no qual diz que matará, em homenagem a ele, doze troianos jovens. Tal anúncio é mais um indício da selvageria homicida sem par que cometerá (Schein 1984: 139), ele cada vez mais apartado de sua humanidade.

Ausentes as mulheres da família do morto, incumbem-se os aqueus dos primeiros cuidados com o corpo que terá que aguardar a cerimônia fúnebre: lavam-no com água quente, tratam as feridas, envolvem-no em mortalha de linho; e em redor o pranteiam em *góos* (vv. 343–355), em cena comovente que Zeus e Hera comentam (vv. 356–367), espectadores da tragédia. O deus provoca a esposa causadora dos males aos troianos, por vingança a qual ela afirma ter sido inevitável – claro, não pelo rapto de Helena, mas pelo "Julgamento de Páris" (canto III).

vv. 369–617: Tétis e Hefesto – *xenía* e armas – o escudo

"Esta cena agradável serve de alívio aos sofrimentos que as personagens humanas agora suportam e devem suportar, em grau ainda maior no futuro" (Edwards 2000: 189); ademais, aponta para o mundo imperturbável dos deuses, sobre o qual é relativo o impacto dos horrores e da tragédia humana no plano mortal. No Olimpo, no palácio de Hefesto, desenrola-se a cena típica de *xenía* a Tétis, com ênfase (vv. 369–381) na labuta do anfitrião na chegada da hóspede. Vendo-a achegar-

-se do marido coxo, suado, nos forjes, dela se aproxima Cáris, a deusa "Graça, Favor, Charme", que zela pela reciprocidade (*kháris*) e que mais comumente se projeta em trio (as Cárites); sua figura suaviza o retrato do encontro entre a Nereida, "digna matrona", e Hefesto, "o suado trabalhador", anota Edwards (2000: 189), apontando simultaneamente para a idealização da *xenía* e para a acolhida respeitosa e solene, não só dela, mas do pedido que leva a eles. Acolhida também afetuosa, indica o verso formular com que Cáris se aproxima da hóspede: "Então apertou-lhe a mão, disse-lhe palavra e a nomeou" (v. 384).[3] Assim ela indaga o motivo da visita inusual, oferecendo-lhe *xenía* (v. 387), conduzida com as melhores práticas.

Tão logo a esposa confirma ao marido que Tétis ali está, o deus recorda um favor prévio da deusa que tanto respeito e prudência inspira (v. 394). Isso sinaliza sua disposição imediata de retribuir-lhe. Tal favor se deu quando sofreu longa queda – anterior à que relata no canto I (vv. 592–594) – causada pela mãe, Hera, desgostosa de ter filho coxo. Mais teria sofrido, diz a Cáris, não fosse o amparo da sogra, Eurínome, e de Tétis. Comanda-a a dar-lhe *xeinḗïa* ("dons de hospitalidade", v. 408) e se prepara para ter com ela.

Vestido e fresco, senta-se ele ao trono e, como a esposa, dela se aproxima com o citado verso formular (v. 423) e com a mesma observação sobre a rara visita da deusa, mas acrescendo a disposição para ajudá-la. Co-

---

3 No original grego: *én t' ára hoi phŷ kheirì épos t' éphat' ék t' onómaze*. Ver o comentário aos cantos I e VI, aos encontros Tétis-Aquiles, naquele, e Hécuba-Heitor e Heitor-Andrômaca, neste.

meça um diálogo importante à cena e à compreensão da relação complexa dela com Peleu e Zeus.

vv. 423–467: Diálogo Tétis-Hefesto

Como quem conversa com um "amigo de longa data e ainda grato", diz Edwards (2000: 196), Tétis desabafa suas dores (vv. 429–467), projetando Hefesto como a "presença suavizadora" que de fato é, mostra a cena final do canto I (vv. 534–611), em que restaura a alegria, a harmonia e paz do banquete olímpio. A fala da deusa é de lamento pelas bodas com Peleu, pois ele, embora o mais querido dos mortais, é inferior a ela que pelas núpcias com ele foi rebaixada; núpcias prestigiadas pelos deuses todos, exceto Éris ("Discórdia"), e que é tema de um dos vasos mais impressionantes do mundo grego arcaico, datado de c. 580–570 AEC e assinado pelo pintor Sófilo. O casamento dá-se contrariamente aos desejos dela, por força de seu necessário afastamento definitivo de Zeus que a desejava, mas que vem a saber, por profecia, que do enlace seria gerado um filho que do trono o derrubaria. Essa tradição não é a única; noutra, a boda com o mortal é um castigo de Zeus à deusa desejada que não o quis, anota Edwards (2000: 196). A contrariedade de Tétis, que poderia ser parte de ambas as tradições, é tema da iconografia, em que assume múltiplas formas para evitar Peleu, e evidenciada no fato de que ela logo abandona o marido, antes da velhice que lhe seria abjeta, após gerar Aquiles.

Depois desse lamento, vem justamente o de ter gerado um filho prestes a morrer na guerra troiana, por quem ela nada pode fazer e cujos sofrimentos testemunhou. Por isso, diz ela a Hefesto, "venho aos teus joelhos" (v. 457), para fazer só o que pode: levar novas armas ao filho *ōkýmoros* (v. 458), adjetivo que, como vimos no canto I e aqui, realça a curta existência do herói. Ela suplica ao deus, argumentando a partir de seu sofrimento, e não da memória de favor prévio, pois não precisa torná-lo grato e recíproco, já que assim ele se apresenta a ela. Logo, seu aceite é breve e conciso (vv. 463–467), em palavras carregadas do *páthos* advindo do sentido da finitude do homem: ele frisa que, belas e admiráveis o quanto sejam as novas armas, o herói que as porta é mortal.

vv. 468–617: As armas

As armas que Hefesto deporá aos pés de Tétis, no fim do encontro, depois de forjá-las sem hesitação ou demora, são impressionantes e esplêndidas, como haveriam de ser as feitas pelo divino ferreiro. A descrição dilatada da confecção delas é notável em sua escala e assinala "a importância do retorno de Aquiles à batalha" (Edwards 2000: 200). Uma delas se destaca das demais, a primeira que forja: o escudo (vv. 478–608), objeto de descrição detalhada e de grande peso semântico, razão pela qual consiste em écfrase.

Embora seja arma de defesa, é centro absoluto da cena, porque permite criar um efeito de ironia trágica: as armas divinas serão levadas para um herói que, recebendo-as, recebe a própria morte e deixa para trás a vida da qual imagens múltiplas decoram a peça altamente elaborada. Não há ali "horrores monstruosos para aterrorizar os oponentes de quem o carrega" (Edwards 2000: 200), como na maioria dos casos, mas imagens cotidianas que a audiência conhece, enfaticamente projetadas no mundo humano em que a ação da epopeia se dá (Schein 1984: 140). Ligadas "umas às outras e arranjadas em descrição coerente da realidade humana" (Schein 1984: 141), as imagens objetivam mostrar tudo o que Aquiles abandona, em especial, os prazeres da vida comunal e familiar de que desfrutam as pessoas comuns (Edwards 2000: 208). Há nelas equilíbrio de "união e desunião" (Edwards 2000: 209), homens e mulheres, jovens e velhos, trabalhos femininos e masculinos, labuta e diversão, e assim por diante. A descrição "compõe um intervalo de calma num mundo de fúria e paixão heroicas, e sua ênfase na beleza do artesanato de Hefesto contrasta fortemente com a luta cada vez mais selvagem" (Schein 1984: 142).[4]

Eis as imagens que o deus imprime no escudo de Aquiles:

- vv. 483–489: os corpos celestiais, que fazem a marcação do tempo, essencial à vida dos mortais, que para Aquiles está rapidamente se esgotando, como para Heitor.
- vv. 490–508: a cidade em tempo de paz: "As bênçãos da vida comunal organizada estão representadas pelas bodas, que unem famílias e levam festividades a todos, e pelo acordo pacífico para uma disputa sobre a morte de um ho-

4 Vale lembrar o poema de W. H. Auden (2013), *"The Shield of Achilles"* (originalmente de 1955), na esteira dos horrores inenarráveis das duas grandes guerras mundiais. O poeta coloca Tétis a contemplar o trabalho de Hefesto que desenha no escudo, agora, cenas da mais absoluta e rematada destruição. Cito a abertura: "Por cima do ombro dele buscava / Ela vinhedos com oliveiras,/ Barcos cruzando mares indômitos / E cidades de mármore, ordeiras./ Mas ali, no luzente metal,/ As mãos dele haviam posto, juntos,/ Uma vastidão artificial / E um céu feito de chumbo".

mem, feito pelas instituições judiciais de uma cidade" (Edwards 2000: 213).

- vv. 509–540: a cidade em tempo de guerra: o cerco – como a Troia e a qualquer cidade grega ou estrangeira, cotidianamente –, a emboscada e o sequestro de gado.
- vv. 541–572: "o ano do lavrador" e suas labutas, "as agradáveis recompensas pelo trabalho" (Edwards 2000: 221).
- vv. 573–589: o pastoreio de bois e ovelhas – mais uma atividade dos homens comuns.
- vv. 590–606: a dança de jovens, em círculo ou em fileiras de frente uma à outra, ambas lideradas por dançarinos que saltam, sós: "A cena feliz compõe uma conclusão adequada à representação prazerosa da vida social que o escudo apresenta" (Edwards 2000: 228).
- vv. 607–608: o rio Oceano, que "circunda as cenas no escudo como circunda o disco plano da terra, no qual vivem suas vidas os homens e as mulheres" (Edwards 2000: 231).

Feito o escudo, quatro versos (vv. 610–613), e não mais, enumeram as demais armas que forja Hefesto, e depois depõe aos pés de Tétis que veloz parte dali com elas (vv. 614–617): couraça, elmo, cnêmides, que, junto ao escudo, vão se somar à lança incrível que Aquiles não emprestou a Pátroclo (canto XVI, vv. 140–144). A brevidade é para lá de expressiva.

Observado o incrível panorama entalhado na peça central da cena, vemos como "Homero ilumina a terrível disparidade entre o amplo e pleno escopo da vida humana e o transcendente e, no entanto, pateticamente limitado heroísmo de um herói que carrega o escudo para a batalha" (Schein 1984: 142).

Por fim, devo recordar que o escudo tem dupla função prática na vida do guerreiro, que instaura mais uma trágica nota de ironia: não só é arma de defesa, mas é arma com a qual o corpo do guerreiro morto pode ser transportado. Vida e morte se entrelaçam nela – mais ainda no escudo de Aquiles que, ao empunhá-lo, não o faz como quem aceita o risco aumentado da morte, ao adentrar uma guerra, mas como quem sabe que nela perecerá e aceita esse fato.

Canto XIX
Aquiles e Agamêmnon - fim da crise do *géras*

Este canto, que se abre pela entrega das armas a Aquiles, é dominado pelo luto e pelo senso de responsabilidade dele para com a morte de Pátroclo e para com as dores dos aqueus que também, muitos deles, pereceram na luta com os troianos favorecidos por Zeus, graças à promessa a Tétis. Esta resulta da crise do *géras* – o "prêmio do butim" que ao guerreiro dão os seus pares como honra a seu empenho na luta. Tal crise levou à ruptura entre o Pelida e Agamêmnon, chefe da expedição em Troia (canto I); logo, em verdade, os dois heróis "têm que aceitar que suas ações irresponsáveis, que ambos atribuem à *Átē* ['cegueira ruinosa'], acarretaram-lhes a desgraça pública e pessoal" (Edwards 2000: 235). Daí que o poeta oferece "uma conclusão adequada ao tema da ira, da retirada, do desastre e do retorno, antes de avançar com o tema da vingança", observa Edwards (2000: 234).

Orientado por Tétis, ele convoca a assembleia para resolver de vez, com o Atrida, a crise do *géras*; nela centra-se o canto, e ainda, nota Edwards (2000: 234), nos "discursos de reconciliação", bem como no gesto crucial de Agamêmnon, de entrega a Aquiles de dons e do *géras* que dele roubara, Briseida. É só quando tudo isso se realiza que vemos o Pelida a se armar, na cena típica, para liderar as tropas aqueias na guerra em que reingressa com um objetivo único: matar Heitor, algoz de Pátroclo, inevitavelmente trazendo assim, para mais perto de si, seu próprio fim. Não estranha, portanto, que cresça aos nossos olhos Peleu, pai do herói, ancião na distante Ftia, à espera do retorno do filho que jamais tornará a ver. O efeito disso é o de recordar a mortalidade de Aquiles (Edwards 2000: 235), e será crucial ao resgate de sua humanidade no canto XXIV, no encontro com o velho pai de Heitor, Príamo, rei da urbe sitiada e condenada à ruína e à captura.

De ponta a ponta, um tema atravessa o canto e retornará nos seguintes: luto e nutrição. É que Aquiles, tomado pela dor, recusa o banquete que celebra a reconciliação com Agamêmnon e que nutre os guerreiros antes da batalha, funções que embasam a insistente argumentação para que dele tome parte, sobretudo feita por Odisseu. O herói, porém, tem dor excessiva e pressa demais para a luta; daí a recusa ao ritual que é da norma. Inamovível em sua recusa, como condiz a seu caráter, o jejum será só dele.

O tema tem razão de ser: primeiramente, comida e batalha são associadas com regularidade na *Ilíada*; em segundo lugar, "a refeição comunal é um elemento importante da harmonia social, da qual Aquiles ainda está sem vontade de participar" (Edwards 2000: 246), fechado em sua dor e seu luto, e já não mais engajado na vida de que abriu mão (canto XVIII). Desse modo, em certo sentido, pode-se dizer que, embora a ruptura tenha acabado e o herói tenha se reintegrado às tropas, ele delas continua apartado, dos demais heróis se distinguindo em vários níveis.

ESQUEMA GERAL

vv. 1–276: Tétis e as armas, Agamêmnon e a paz: Tétis entrega as divinas armas e protege o insepulto Pátroclo; Aquiles chama a assembleia; reconciliação com Agamêmnon; devolução de Briseida, com dons acrescidos.

vv. 277–424: banquete, lamento: o herói se abstém de comer e beber, pondo-se à parte dos companheiros; Briseida e Aquiles erguem lamento a Pátroclo; o herói se arma e trava diálogo com seus cavalos; parte para a luta.

LEITURA PASSO A PASSO

vv. 1–276: Tétis e as armas, Agamêmnon e a paz

Na cena inicial, começa um novo dia – nova etapa – com a chegada de Tétis com as armas divinas a Aquiles, a quem encontra a chorar, abraçado ao corpo de Pátroclo, cercado dos companheiros que lamentam junto a ele. No meio de todos ela se coloca, e afetuosamente se volta ao filho,[1] convidando-o a deixar o morto a jazer, pois nada pode alterar sua condição, para receber de Hefesto as "ínclitas armas, belas mais que tudo" (vv. 10–11). A qualidade superlativamente divina do apresto está bem qualificada e tal é que aos mirmidões inspira medo, quando a veem depostas aos pés do filho da deusa, a ressoarem, razão pela qual desviam os olhos

1 Nova ocorrência do verso formular *én t' ára hoi phŷ kheirì épos t' éphat' ék t' onómaze*. Ver este e variantes nos cantos I (v. 361), Tétis-Aquiles; VI, Hécuba-Heitor (v. 253), Heitor-Andrômaca (vv. 406 e 485); XIV, Sono e Hera (v. 232), Hera-Zeus (v. 297).

delas, mas não Aquiles. Não o herói, cuja ira só aumenta diante das armas para a vingança, incendiando seus olhos e dando-lhe prazer.

O herói semideus não as teme, mas nelas reconhece o labor divino. Teme, porém, a decomposição do corpo do amigo, pela ação das moscas e de suas larvas, às quais as feridas são tão propícias, razão pela qual pede à mãe que o proteja. A visão terrível grita um dos horrores da guerra, o dos cadáveres insepultos. Sabemos pelo canto XVIII (vv. 333–342) que assim ficará o de Pátroclo, não porque foi deixado para trás ou raptado, mas porque seu funeral (canto XXIII) deverá esperar algo a que Aquiles primeiro vai se lançar, como pede sua ira: a morte de Heitor (canto XXII). É como se ele não pudesse se ocupar de nada até executar a vingança. Tétis se compromete a proteger Pátroclo, dele mantendo longe "a cruel tribo / das moscas que devoram mortais chacinados por Ares" (vv. 30–31), e instrui o filho a reunir a assembleia; nela, deve abdicar publicamente de *mênis* (v. 35), da "ira" contra Agamêmnon, para que possa se reintegrar aos aqueus e armar-se para a luta.

Que a deusa zele pelo cadáver do Menecida é recurso pelo qual o poeta o eleva, pela "atenção divina", ressalta Edwards (2000: 237), dedicada também a Sarpédon (canto XVI, vv. 666–683) e a Heitor (cantos XXIII e XXIV), heróis proeminentes de alto *status* e figuras decisivas ao enredo da epopeia.

vv. 40–276: Aquiles, Agamêmnon, assembleia: reconciliação

Aquiles chama à assembleia todos os homens da expedição, inclusive os não-combatentes e líderes feridos, o último deles a chegar sendo Agamêmnon; e é o primeiro a falar (vv. 54–73), dirigindo-se diretamente ao Atrida, para encerrar a crise do *géras* e renunciar à ira por ela gerada. Tal fala é "comedida, sentida e, ao mesmo tempo, diplomática", anota Edwards (2000: 241). Ele indaga retoricamente se agiram bem os dois heróis que se deixaram levar pela cólera, "por causa de uma moça" (v. 58) a quem agora preferia ver morta, pois então ele não teria causado a ruína dos aqueus, que agora vê. A cólera, ao fim e ao cabo, prossegue, beneficiou só aos troianos – como previra Nestor (canto I, vv. 255–258) –, e os aqueus não vão se esquecer da discórdia entre ambos, que tantos males gerou – argumento de dimensão metapoética, pois ecoa o próprio tema da *Ilíada* (canto I, vv. 1–7).[2] Diz ele: "Mas permitamos que isso fique no passado, embora doloridos" (v. 65), exortação que a Pátroclo antes dirigira (canto XVI, v. 60), como à mãe (canto XVIII, v. 112). E ainda isto: que é preciso domar o peito, por força da coercitiva necessidade – a *anánkē* (v. 66), termo repetido no verso que tinha antes dito a Tétis (canto XVIII, v. 113). Direcionando as palavras ao "agora" marcado, como é usual, em *nŷn dè* (v. 67), anuncia que cessa a ira, porque não deve se manter irredutível – justo o que no canto IX ouvira de todos na embaixada, sem os escutar, e o que afirmara o próprio Atrida, ao enunciar o catálogo de bens ao herói. Pede-lhe, por fim, que a todos convoque para a luta, ameaçando matar quem dela fugir.

Na construção retórica, o herói reconhece a responsabilidade sua e do chefe das tropas nos eventos, desculpando-se pelos males que causou, reduzindo

2 Tal dimensão também se vê no Aquiles do canto IX (vv. 185–191), na cena de sua *performance* a Pátroclo.

drasticamente a importância de Briseida, cujo valor sobrestimara, ao argumentar contra o ultraje sofrido (cantos I e IX). É claro sinal de que a desgraça da perda do amigo querido em muito supera qualquer outro mal sofrido; e que vale perder a vida, se tal é o custo de matar o algoz dele, Heitor. A mudança de postura, radical, é patente e é-lhe condizente.

Exultam os aqueus, e logo o Atrida fala a Aquiles (vv. 78–144), em discurso carente do caráter magnânimo do discurso do Pelida "que admite seu erro diretamente ao homem que o injuriou. Agamêmnon, de modo que lhe é típico, não tem grandeza suficiente para aceitar isso, sem dar mal intencionadas estocadas no homem que odeia" (Edwards 2000: 244). Ademais, que não se erga para falar, como é da norma, pode se dever a seu ferimento, mas também ao desejo de realçar o aspecto ileso do herói que se absteve da luta em que tanto sofreram os dânaos (Edwards 2000: 244).

O discurso do rei tem três etapas, anota Edwards (2000: 245): início, pedindo silêncio; "longa parte central, em que reconhece o obscurecimento de sua mente por ação da *átē*"; e "endereçamento final a Aquiles", instando-o a chefiar as hostes e prometendo-lhe dons. Já no canto IX (vv. 115–119), ele tinha reconhecido, na discórdia e na ruptura com o herói, a própria *átē*, mas aqui ele encarece o argumento, explicando que tal força (canto II) ao próprio Zeus arrebatou, no episódio do dolo de Hera, no nascimento de Héracles. Esta não é a primeira menção ao maior dos heróis gregos, insuperável na guerra e no mundo das aventuras; há muitas, alusivas e fragmentadas, que mostram que o narrador pressupõe que é familiar à audiência a tradição em torno dele (Gantz 1996, v. 1: 400). Eis o elenco de substantivas referências a ele na *Ilíada*:

i. No canto V (vv. 628–664), o filho de Héracles (filho de Zeus), Tlepólemo (neto de Zeus), combate outro filho do deus, Sarpédon, e este o mata. Ali é recordado, e não nesta única vez, que Héracles foi o primeiro a saquear Troia. Um dia, ele veio com seis naus e uns poucos guerreiros à cidade, buscar cavalos semidivinos (vv. 265–270) prometidos a si pelo rei Laomedonte, que os herdara de Tros, pai do belo Ganimedes; Tros os ganhou de Zeus, em compensação pela abdução do filho que no Olimpo passou a viver. Tal promessa era recíproco bem de Laomedonte a um trabalho benéfico de Héracles a si: o herói salvou-lhe a filha, Hesíone, de um *kêtos*, monstruoso ser marinho (canto XX, vv. 145–148). Porém, o rei troiano trapaceou, querendo dar cavalos mortais ao herói, filho da tebana Alcmena (canto XIV, vv. 323–324), que o puniu, saqueando a cidade.

ii. No canto VIII (vv. 365–369), a aventura – a maior que um mortal pode viver – de descer ao Hades vivo e de lá voltar, levando o cão monstruoso do palácio do deus, Cérbero, é recordada por Atena, que, por orientação de Zeus, seu pai, sempre ajudou o filho dele, nos difíceis trabalhos que lhe impôs Euristeu.

iii. No canto XVIII (vv. 117–119), Aquiles afirma que nem Héracles escapou da morte, em etapa consolatória de sua fala à mãe; ele, diz o Pelida, foi domado pela *moîra* – o "lote comum" dos mortais, a morte – e pela cólera de Hera, como será domado Heitor, por sua cólera.

Afirma Agamêmnon que não é *aítios* ("responsável", v. 86) pelos eventos, mas, sim, Zeus, a Moira e a Erínia, que na assembleia (canto I) enviaram-lhe *ágrion átēn* ("cruel cegueira ruinosa", vv. 88), contra a qual nada podia fazer, pois é *Átē* – personificada – filha do deus e silentes são seus passos sobre cabeças dos que põe a perder. Vítima dela foi até mesmo o deus, declara o Atrida, enganado por Hera no dia do parto em que Alcmena deu Héracles à luz, quando, jactante, anunciou no Olimpo o filho que nasceria para ser o futuro rei de todos os mortais; a esposa, porém, dele obteve a jura de que tal papel teria o primeiro filho dele que nascesse. Sem notar o dolo, jurou, mas com a mente obscurecida, diz o verbo *aân* (v. 113); a deusa então retardou o parto de Alcmena e apressou o nascimento de descendente (Euristeu) pela linhagem de Perseu, filho de Zeus e Dânae. A ele, Héracles nascendo depois, teve que se submeter, realizando duros trabalhos definidos por influência de Hera que o queria matar, para dor do marido. Irado ao dar-se conta do que Hera fez e de sua mente obnubilada, reconta Agamêmnon, Zeus excluiu *Átē* do convívio com os deuses, atirando-a ao mundo dos homens.

Com o relato paradigmático do poder irresistível da obnubilação, o rei quer provar que não é responsável pelo ultraje a Aquiles e as consequências, uma vez que foi vítima de *Átē* (vv. 85–89 e 134–138) – como o próprio Zeus que, ademais, lhe tirou o juízo (v. 137). Nunca, contudo, reconhece a flagrante "falta de previdência e de prudência elementar, que acarretou nos erros de ambos Zeus e dele mesmo" (Edwards 2000: 246). Note-se bem que, em qualquer dos casos, aqui e no canto IX, a responsabilidade negada acaba sendo por Agamêmnon reconhecida ao menos em parte, porque oferece reparações por seus erros. Trata-se, então, de mitigá-la, imputando parte dela aos deuses, para amenizar a própria; daí a projeção de *átē/Átē* como "o impulso que levou a um ato tolo ou desastroso, um ato que, em retrospecto, parece inexplicável; logo, é atribuído a uma agência externa, isto é, super-humana" (Edwards 2000: 247).

Aos presentes do Atrida, publicamente dispostos na assembleia, Aquiles pouca atenção dá, nem quer seguir na argumentação, a perder tempo. Interessa-lhe a guerra, que os troianos o vejam, ao que Odisseu obsta, porque não é possível lutar sem antes comer; há que fazer um banquete: essa é a norma indispensável, como também o é a exibição pública dos dons de reparação ao ultraje igualmente público, à qual o Atrida deve acrescer a jura de não ter se deitado com Briseida. Ele já o tinha jurado (canto IX, v. 131–134) aos demais chefes aqueus. Por fim, deve o rei honrar Aquiles com um banquete, pois foi ele quem deu início às dificuldades todas.

O Atrida acolhe o discurso de Odisseu, mas o Pelida censura a preocupação com o que ora julga irrelevante. Só a carnificina lhe importa e nada comerá ou beberá antes de matar Heitor, postura que Odisseu de novo condena, pois até no luto é preciso comer; e, sem demora, passa aos preparativos comandados por Agamêmnon.

Aquiles, cortês, aceita que se faça o banquete, mas dele não participa e aceita o juramento sobre Briseida, reconhecendo na *átē* uma força inescapável, vinda de Zeus que – a ironia é patente – quis ver o sofrimento dos aqueus – bem sabemos que foi ele quem o pediu ao deus, por meio de Tétis. Desse modo, Aquiles sinaliza a aceitação "da explicação do rei sobre sua conduta" (Edwards 2000: 266), em notável cortesia que o Atrida não lhe demonstrou.

VV. 277–424: BANQUETE, LAMENTO

Os mirmidões levam os dons às tendas, incluindo as sete mulheres lésbias cativas (vv. 128–130), cuja beleza e perícia nos trabalhos femininos Agamêmnon exaltara, ao elencá-las no catálogo de dons; e levam Briseida, bela como "a áurea Afrodite" (v. 282), ela que, ao se deparar com Pátroclo morto, inicia lamento lutuoso e abraça seu corpo mutilado, com gritos e laceração de sua própria carne. Tal lamento da moça *géras* de Aquiles, um bem retirado de butim, sublinha o fato de que "ela lhe foi restaurada ao preço da vida de Pátroclo" (Edwards 2000: 268).

Em sua fala, Briseida destaca a gentileza característica do herói a quem deixou vivo e morto revê: "Assim para mim um mal sempre sucede a outro mal" (v. 290). E enuncia sua lista de males: é uma jovem viúva que perdeu os três irmãos e viu o marido ser morto por Aquiles, no saque de sua cidade; consolou-a Pátroclo, quando se tornou *géras* do Pelida, prometendo que dele ela não seria mera concubina, mas "legítima esposa" (v. 298), diz a expressão *kouridíēn álokhon*, na qual, como sublinhei antes (canto XIII, v. 626), os termos se enfatizam mutuamente. Mais: Pátroclo lhe dissera que a união seria como *gámos* ("boda", v. 299) celebrada na Ftia. Grande ironia, pois mal sabe ela que Aquiles jamais voltará e logo também terá perecido (Edwards 2000: 270). Resta-lhe tão só o lamento: "Por isso choro-te morto sem cessar, a ti, sempre gentil" (v. 300).

Briseida ecoa Andrômaca (canto VI), mas já como vítima à mercê dos vencedores e das circunstâncias deles. Ademais, no discurso dela, como nos da esposa de Heitor, de Aquiles e de Tétis, o poeta "reconhece a natureza intensamente pessoal e solitária do luto", frisa Edwards (2000: 269), com cada pranteador a assinalar o sentido da perda para si e "suas outras dores". Mas o luto é público e coletivo também: junto aos enlutados choram os que o cercam – na cena, as cativas junto a Briseida choram suas próprias dores.

De seu lado, Aquiles recusa alimento; sua "dor" (*ákhos*, v. 307) é demasiada, e não teria consolo, "antes que a guerra cruenta adentrasse sua boca" (v. 313). Esta, a sua fome; da morte se nutre. Além disso, o banquete o recorda de Pátroclo, e é "pela falta" (v. 321) dele que não consegue comer nem beber nada. Para dar a medida da dor, Aquiles agrega ao jejum a escala de dores que lhe seriam terríveis – nenhuma superada pela da perda do amigo: do velho pai que chora pelo filho que em terra estranha luta, "por causa de Helena – nome que faz arrepio" (v. 325), ela sempre apontada como a causa da guerra (cantos III e VI); e do próprio filho Neoptólemo (canto IX, vv. 667–668). Briseida fizera o mesmo, e similarmente a ela, cujo pranto ressoou o do coro de cativas, todos os anciãos em torno do plangente Pelida, em coro, lamentam – recordam suas próprias dores e o que deixaram, cada um, em suas terras. Espectador, Zeus se compadece e envia Atena para nutrir o herói de néctar e ambrosia divinos, para que não lhe pese a fome.

Começa, então, a cena de Aquiles a se armar, concluída por seu diálogo com Xanto, um de seus cavalos imortais que lhe recorda (vv. 408–417), quando ouve a queixa (vv. 400–403) de que ele e Bálio não protegeram Pátroclo, que a reentrada na luta será seu fim e que Apolo matou o herói – deus que deu o golpe inicial da sequência que o arruinou (canto XVI, vv. 784–828) –, dando *kŷdos* a Heitor ("triunfo", v. 414). O discurso de Xanto, dotado de fala por Hera (v. 407), frisa ainda que agora ele e Bálio vão salvá-lo, mas que sua morte está próxima, trazida "por deus ou homem" (v. 417). Concluído o discurso, priva-o de voz a Erínia, talvez para que mais não revele (Edwards 2000: 285). Responde-lhe mesmo assim Aquiles (v. 420–423), dizendo que bem sabe que morrerá, privado do retorno, longe dos genitores; isso, porém, não importa tanto quanto combater os troianos até que estejam satisfeitos da guerra. Parte assim, convicto, para a luta, ciente de sua própria tragédia.

O diálogo traz nova informação sobre a morte de Aquiles, e outra virá da boca de Heitor (canto XXII), e antes disso, da do próprio herói (canto XXI). Para ela vai como reta seta, ao vingar Pátroclo, com armas e cavalos imortais, o mortal filho de Tétis e Peleu.

Canto XX
Teomaquia - batalha dos deuses

Os exércitos estão prontos para a luta, mas o encontro entre Aquiles e Heitor tem que ser preparado por uma projeção adequada da "escala dos eventos", mostrando "a devastação que o herói furioso causa entre os troianos", anota Edwards (2000: 286). É disso que se ocupam os cantos XX e XXI, com os próprios deuses a se engajarem na guerra, liberados por Zeus para tal fim. O recurso a eleva, e nela vemos a *aristeía* de Aquiles, sua "excelência" que ofusca a todos os heróis.

Há que destacar, como faz Edwards, dos seus duelos com troianos, o travado com Eneias (vv. 79–352), que envolve Posêidon e enfoca o filho de Afrodite e Anquises, sua genealogia. Nela, os elos da cidade com os deuses são reiterados, justo quando a ruína total se aproxima, em que eles a vão abandonar, como punição ao crime de Páris contra a *xenía* ("hospitalidade").

Interessante é a ideia de que Eneias vai e deve sobreviver à guerra, enunciada por Posêidon (vv. 307–308), reinando sua descendência sobre os troianos; tal ideia levou "à especulação tanto nos tempos antigos, quanto nos tempos modernos, de que os poetas épicos arcaicos conheciam uma família de reis na Trôade, que afirmava tal descendência" (Edwards 2000: 287). Séculos depois de Homero, em Roma, na epopeia do final do século I AEC, a *Eneida* de Virgílio, o poeta vai aproveitar o gancho para fazer do herói fundador do mundo proto-romano e do "começo da gente latina", como diz o proêmio.

ESQUEMA GERAL

vv. 1–352: deuses, heróis – Aquiles e Eneias: Zeus libera os deuses a lutarem, entre os dois lados divididos; Aquiles e Eneias se enfrentam, sob influências de Apolo e Posêidon; este resgata o troiano, e o aqueu é frustrado.

vv. 353–503: Aquiles e a *androktasía*: "matança de varões" é o que promove o herói; vislumbre de Heitor e interferência dos deuses, adiando o duelo.

LEITURA PASSO A PASSO

vv. 1–352: deuses, herói – Aquiles e Eneias

Embora o narrador abra o canto se dirigindo ao "filho de Peleu" diretamente, "na guerra insaciável" (v. 2), diz o adjetivo *akórētos*, que traz a importante noção de *kóros* ("saciedade") (canto XIII), a cena inicial situa-se no Olimpo onde a assembleia convocada por Zeus reúne todas as deidades. Ali, ele (vv. 20–30) anuncia que ficará a contemplar, para seu prazer, a guerra à qual insta todos a descerem, atuando à vontade, lutando uns contra os outros. Além de assim elevar o conflito, ele eleva o herói cuja magnitude bélica é tal que é preciso que os deuses como que equilibrem o jogo de forças; caso contrário, diz o deus, Aquiles sozinho poderá saquear Troia, não sendo este, todavia, seu lote.

Aos aqueus descem Hera, Atena, Posêidon, Hermes e Hefesto (vv. 31–37); aos troianos, Ares, Apolo, Ártemis, Leto, Xanto (o rio) e Afrodite: é a "guerra [*mákhē*] dos deuses [*theoí*]" ou a "teomaquia". Troveja Zeus, faz tremer a terra o deus do tridente, Posêidon, e aterroriza-se Hades, com medo de que o irmão marinho a fendesse (vv. 56–65): tal é da guerra o "nível cósmico" (Edwards 2000: 293), pois abarca céu, terra, mar e subterrâneo.

De seu lado, Aquiles busca Heitor, mas de Apolo disfarçado de Licáon recebe Eneias como alvo de duelo (vv. 75–85). Está dado o mote para que o herói destacado no canto V ("Diomedeia") aqui se destaque também, num duelo observado por Hera, Posêidon e Atena, e por Ares e Apolo, em lados opostos os dois grupos. Quando enfim Eneias e Aquiles se encontram, a luta com armas é precedida por palavras (vv. 178–258), como é recorrente nas cenas desse tipo. O troiano reconta, orgulhoso, sua ancestralidade notável – como fazem outros heróis, como Glauco (canto VI) – e enlaçada aos deuses e à fundação de Troia por Dárdano, da qual relata a história (vv. 208–249), o que "contribui para o retrato mais amplo da queda da cidade" (Edwards 2000: 298). O contexto em que emerge, tão perto da morte de Heitor, é mais do que adequado (Edwards 2000: 313–314).

Que Eneias sobreviva à guerra é um dado da tradição; Posêidon (vv. 303–308) afirma que não é seu lote perecer, pois não deve se extinguir a estirpe de Dárdano, amada por Zeus, mas, sim, a de Príamo, que o deus passou a odiar, antes amando-a igualmente (canto IV, vv. 44–49). Quanto ao herói, afirma o deus, em fala profética, que reinará sobre troianos, bem como sua descendência. Gantz (1996, v. 2: 714) observa:

> Não está claro que troianos exatamente Posêidon imagina que haverá para serem governados, nem a lógica é de todo correta, se Eneias já tem um filho (mas talvez não o tenha: nenhum é jamais mencionado em Homero); [...]. De qualquer modo, as palavras do deus são tomadas mais naturalmente como significando que a linhagem de Eneias florescerá num novo assentamento em Troia ou em algum outro local vizinho. Afrodite, no *Hino homérico V* [c. 650 AEC], também prediz a Anquises que Eneias e seus filhos reinarão sobre os troianos, mas ela não nos dá mais detalhes.

Seja qual for o sentido exato da fala de Posêidon, a tradição ou fato histórico que esteja por trás dela, o que cabe notar é que o poeta aponta repetidamente para o futuro, para "a continuidade da raça humana depois do fim da poderosa saga troiana" (Edwards 2000: 326), como mostram passos anteriores (canto VI, vv. 146–149; canto XII, vv. 10–35).

Diante da postura do deus, que deseja salvar Eneias – e o salva (vv. 318–339), como já o tinha salvo Apolo, em auxílio a Afrodite (canto V) –, Hera avisa que não obstará, mas que ela e Atena zelam para que da ruína não escapem os troianos, cuja cidade querem ver em chamas (vv. 310–317). Patente é o ódio delas, pelo "Julgamento de Páris" (canto III).

vv. 353–503: Aquiles e a *androktasía*

A "matança de homens" pelo herói: eis o que seguimos nesta etapa. Depois do súbito desaparecimento de Eneias, Aquiles volta-se aos demais troianos e mata Polidoro, um irmão de Heitor, o qual este vê perecer horrivelmente, com as vísceras nas mãos. Por isso decide enfrentar Aquiles, em duelo frustrado, mas não sem que antes troquem falas: o aqueu, sobre a dor que Heitor lhe causou, ao matar Pátroclo, razão pela qual vai destruí-lo; o Priamida dizendo-lhe que não o teme, pois não é um "menininho" (v. 432), e que está "sobre os joelhos dos deuses" (v. 435) o desfecho do embate no qual ele, embora mais fraco, bem pode matá-lo. Que reconheça a superioridade do adversário, como já disse, não diminui Heitor; vença ou seja vencido, o fato de lutar com ele, consciente de sua inferior potência, engrandece o herói.

Por ora, porém, o duelo é só um prelúdio do grande enfrentamento no canto XXII; dali logo Apolo retira o troiano. Ainda não é hora de morrer, para ele. E para Aquiles, ainda é hora de construção de sua *aristeía* no morticínio de varões em que mergulha voraz e incansável. Com essa imagem, projetada no herói com as "mãos invencíveis maculadas de sangue" (v. 503), finda-se o canto, mas não a *androktasía* intensificada no XXI.

Canto XXI

A batalha dos deuses continua

Este canto continua com a Teomaquia e a fúria de Aquiles, cuja atuação homicida só cresce até o auge no duelo com Heitor (canto XXII). A cena notável é a luta do herói com o deus-rio Xanto (ou Escamândrio), cujo leito tanto abarrota de cadáveres que o revolta; apoiado por outro deus-rio, o Simoente, Xanto o enfrenta, e o aqueu pereceria, não fosse o auxílio de Hefesto, enviado por Hera. O episódio torna-se crescentemente dramático, sublinha Richardson (1996: 51), e nos leva a uma grande cena nesta primeira parte, da luta entre o deus do fogo e o deus da água.

Na segunda parte, temos a Teomaquia, mas em conflitos menos intensos, que recordam as brigas do canto V. Sua "função no desenho do poeta" é dar "dimensão cósmica à própria *aristeía* [excelência] de Aquiles", afirma Richardson (1996: 52), de sorte a potencializar o antecipado duelo com Heitor (canto XXII) e apontar para o "tema da iminente ameaça da ruína de Troia e de seu constante adiamento". Isso porque vemos deidades que apoiam troianos subjugadas pelas que apoiam os aqueus, e a "falta de dignidade" com que o são, comenta Richardson (1996: 52), "tem implicações morais, sugerindo a equivocada posição dos alinhados à cidade condenada pela traição de Páris". Parte dessa indignidade decorre ainda de uma noção reiterada na *Ilíada*, de que, dada a superioridade divina, "lutar por mortais é indigno dos deuses", conclui Richardson (1996: 91).

A única deidade favorável a Troia, que "preserva uma dignidade admirável, é Apolo", ressalta Richardson, deus que no canto I pune os aqueus pela violência de Agamêmnon contra Crises; que socorre Eneias, no V, quando fracassa Afrodite; que cuida de Sarpédon morto, no XVI, e dá o primeiro dos golpes que matam Pátroclo, o que reinsere Aquiles na guerra. Deus, ademais, crucial ao fecho da epopeia no canto XXIV.

ESQUEMA GERAL

vv. 1–204: fúria de Aquiles – chacina: o massacre de inimigos prossegue, com destaque para Licáon, filho de Príamo, e Asteropeu; cadáveres sem conta são atirados ao rio Escamandro, e ele (um deus) se revolta contra o herói.

vv. 205–513: Teomaquia: luta do deus-rio Escamandro/Xanto, ajudado pelo deus-rio Simoente, contra Aquiles insuflado por Posêidon e Atena; luta entre Hefesto e Escamandro; batalha dos deuses.

vv. 514–611: Apolo na luta, os deuses fora – troianos na cidade: o deus permanece na luta, sozinho; Príamo conclama os troianos a se protegerem dentro dos muros, na cidade; Apolo distrai Aquiles, dando-lhes auxílio; Heitor não entra.

LEITURA PASSO A PASSO

vv. 1–204: Fúria de Aquiles – chacina

A chegada de Aquiles ao Xanto, um dos rios da planície troiana – mesmo nome do cavalo imortal do herói –, abre a cena inicial, e, com ela, o predomínio de massacre e pânico a arrebatar o inimigo que tomba sob o herói em frenesi bélico, empunhando não mais do que a espada. Tantos são os mortos por seus golpes, na luta à beira-rio, que "a água ficou vermelha com o sangue" (v. 21) dos corpos acumulados às margens e no leito. Doze deles, vivos, jovens (vv. 27 e 29), são resgatados pelo herói, para sacrifício em honra de Pátroclo no seu funeral (canto XXIII), como lhe tinha prometido (canto XVIII, vv. 336–337).

A seguir, enfrentam-se Aquiles e Licáon, um dos cinquenta filhos de Príamo, que ele sequestrara ainda menino e que dele fora resgatado (vv. 34–48); a cena traz "o clímax de todos os confrontos envolvendo guerreiros menores" (Richardson 1996: 56). E retorna o motivo do guerreiro-suplicante, que no canto VI realcei. Aquiles se depara com Licáon nu, jovem, frágil, a refazer-se da exaustão e do calor que de suor o encharcava, após a fuga da luta. A seu *thymós* ("coração", v. 53) – como é típico dos diálogos de ponderação da ação –, faz discurso "cheio de ironia zombeteira" (Richardson 1996: 58), enquanto Licáon de seu golpe escapa, segurando-lhe a lança com uma das mãos; agarra com a outra seus joelhos – *goúnata* os nomeia (v. 71) – e dirige-lhe fala aberta pelo verbo – *gounoûsthai* (v. 74) – que enuncia o gesto ritual de agarrar os joelhos do destinatário da súplica. Apela "por misericórdia e

[faz] um lamento por sua morte, que prevê como inescapável virtualmente [vv. 92–93]" (Richardson 1996: 59); lembra-o do convívio, de sua mãe e do irmão Polidoro que o aqueu matou (canto XX, vv. 407–418); frisa-lhe que não nasceu do ventre da mãe de Heitor, algoz do "companheiro gentil e valente" dele (v. 96).

Licáon crê que tal último argumento será importante para salvá-lo do "lote [*moîra*] funesto" (v. 83) que o pôs de novo diante de Aquiles, decerto por ser alvo de hostilidade divina, pela qual morrerá jovem, a mãe o gerando "de vida breve" (v. 84) – *minynthádios*, diz o epíteto antes usado por Aquiles para dizer o mesmo de si a Tétis (canto I, v. 352), por tal elo ambos algoz e vítima enlaçados. Porém, a recordação de Pátroclo só piora a situação e acende a ira do aqueu que nega o apelo. Ao ouvi-lo, a vítima abre os braços e solta seus joelhos; ele crava-lhe a espada no pescoço e com jactância atira seu cadáver no Xanto, para que o devorem peixes e não o chore a mãe, diz ele (vv. 122–135), anunciando ainda o extermínio de Troia, dos troianos e do mais, até que tenham pagado as mortes do amigo e de muitos aqueus, em sua ausência.

A cena ilustra bem "a distinção entre as condições 'normais' da guerra, antes da morte de Pátroclo, e a brutalidade da situação presente" (Richardson 1996: 61). Nada mitiga a ira sem limites de Aquiles, e o herói cada vez mais extremado regozija-se na crueldade desumana.

Logo em seguida, vemos a reação do deus-rio Xanto que, colérico, decide frear a macabra "labuta" (v. 137) de Aquiles. Mas enquanto não age, outro duelo é enfocado, entre o herói e Asteropeu, "oponente formidável, que se sai notavelmente bem" (Richardson 1996: 66), pela vantagem de ser "ambidestro" (v. 163). Ele chega mesmo a de leve ferir o aqueu (vv. 166–168), mas este o mata com golpe fatal no ventre do qual lhe saem as vísceras todas; jactante discurso (vv. 184–199) faz-lhe o Pelida, afirmando sua superioridade – sua linhagem, a Éaco remontando, origina-se em Zeus que gerou este seu mais antigo ancestral (v. 189) –, e atira seu cadáver no rio cujos peixes e enguias o vêm de pronto devorar.

vv. 205–513: Teomaquia

O deus-rio irado, dotado de voz, interpela o aqueu, em episódio "intensamente dramático, em que sentimos o próprio poder elementar de Aquiles" (Richardson 1996: 70), no andamento da ação que conduz ao clímax do duelo com Heitor no canto XXII. O que Xanto lhe cobra é que pare de lançar em suas "amáveis correntes" (v. 218) tantos corpos trucidados. Aquiles afirma obediência, mas sem se deter na carnificina.

Desesperado, porém, quando salta o herói para o meio de si, o deus-rio se lança contra ele, movendo todas as suas forças, expelindo os cadáveres e protegendo os corpos ainda vivos, ocultos em seus "torvelinhos fundos e largos" (v. 239). Começa o embate com o herói que apela a Zeus (vv. 273–283) ao se ver em perigo potencialmente mortal, e reclama por ter sido enganado por Tétis, pois parece que não viverá para morrer sob os muros troianos, pelas "lépidas setas de Apolo" (v. 278), nem perecerá por golpe do *áristos* (v. 279) dos troianos – o "melhor" deles, Heitor –, de modo que valorosos seriam ambos os inimigos (v. 280), na importante expressão da ética guerreira. Em vez da profecia materna que lhe fora um consolo, vê-se prestes a morrer uma morte não-heroica.

O apelo é eficaz (vv. 284–297): Posêidon e Atena acorrem ao herói, como mortais, tranquilizando-o e instruindo-o a seguir no massacre até que todos os troianos estejam refugiados nos muros, menos Heitor; e a voltar às naus, depois de o matar. Insuflado, Aquiles sai do rio, mas o deus mais se enfurece e pede ajuda a outro deus-rio, Simoente, seu irmão. Onda inchada ao máximo e sanguínea ergue-se e quase se abate sobre o Pelida, não fosse a intervenção de Hera que chama Hefesto e os deuses ventos. Impressiona o ataque do deus ferreiro, que chega com "portentoso fogo" (v. 342) a queimar na planície todos os cadáveres espalhados pelo aqueu, deixando-a de todo ressequida. Depois, dirige-o a Xanto que, as águas fervendo, de pronto desiste de enfrentá-lo, declarando-o a ele e a Hera, pedindo que cesse o ataque, e jurando não proteger jamais os troianos (vv. 357–376). A deusa o atende, dizendo ao filho Hefesto que os mortais não valem a luta entre os deuses (vv. 379–380), um motivo, como já disse, recorrente na epopeia.

O poder bélico de Aquiles e a carnificina que realiza impactam o cosmos, movem suas forças e convulsionam-nas; sob eles a teomaquia reinicia, para alegria de Zeus (vv. 385–391), e dá "essencial descanso entre as intensas cenas anteriores e o clímax verdadeiro do combate entre Aquiles e Heitor", frisa Richardson (1996: 85). Além disso, diz, "enfatiza o vasto abismo entre preocupações mortais e imortais e dá ainda mais relevo à tragédia dos eventos na terra". Por fim, frisa Richardson (1996: 85), mostra "o colapso quase total das forças pró-troianos no céu e assim prenuncia a queda de Troia", que só não é imediata porque Apolo ainda "permanece livre para agir, a fim de postergar o momento de ruína para a cidade".

vv. 514–611: Apolo na luta, deuses fora – troianos na cidade

No último andamento, com apenas Apolo a atuar entre os mortais, protegendo Troia – os demais deuses retornam ao Olimpo –, o que se destaca é a imagem de Príamo, velho rei, em pé na muralha, a reconhecer Aquiles na planície, em perseguição implacável aos troianos. Gemente, instrui os guardiões dos muros a manter as portas abertas à entrada dos guerreiros, para que se protejam, fechando-as em seguida. De seu lado, o deus incita Agenor a enfrentar Aquiles, para distraí-lo dos demais troianos; o herói, quando resolve enfrentá-lo, consegue mesmo ferir o aqueu, mas sem gravidade; o Pelida não consegue atingi-lo, pois o deus o salva em nevoeiro, e sob seu aspecto deixa-se perseguir por Aquiles, enganando-o, enquanto todos os troianos, em pânico, entram na cidade. Quer dizer, todos menos um: Heitor. Fez-se o cenário explicado a Aquiles por Atena e Posêidon (vv. 284–297).

Canto XXII
A morte de Heitor

Troianos refugiados dentro dos muros, aqueus encostados neles, Heitor, só, fora deles, com Aquiles a vir em sua direção. É o grande duelo, enfim: batem-se o esteio de Troia e o "melhor dos aqueus", o herói que luta para impedir a ruína de sua terra e de sua gente e o que luta para vingar a morte de Pátroclo pelo troiano, numa guerra à qual não se mostra de fato ligado (cantos I e IX) e na qual sabe (canto XVIII) que morrerá, após matá-lo, ação que alçará ao primeiro plano o "tema da mutilação do corpo" (Richardson 1996: 105), na epopeia que amiúde enfoca a espoliação e o ultraje ao cadáver dos heróis.

A "unidade [de ação] é notável e sua estrutura é relativamente simples", anota Richardson, na narrativa do processo pelo qual Heitor enfrenta sua destrutiva *moîra* ("porção, lote", v. 5), que fez com que ante Portas Esqueias, as principais de Troia, se quedasse, para morrer pelas mãos do Pelida, no que é o resultado final a que o conduziu a combinação de suas ações, das do aqueu, das consequências delas, da influência do imponderável. Heitor olha a mortalidade de frente, em duro enfrentamento, no qual primeiro deve aceitar sua morte, para depois lutar com Aquiles. É tal etapa que ganha relevo, dilatada no relato, e não a da luta, breve, pois Heitor resiste, teme, hesita, foge, até enfim combater sem reservas o inimigo letal.

"*Dying is hard to do*" ("morrer é difícil"): a frase-título do estudo de Clay (2002) resume o que, mais que tudo, explica o lento, difícil e denso processo pelo qual passa o troiano que tem tudo a perder, ao contrário de Aquiles que da própria vida já abriu mão, ciente de ser este o custo da vingança pela morte de Pátroclo. Se aquele já abraçou a morte (canto XVIII), e este "literalmente nem viu o que o atingiu [canto XVI], Heitor deve chegar ao momento em que escolhe a sua própria morte, ou ao menos em que se resigna a ela", anota Clay (2002: 12). Logo, é por ele que "Homero nos faz compartilhar da sinistra luta relativa a essa decisão, uma luta embasada num profundo amor à vida e num profundo entendimento da mortalidade humana".

Dado esse cenário, neste canto a "narrativa é intensamente dramática", observa Richardson (1996: 105), com "fugazes vislumbres de um mundo diferente", da vida cotidiana em tempos de paz, os quais, pelo contraste, intensificam "a severidade do que está agora sucedendo" (Richardson 1996: 106). E são muito comoventes a luta interna de Heitor diante da morte que enxerga em Aquiles, e sua tão humana fuga, mesmo quando parece decidido a enfrentá-lo. Fuga esta, diga-se, durante a qual, com rapidez desnorteante e eloquente, Zeus sela seu "lote", sua morte. Repisa a *Ilíada*: a tragédia é do plano mortal de seres finitos aos quais tudo é definitivo, não do divino, de eternos, aos quais tudo é relativo.

Em suma, reproduzo a síntese de Clay (2002: 7):

> O livro XXII da *Ilíada* tem só uma única ação: a morte de Heitor, sua preparação e sua imediata consequência. Esse episódio constitui seus últimos duelo e morte em batalha do poema, e assim engendra a culmina-

ção de todas as mortes que a precederam. Como tal, ensaia quase todos os motivos e temas dos confrontos mais relevantes encontrados noutras partes da *Ilíada*; e, ao mesmo tempo, expande, varia, aprofunda todos os duelos prévios. Não obstante, é singular [...] em seu foco na vida interna de um homem. Heitor é sumária e convencionalmente despachado por Aquiles; a morte efetiva do príncipe troiano forma um anticlímax para o drama bem maior que a precede, uma que mais do que todas define o sentido de heroísmo na *Ilíada*. Pois [...] ser um herói não consiste no que usualmente se pensa como coragem, que é ausência de medo. Antes, o heroísmo significa ser enfim despojado de toda ilusão, de toda esperança, olhar para a morte de frente e estar preparado para morrer. No livro XXII, Homero revela quão difícil é fazer essa escolha. Passo a passo, Heitor vai sendo despojado de tudo, até que sua nua humanidade faça o gesto final, ao aceitar e abraçar sua própria morte.

ESQUEMA GERAL

vv. 1–92: Príamo, Hécuba, Heitor – entre o muro e a morte: o herói, só, fora da muralha, as tropas nela refugiadas; os aqueus nela recostados; Aquiles, afastado dali por Apolo (canto XXI), se redireciona a Heitor; o troiano começa o processo de encarar sua mortalidade; os pais imploram que não lute com o aqueu.

vv. 93–366: Solidão, heroísmo, morte: longo diálogo entre Heitor e seu "coração"; no processo interno de escolha; a decisão de lutar; fuga do algoz; intervenção dos deuses (Zeus e Atena); solidão e perda de ilusões; luta e morte.

vv. 367–515: Ultraje ao cadáver, luto em Troia: a dor dos pais e dos troianos; o imediato início do ultraje do cadáver nu, espoliado; a esposa viúva.

LEITURA PASSO A PASSO

vv. 1–92: Príamo, Hécuba, Heitor – entre o muro e a morte

A cena inicial mostra troianos dentro e aqueus em volta dos muros, Heitor, fora, enquanto à distância dali Apolo (vv. 8–13) revela a Aquiles o dolo pelo qual o herói persegue um deus a quem não pode matar, e não o inimigo, Agenor (canto XXI, vv. 544–605). Com raiva, o Pelida (vv. 15–20) afirma que dele se vingaria, se mortal fosse, em reação desafiadora, bem distinta das de Diomedes (canto V, vv. 443–444) e de Pátroclo (canto XVI, vv. 710–711), que recuam diante de Apolo (Richardson 1996: 107). Ele lembra Aquiles, enraivecendo-o, que não é sua *moîra* o morrer (v. 13) – é da natureza humana a *moîra thanátou* ("lote da morte"). Explica Sourvinou-Inwood (1982: 23):

> Esse conceito de "porção da morte", que se torna "destino da morte", está firmemente enraizado nas epopeias; por detrás dele, jaz a ideia de que a morte é o lote do homem e que cada morte é menos uma tragédia pessoal – triste embora seja – do que o cumprimento daquele destino. A mentalidade na base desse nexo todo é uma que vê o mundo como um cosmo ordenado e articulado, em que tudo tem um lugar como porção, e cada um tem uma porção de vida após a qual obtém seu lote da morte, e é assim que o ciclo de vida do universo funciona.

Por vezes, vemos a noção de morte previamente firmada, das Parcas definindo o lote da morte já no nascimento. Mesmo nestes casos, todavia, isso não implica a "sinistra predeterminação", ressalta Sourvinou-Inwood (1982: 23), porque não elimina o "largo elemento de escolha, e as durações temporais envolvidas são aparentemente flexíveis". Ilustrativos disso, em seus diversos aspectos, são a duas vezes adiada morte de Sarpédon (canto V, v. 662; canto XII, v. 402), o dilema de Aquiles (canto IX, vv. 410–416), e, agora, a escolha de Heitor.

vv. 25–92: O desespero de Príamo e Hécuba:

Enquanto Aquiles avança rumo à muralha (vv. 21–24), o foco do narrador muda dos troianos e Heitor, que o veem, veloz e assustador, para os velhos rei e rainha e o modo como, avistando o aqueu a cruzar a planície, entram em pânico lutuoso (vv. 26–33). É pelos olhos dos genitores que sentimos o impacto da imagem do Pelida homicida, força inumana voltada a Heitor, a quem os pais dirigem apelos que mostram emoção e afetos se sobrepondo a tudo, inclusive ao código heroico.

vv. 38–76: Apelo de Príamo a Heitor, do pai ao filho

O tremendo *páthos* do discurso do velho pai está nas palavras e na tradicional gestualidade lutuosa com que elabora seus apelos ao filho: que não se quede ali, só, pois a morte lhe virá do "cruel" (v. 41) Aquiles que o supera em potência; que não se deixe matar por homem o qual, se como ele o odeia também os deuses odiassem, estaria já morto e insepulto; que não enfrente o algoz de muitos filhos seus que matou e/ou escravizou. A Heitor argumenta Príamo que ele mais vale vivo, salvando "troianos e troianas" (v. 57) – pilar da urbe que é –, do que morto, dando ao aqueu *méga kŷdos* ("grande triunfo", v. 57) que confere *kléos* ("glória"), porque um deus o concede ao herói. Fala de sua velhice extrema, projetando sua morte como a pior que Zeus dará: devorado por cães do palácio, depois de testemunhar o horror do saque, que antecipa. Conclui repisando o código ético-moral heroico, mas para finalidade oposta à que se espera: para pedir a Heitor que não lute, pois é bela a morte dos jovens na guerra, mas asquerosa, vergonhosa, repugnante, "a coisa mais deplorável" (v. 76) é a do velho no saque, morte esta que descreve de forma brutalmente gráfica.[1]

Com novos gestos lutuosos – antes de iniciar o discurso (vv. 33–34), bate na cabeça com as mãos, ergue-as e geme, e agora arranca os cabelos (vv. 77–78) –, finda sua fala, sem, contudo, persuadir Heitor (v. 78), diz o verso formular.[2]

vv. 79–89: Apelo de Hécuba a Heitor, da mãe ao filho

A mãe, faces molhadas de lágrimas, expõe ao filho o seio que o nutriu, ela que o deu à luz, em gesto não tradicional, que de novo prepara o *páthos* do discurso breve e em *crescendo* (Richardson 1996: 114). Fala-lhe, então, plangendo; implora-lhe que não lute, antecipando o horror do rapto do corpo de Heitor e da impossibili-

1 Esse mesmo argumento se acha em elegia de exortação marcial (Fragmento 10) de Tirteu (Esparta, ativo em c. 640 AEC), para finalidade em sintonia com o ideal heroico: exortar os jovens a lutar, a despeito da preservação da própria vida, pois bela é a morte do guerreiro jovem e corajoso na guerra.

2 No original grego: *oud' Héktori thymòn épeithe* ("mas em Heitor não persuadiu o coração").

dade do funeral, diante da qual se verão ela e a esposa dele, ou seja, as mulheres mais próximas do morto que são, sempre, as líderes na cerimônia.

Convencidos de que o filho morrerá, assim falam os desesperados e velhos pais que tudo veem, no alto dos muros de Troia, "mas em Heitor não persuadiram o coração" (v. 91).[3] Fora da muralha – à espera de Aquiles, o herói de "coragem inextinguível" (v. 96) – o troiano nela recosta o escudo, e pondera suas opções.

vv. 93–366: SOLIDÃO, HEROÍSMO, MORTE

vv. 93–130: Heitor fala a seu *thymós* ("peito, coração"), só, diante dos muros

Deslocando o foco dos genitores ao herói por cujos olhos vemos a aproximação de Aquiles, contemplamos o duro enfrentamento de sua própria mortalidade, pelo qual deve abraçar a morte, algo nada fácil a quem tem tudo a perder, diferentemente de Aquiles que já o fez, perdido o que lhe era mais caro: o querido e leal amigo, Pátroclo (canto XVIII, vv. 79–93 e 98–126). Para o aqueu não há hesitação, nem por si, nem pela mãe, nem pelo velho pai, nem pelo filho. Para Heitor é enorme e intricado o processo pelo qual abandona a vida.

A primeira fase se dá no diálogo (vv. 99–130) com seu *thymós* – "o mais longo e o mais complexo do tipo" (Richardson 1996: 117) –, aberto em *ō̃ moi egṓn* ("Ai de mim", v. 99), o tom trágico ressoando na entrada formular. Nele, afirma Richardson (1996: 117), a "determinação obstinada" de Heitor em ficar fora dos muros,

3 No original grego: *Oud' Héktori thymòn épeithon*. Ver nota anterior.

só, para enfrentar Aquiles, é ação em choque com o "turbilhão de incerteza" que o assola por dentro. A hesitação cede lugar à conclusão típica de que, pesadas as opções, só lhe resta lutar. No entanto, nenhuma outra hesitação de nenhum outro herói é tão ricamente trabalhada, e em nenhum outro caso a decisão racional de lutar ainda sofre oscilações, o guerreiro estando cara a cara com o inimigo.

A primeira opção que Heitor levanta, implicitamente, é a de correr para o interior da muralha. É uma escolha. A consequência, porém, é a censura que sofrerá de todos, a começar por Polidamante que bem o aconselhara a recolher-se e aos troianos na noite prévia à reentrada de Aquiles na guerra, algo que rechaçou com jactância (canto XVIII, vv. 243–313). Como líder e pilar de Troia, ele se dá conta do tamanho de sua "insensatez" (v.104), que trouxe ruína à cidade, razão pela qual afirma: "envergonho-me [*aidéomai*] de troianos e de troianas" (v. 105). Note-se a forma verbal transliterada, do campo lexical e semântico da noção de *aidṓs* ("respeito, pudor"), tão essencial na "cultura da vergonha", como tantas vezes reiterei e como evidencia a fala do herói aqui e, antes, ao explicar para Andrômaca o porquê de não poder lutar protegendo sua vida (canto VI, vv. 441–446).

A segunda opção é negociar com Aquiles, depondo armas e oferecendo aos aqueus Helena e a metade de todos os bens de Troia. É uma escolha. A consequência, porém, percebe, é que seria morto de pronto, ao dele se aproximar. Por isso, neste ponto indaga o porquê de seu *thymós* cogitar tais coisas (v. 122).[4] Em terrível prenúncio do que sofrerá, conclui que o Pelida não lhe terá compaixão, nem respeito, e acabará por matá-lo em luta não-heroica – ele desarmado, qual mulher. A verdade que Heitor encara é que inexiste a opção de qualquer relação com o aqueu, menos ainda uma de *philía* ("amizade"), como a que projeta no símile dos noivos junto à árvore (vv. 126–128). Este se coaduna, Richardson (1996: 120) assinala, com a imagem da morte não-heroica que teria e traz à tona o universo feminino, tão marcado na antevisão do saque, e o da vida antes da guerra, pontuados adiante no símile (vv. 153–156) das "mulheres de Troia lavando roupas fora dos muros em tempos de paz", frisa Richardson (1996: 105–106), no véu evocativo da boda de Heitor e Andrômaca (vv. 470–472) e nesta, "(a mais pungente de todas), a cena da quietude doméstica na casa de Heitor", em que a esposa se acha no tear, "dando ordens às servas para aquecer a água do banho para o retorno dele (vv. 440–446)", que jamais acontecerá.

Caindo em si, Heitor afirma: "Então, melhor é o combate em discórdia e o quanto antes!" (v. 129); o vencedor será decidido pelos deuses (v. 130), dos quais depende o êxito humano. Eis aqui a terceira e última opção. É uma escolha. A consequência, porém, é a aumentada possibilidade de sua morte. O vencido, sabe ele bem, será morto.

A redação que escolhi para comentar o diálogo realça o que, ao fim e ao cabo, é a grande questão para

---

4 No original grego: *allà tí ē moi taûta phílos dieléxato thymós;* ("Mas por que me disse isso meu caro coração?"). Esse verso é formular nessas cenas de diálogo com o coração.

Heitor: não tanto a escolha da ação, mas das consequências que lhe são suportáveis. Entre a vergonha e a morte não-heroica, fica com a luta, mesmo que lhe custe a vida e a perda daquilo que lhe é tão nitidamente caro: a domesticidade dos tempos pacíficos. Tal opção é, de fato, a única verazmente heroica e digna de honra.

Duas observações. A primeira: o diálogo/solilóquio de Heitor explica o porquê de ele não ser persuadido pelos genitores que de modo tão comovente lhe apelam para que não lute, ressalta Jong (2012: 80). A segunda, diz ela: tal cena mostra bem que "as personagens homéricas não são nem bonecos controlados pelos deuses, nem sujeitos que aderem ao código heroico de forma irrefletida, mecânica, mas seres humanos de carne e osso, capazes de tomar suas próprias decisões" (Jong 2012: 81).

vv. 131–366: Fuga, luta, morte – Heitor, Aquiles, os deuses

vv. 131–247: Fuga, perseguição de Aquiles, dolo

Vendo Aquiles se aproximar qual Ares, Heitor apavora-se e põe-se em fuga, com o aqueu a persegui-lo (vv. 136–138). A decisão racional de lutar é insuficiente para gerar a ação que lhe é correspondente. Por quê? Porque ele está decidido a lutar, mas não está de todo decidido a morrer, argumenta com grande acerto Clay (2002: 11), o que tem por efeito realçar "a escolha final. Significativamente, quando Heitor está enfim pronto para a morte, pensares de desgraça e de fracasso não têm relevância alguma", aduz Clay (2002: 10), que isto frisa: "Confrontado por oponente semidivino, que parece nada mais do que as elementares forças da natureza, Heitor corre e, assim, demonstra sua humanidade". Logo, sua reação é coerente com a cena e com o herói que vemos em Troia, na despedida da esposa e do filho infante (canto VI, vv. 369–502).

Cristalina faz-se a grande diferença entre ele e o aqueu, resumida de forma cabal por Schein (1984: 180), em citação que repito, depois de a ter lembrado, a propósito do Pelida (canto IX): "Heitor é representado como quintessencialmente social e humano", enquanto "Aquiles é inumanamente isolado e demoníaco em sua grandeza".

Por três vezes corre o Pelida no encalço do Priamida, em volta dos muros, sob o olhar dos deuses, em cena que, como noutras símeis, dá-nos a perspectiva deles "sobre os eventos mortais na terra e (amiúde)" prepara suas intervenções, sublinhando "momentos significativos na narrativa" e potencializando "seu efeito dramático", observa Jong (2012: 101). Tudo isso é aqui incrementado pela brevidade desconcertante do diálogo no Olimpo, sobre o desfecho do impasse que adia a luta: Zeus lamenta a morte do troiano reverente a si e cogita salvá-lo; veemente protesto faz-lhe Atena, afirmando ter chegado ao herói o "lote" (v. 179) da morte, no que deus algum pode interferir sem a censura dos demais. O soberano então libera a filha a agir como lhe apraz. Nada salvará Heitor.

Desce Atena para agir sobre a perseguição em que Apolo ajuda o herói, mas pela última vez. Três voltas dadas na muralha, na quarta – a tradicional marcação de curto tempo –, Zeus arma pela segunda e última vez na epopeia a sua balança (vv. 208–212) – a primeira (canto VIII, vv. 68–76) pesou "o lote" (*kēr*) de troianos e dos aqueus na guerra. Mensura a *kêr* de Heitor e a de Aquiles – o prato que avalia a daquele desce, e Apolo o abandona de vez (v. 213): sua morte é iminente e a imagem representa "o instante crucial em que a decisão se torna irrevogável" (Richardson 1996: 129). Vai Atena a Aquiles, e pede que pare e se recupere da corrida; ela irá ao troiano para fazê-lo lutar e o faz sob a forma de Deífobo, irmão do herói, para encorajá-lo, iludindo-o. Observa Clay (2002: 12):

> O objetivo do episódio de Deífobo será de primeiro dar esperança e depois de dramatizar seu estilhaçamento, findando assim a luta interna de Heitor e trazendo-o à aceitação mais clara de sua morte. Em nenhum outro lugar Homero mostra-nos quão duro é olhar a morte de frente.

A solidão de Heitor é total; tudo converge para sua morte. A ironia trágica de sua alegria diante do irmão que pensa ter saído do abrigo dos muros para apoiá-lo é elaborada dolorosamente, para o *páthos* da cena. Confiante, ele vai para a luta, pela deusa iludido – acha que ainda pode escapar da morte (Clay 2000: 13):

> Por duzentas linhas, o poeta explora o processo mental do herói condenado (XXII. 90–305). [...] É claro que todo herói deve, em algum sentido, confrontar a possibilidade de morrer a cada vez que adentra a luta, mas só com Heitor o poeta enfoca a escolha consciente do herói. Ao interpretar essa cena, comentadores têm falado por vezes na falha trágica de Heitor, em sua *hýbris*, seu sentido fatal de vergonha, e seu cruel engano pelos deuses. Válidos que tais termos possam ser, eles parecem perder de vista algo essencial: o mo-

> vimento dinâmico do episódio [...] retrata e dramatiza o implacável processo psicológico de Heitor, rumo à sua própria morte (Clay 2000: 8).

vv. 248–366: O duelo: vitória de Aquiles, morte de Heitor

Heitor entra no duelo munido de "um vestígio de esperança, talvez instintiva, de êxito", frisa Clay (2002: 13). Nela, como é típico, a luta de palavras precede a das armas. O troiano propõe a Aquiles um acordo distinto daquele do solilóquio: respeito mútuo ao cadáver, com espoliação das armas, mas não ultraje e rapto. A preocupação que agora emerge com toda força não é nova, mas também exibida pelo herói no canto VII (vv. 76–91), ao chamar ao duelo um líder aqueu que esteja entre seus melhores guerreiros. Heitor enunciava a questão do tratamento decente do corpo do herói subjugado (Jong 2012: 124), comprometendo-se a tanto, embora a arrogância das vitórias bélicas e do favorecimento de Zeus o leve a falhar em seu compromisso e maltratar Pátroclo. Ele, contudo, jamais atingirá o grau de indecência de Aquiles quando este tiver para si seu cadáver.

Iludido ainda está Heitor, ao crer haver humanidade no algoz que só existe na ira assassina contra si. Não mais estará, depois de ouvir a brutalidade da resposta de Aquiles (vv. 261–272), que dá mais força ainda ao tema do ultraje e do rapto do corpo, ouvido primeiro da boca de Hécuba, em seu apelo ao filho. As "convenções normais da sociedade humana não mais se aplicam, no que concerne a si e a Heitor. Ele [Aquiles] está confiante no êxito e, sobretudo, consumido pelo desejo de vingança", diz Richardson (1996: 133).

Começa a luta (vv. 273–277); Aquiles dá o primeiro lance, de que escapa o ágil Heitor: a lança que só o aqueu consegue manejar (canto XVI) é atirada contra o herói, e o aqueu a teria perdido, não fosse Atena a lhe devolver a arma, sem que o troiano o notasse. É mais um sinal de que nada o salvará, a ele que luta como se pudesse prevalecer: desfere lance, lançando a lança contra o Pelida, e atinge o centro do célebre escudo forjado por Hefesto (canto XVIII), mas ela acaba rebatida para longe. Sem outra, grita pela ajuda de Deífobo, apenas para perceber, enfim, a ilusão, o abandono, a solidão na trama que o arrebata (vv. 296–305), retratada de modo admirável. Abrindo sua fala "lentamente e com grande solenidade" (Richardson 1996: 136), o tom trágico na abertura *ȏ pópoi* ("Ai de mim", v. 297), Heitor dá-se conta de que sua "morte maligna" (v. 330) está tramada nas ações e nos planos todos, de que "o apoio divino que lhe permitiu seus recentes êxitos espetaculares era temporário", frisa Jong (2012: 132); não há escape: a *moîra* (v. 303), o "lote" comum a todos os seres humanos, o arrebata.

O processo iniciado no solilóquio conclui-se com o *insight* de Heitor acerca de sua real situação, "pouco antes de sua morte", nota Jong. É então que decide algo muito difícil de fazer: morrer, como diz o título do artigo de Clay. Mais, escolhe como morrer: não "ignobilmente nem ingloriamente [*akleiȏs*]" (v. 304), mas heroicamente, algo grandioso realizando, para que no futuro seja lembrado (v. 305). Ao abraçar a própria morte, volta-se à única forma de superá-la: permanecer na memória pelo *kléos*, "conceito extremamente importante na sociedade homérica", frisa Jong (2012: 134), que dá honra e imortalidade. Diz Segal (1994: 85):

> Numa cultura da vergonha, como a retratada em Homero, em que a estima depende de como alguém é visto por seus pares e do que dizem estes a seu respeito, o *kleos* é fundamental como uma medida do valor de alguém para os outros e para si mesmo.

Para obtê-lo, não é preciso que Heitor dome Aquiles, mas que o enfrente sem hesitação pela vida e pelo que deixa para trás, ao perdê-la. Afirma Clay (2002: 15):

> Após retardos numerosos, despido de falsas esperanças e autoilusões, sem medo da desonra ou da desgraça do fracasso [...], Heitor aceita a morte [...]. A integral consciência da mortalidade é também o momento da consciência do *kléos*, único modo de transcender a morte. [...] ele emerge de sombrias nuvens – das sombrias nuvens da indecisão e da vacilação, da confusão à clareza e ao *status* heroico.

Arremete Heitor contra Aquiles, e este a ele se atira, brilhando intensamente nas divinas armas (canto XVIII). Belas também são, divinas e luzentes, as armas do troiano que, trágica ironia, enverga (canto XVII) as que espoliou de Pátroclo e que eram do Pelida (canto XVI). Este, encontrando o ponto desprotegido da armadura – a detalhada descrição impressiona –, mata-o, preservando-lhe a laringe, para que fale. E diante do herói moribundo, regozija-se e tripudia, anunciando-lhe os funerais de Pátroclo no mesmo fôlego em que a Heitor anuncia o ultraje a seu cadáver que Troia não receberá (vv. 331–336). O troiano, por sua vez, em nome de tudo suplica-lhe, em vão, que devolva seu cadáver, pois receberá o devido resgate (vv. 338–366). A implacável réplica de Aquiles (vv. 345–354), ainda mais brutal do que seus discursos prévios, mostra que sua insaciável ira, pela qual queria comer-lhe as carnes cruas – um dos maiores horrores imagináveis –, não cessará com a morte do algoz de Pátroclo, a quem quer de tudo privar, sobretudo do essencial funeral, que centra na figura de Hécuba como mãe e nutriz, ecoando as palavras dela (vv. 86–89).

Heitor, então, anuncia ao vitorioso a morte que o espreita, advinda de ação de Páris e Apolo (vv. 356–360). Os dados precisos, que se juntam aos que ouvimos em cantos prévios (XIX e XIX), incluem o local – frente às Portas Esqueias. Como Pátroclo, o herói não morre silente, "porque eles não se tornam silêncio: suas palavras prefiguram as de futuras gerações que cantarão suas glórias" (Montiglio 2000: 245). E como se dá com o aqueu que matou (canto XVI, v. 856–857), quando Heitor se cala, morto, a *psykhḗ* ("ânimo, sopro vital") desce ao Hades, a fazer o lamento lutuoso – o *góos* – pelo que deixa para trás, a juventude e o vigor viril (vv. 361–363), narram os versos formulares.

Comenta Clay (2002: 16), sobre a cena da morte de Heitor, que nela projeta-se "a fragilidade e a vulnerabilidade, e a coragem da mais humana personagem de Homero", as quais são "transformadas na beleza e na glória eterna que apenas a poesia épica pode conferir". Tal morte, depois da de Pátroclo tê-lo recolocado na luta, confere a Aquiles *kléos*, preenchendo a expectativa de excelência máxima, muito embora o aqueu não se sacrifique pelo *kléos*, mas, sim, por irada vingança nascida do afeto e lealdade pelo amigo, e da responsabilidade de ter consentido com o plano que buscava mitigar sua ausência da guerra, como ele mesmo reconhece (canto XVIII, vv. 79–93 e 98–126).

vv. 367–515: Ultraje do cadáver, luto em Troia

Já o proêmio da *Ilíada* (vv. 1–7) fala do horror dos corpos insepultos, mutilados, por animais devorados, visão que é das mais duras realidades da guerra e que permeia as imagens do poema. Nada nos prepara, porém, para o que começa de imediato: o incessante e cada vez mais cruel e selvagem ultraje ao cadáver de Heitor, despido das armas, nu. Admirados pelo corpo belo do herói, que reconhecem como tal, todos os aqueus que por ele passam o trespassam com suas lanças (vv. 369–375).

Com o ultraje, Aquiles busca o que a morte de Heitor não lhe deu: alívio, consolo. Quer então tirar mais dele do que a vida, usando esse instrumento de marginalização da condição humana e de perda da identidade, de modo a impedir que o morto atravesse o Hades, que receba reconhecimento dos vivos e que estes iniciem o processo de inserir sua presença na dimensão da memória, a única em que pode sobreviver. Para os deuses e homens, o ultraje produz vergonha, porque quebra os códigos básicos das relações sociais, relativos a um dos dois eventos-chave da vida humana: um é o funeral, a última transição – o outro, o casamento. Veremos que no canto XXIV será uma assembleia dos deuses que findará as ações insuportáveis de Aquiles contra o corpo de Heitor, o qual os deuses vão proteger (cantos XXIII–XXIV). Ações, diga-se, desde o início aqui qualificadas como *aeikéa* ("impróprias, vergonhosas", v. 395).

Cumprindo a promessa a Pátroclo, o Pelida anuncia (vv. 378–394) a preparação do seu funeral, após ser levado o cadáver de Heitor ao campo aqueu, com cantos de triunfo, pois morreu o maior guerreiro troiano. Atando-o ao carro pelos tendões dos calcanhares, rosto no pó, ele arrasta-o pela planície, maculando-o, desfigurando o belo herói, por decisão dos deuses que favoreceram a morte dele, permitindo seu ultraje vergonhoso em sua terra natal, diz o narrador em tom crítico (v. 404). Não é aceitável o que Aquiles faz, e a censura começa ao mesmo tempo em que começa o condenável ultraje.

À "melancólica frase" do narrador acima referida, segue-se a reação em Troia à morte de Heitor, anota Richardson (1996: 149), com "o luto extremo e a emoção violenta e incontida de todos os troianos, acima de todos, de seus próprios pais e de sua esposa". Da mãe ao pai à cidade: o luto a todos arrebata, acumulando gestos, lamentos e prantos fúnebres. O transtornado Príamo (vv. 416–428), em comovente impulso, ameaça uma ação – de ir sozinho a Aquiles, recuperar o corpo do filho – que fará (canto XXIV), mas quando os deuses o apoiarem a tanto. Em incrementada pungência, lamenta que não tenha em seus braços morrido e que nem ele nem a mãe dele o possam chorar. Hécuba o segue, com breve discurso (vv. 431–436), "mais simples [...] e mais resignado também" (Richardson 1996: 151), sobre o significado do filho para Troia.

Nesse cenário, conta o narrador (vv. 437–439), Andrômaca entra em foco como aquela que ainda não se sabe viúva, um dado que já intensifica o *páthos* notavelmente trabalhado. Recordando a imagem doméstica do namoro de noivos que Heitor visualiza logo antes de decidir lutar com Aquiles (vv. 126–128), Schein (1984: 76) observa: "Heitor morre lutando não apenas por glória, mas também pela vida de tenra domesticidade, caracteristicamente troiana na *Ilíada*, da qual ele e Andrômaca são os maiores exemplares no poema". Essa domesticidade emerge com toda força nesta que é a última e "grande cena" do canto, sublinha Richardson (1996: 152), a ecoar a do canto VI (vv. 370–502). Lá vimos

> uma cidade que Heitor estava defendendo, os membros de sua própria família por quem estava lutando, e sobretudo, a serena e harmoniosa felicidade da vida familiar que ele estava posicionado a perder. Aqui, depois da intensa ação dramática do campo de batalha e do selvagem luto dos troianos, somos de novo transportados à paz tranquila da casa de Heitor: a pessoa que lhe é mais querida é a última a conhecer a verdade [...]" (Richardson 1996: 153).

A insciente Andrômaca trabalha no tear, num manto em que borda flores coloridas (v. 440), imagem da vida em sua pujança primaveril. Como se não bastasse para contraste entre a tragédia e a brutalidade fora da casa e a serenidade dentro dela, orienta as servas a prepararem o banho que Heitor nem vivo, nem morto – porque seu corpo foi raptado –, receberá. "Néscia!" (v. 445), exclama o narrador que em seguida a leva da ignorância ao conhecimento de sua ruína, transição que ela faz ao ouvir os gritos, os prantos lamentosos vindos da muralha (v. 447). Das mãos trêmulas, simbolicamente, cai a lançadeira (v. 448): a interrupção súbita da tarefa projeta a interrupção de sua vida com Heitor. Chama, então, duas servas para ir aos muros (vv. 450–459), pois distingue a voz de Hécuba, o que lhe acelera o coração e faz tremer suas pernas: ela teme que Aquiles tenha impedido o marido de adentrar os muros e de que ele esteja só, a enfrentá-lo. Mal sabe quão longe estamos desse ponto.

Conforme observa Segal (1971: 36–37), Homero, ao "manter Andrômaca ignorante da situação, ganha uma cena de poder dramático extraordinário, uma *anagnṓrisis* [cena de reconhecimento] que poderia ser digna do elogio de Aristóteles", filósofo que pensou este recurso na construção do enredo das tragédias do século V AEC em Atenas. Além disso, dá maior relevo à dor da jovem e distingue bem este momento daquele em que reencontra o marido morto, no canto XXIV, aduz Segal (1971: 36–37).

Em versos que recordam os do desencontro do casal (canto VI, vv. 388–389), ela corre à muralha, enlouquecida (v. 460); lá, vê o cadáver do marido ser ultrajado e arrastado no pó, rumo ao campo aqueu (vv. 460–465). O horror temido (canto VI, vv. 407–439) está concretizado. Ela desmaia, em termos usados para a morte de guerreiros (vv. 466–467):

> Sobre seus olhos com seu breu a noite desceu,
> e para trás caiu, e para longe de si o ânimo expirou.

É como se ela morresse, porque de fato morre sua existência prévia, algo evidente na imagem final do verso 467, na expiração da *psykhḗ*, a qual é, em Homero – e bem o vimos no canto XVI –, aquilo de que o ser humano, sendo privado, não sobrevive (Bremmer 1983: 14), que só deixa o corpo em definitivo na morte.[5]

5 Veja-se que o termo *psykhḗ* em Homero não tem o sentido que terá ao fim do século V AEC, de "agente psicológico principal dentro da pessoa viva", que age "como assento de seu intelecto, emoções e vontade" (Sullivan 1991: 163).

Ao retratar de tal modo a Andrômaca que vê o marido morto, o poeta dá-lhe e à sua dor uma dimensão ampliada, pois a transforma na mulher que carrega "o sofrimento de todas as mulheres na guerra e, talvez, o de todas as mulheres em todas as guerras" (Segal 1971: 55). E isso é acentuado na sequência em que ela, ao voltar a si, lança longe os adornos que arranca da cabeça (vv. 468–470) – centro do decoro feminino codificado (canto III) –, o derradeiro sendo o mais simbólico da condição de esposa, ora finda: o *krḗdemnon* ("véu") que ganhara da própria deusa do *gámos* ("sexo, casamento") (canto V, vv. 428–430), a "áurea Afrodite" (v. 470), diz a luminosa expressão formular, a recordar, em meio ao breu, o dia mais solar da vida da jovem, em que por Heitor foi conduzida a Troia.

Andrômaca inicia, então, o *góos* (vv. 477–514), o lamento ritual fúnebre por ele, pela tragédia que se abate sobre si e sobre o filho bebê – detalhando a terrível visão da orfandade dele –, em discurso dirigido não às troianas que a cercam, mas ao marido morto – que não a pode mais ouvir, como outrora (canto VI) – e ausente – cujo corpo ela não pode chorar. No auge da comoção intensa, anuncia a queima das belas vestes do marido que não as poderá mais vestir, e que descreve, lembrando que são fruto do tecer de mãos femininas, detalhe que, dada a "recente imagem de Andrômaca tecendo (vv. 440–1), sugere que são o trabalho de *suas* mãos" (Jong 2012: 192). É o ritual fúnebre que pode lhe dar, honrando-o, de modo que para "troianos e troianas" será representação do *kléos* dele (v. 514). "É tudo o que ela pode fazer, e isso simboliza apropriadamente tanto sua devoção como esposa, quanto seu desespero diante da perda sofrida" (Richardson 1996: 162). Tal queima, ademais, "marca o engolfamento final" (Segal 1971: 56) do pacífico e sereno mundo doméstico pelo violento mundo da guerra, de indizíveis horrores.

Finalizo com este comentário de Jong (2012: 13):

> É característico do narrador homérico permitir que as mulheres tenham a última (triste) palavra em sua narrativa. Embora pertença à poesia heroica, a épica homérica não compartilha do interesse do gênero no derramamento de sangue e na glória masculina *per se* – em si mesmos. Esses dois elementos estão presentes, até mesmo em larga escala, mas muita atenção é dada ao outro lado da moeda: o alto preço pago pela vitória e pela busca da glória.

A *Ilíada* mostra isso insistentemente, de vários modos. Um dos mais impactantes, se não o mais, do ponto de vista das grandes vítimas da tragédia da guerra, é este da narrativa enfocada exclusivamente em Andrômaca ao fim deste canto que começa com o marido dela decidindo morrer, depois o mostra morrendo. Finda-se com ela passando da ignorância ao saber, no seu luto, na dolorosa fala ao marido que já não vive, ao corpo que não pode velar, na trágica concretização de seus maiores temores tão bem expressos (canto VI, vv. 369–502) quando ela o pranteava ainda vivo, ao vê-lo partir de Troia pela última vez.

Canto XXIII
Funeral de Pátroclo

O canto é dedicado a Pátroclo, e isso lhe dá "unidade de tema" (Richardson 1996: 164); à narrativa do prometido funeral adiado, segue-se a dos jogos em honra do morto, esta a etapa mais dilatada, com certames como corrida de carros, pugilato, luta, corrida a pé – provas privilegiadas pelo narrador –, duelo armado, lançamento de peso e de dardo, arco e flecha. O efeito dos jogos é de

> reduzir a intensidade da paixão acumulada nas lutas precedentes, deixando-nos ao fim com um sentido forte de restauração da normalidade, em termos tanto da emoção quando da conduta, em preparação para a resolução do livro XXIV (Richardson 1996: 164–165).

E eles chamam atenção, porque, como evento exclusivo à Grécia antiga, são cabal reflexo do *ēthos* agonístico grego que está no cerne desta epopeia; e porque seu primeiro registro é contemporâneo a Homero: 776 AEC, Olímpia, festival público e cívico-cultual a Zeus em seu templo ladeado pelo rio Alfeu. E é, como os próprios poemas homéricos, marcador da era arcaica (c. 800–480 AEC).

Sucedendo o funeral de Pátroclo – impactante pelo "aspecto do excesso", nota Richardson (1996: 165), e pela "escala excepcional [...], em compasso com a grandeza do poema como um todo, mas, acima de tudo, com a imensidão do luto de Aquiles" –, a narrativa dos jogos "chega como alívio bem-vindo e o tom é notavelmente diverso". Nela, o Pelida faz-se *agōnothétēs* – aquele que dispõe o certame, firmando termos e prêmios, agraciando vencedores, em atuação modelar, num clima de harmonia e paz, que só a solidariedade da comunidade enlutada pode criar. Findo o canto, encerram-se definitivamente todas as dissensões entre Aquiles e os aqueus; os jogos, nesse sentido, representam a boa contenda, arremata Richardson (1996: 166).

O episódio decerto aponta para o processo de heroicização do atleta vencedor nos jogos e para a arena atlética como outra, além das da guerra e da aventura, em que grandes feitos, a excepcionalidade da ação, podem conferir *kléos* ("glória"), que, pelo canto dos poetas, imortaliza o sujeito. Isso se potencializa com a expansão dos jogos nas *póleis* na era arcaica, em que vão "se configurando em autênticas competições atléticas, porém não perdendo a sua vinculação com a religião" (Lessa 2006: 51), e adquirem dimensão local, regional e pan-helênica – nesta, os Jogos Olímpicos (Olímpia), dedicados a Zeus; os Píticos (Delfos), a Apolo; os Nemeicos (Nemeia), a Zeus; os Ístmicos (Corinto), a Posêidon. O auge dos jogos dá-se nos anos de 550–450 AEC, quando emerge o epinício – "canção ao vitorioso" –, um tipo de mélica (ou lírica) em que a narrativa mítica, a cantar os heróis, é um dos elementos estruturais pelo qual são elevados *athlētḗs* ("atleta") e *níkē* ("vitória") no *áethlos* ("certame atlético"). Depois do auge, entram em rápido declínio.

Ainda sobre a primeira parte do canto XXIII, na qual concentro este comentário, há que ressaltar que a narrativa reflete algo patente na *Ilíada*: a ênfase na importância do luto e da cerimônia fúnebre. Como lembra Burkert (1993: 371), "As inumações, por detrás das quais se encontram rituais fúnebres, são os testemunhos mais amigos da cultura humana". E ainda frisa ele (Burkert 1993: 372) que a cerimônia tem função emocional e social, de "consolidação da tradição através das gerações e, sobretudo, da solidariedade dentro da família", com ações e palavras rituais executando essa dupla função, e com atividades ligadas à vida e articuladas ao evento, tais quais jogos e, como no canto XXIV, banquetes. A aguda e contínua preocupação com os funerais está na base de sua regulamentação nas legislações das *póleis*, orientada pela ideia do *tò prépon* ("o apropriado") no que tangia a gastos, duração e "manifestações extravagantes de pranto" (Garland 1989: 1), as quais passaram a ser consideradas inadequadas.

Quanto ao funeral, eis as etapas básicas que vemos aqui e no próximo canto: i) reunião de *ostéa* (ossos), após a cremação, ou coleta do corpo; ii) *próthesis*, exposição das ossadas ou do corpo lavado, ungido e amortalhado, para lamentação que inclui o muito referido *góos*, feito por mulheres; iii) *ekphorá*, cortejo fúnebre; iv) sepultamento do corpo em túmulo, ou cremação e deposição dos ossos em urna em monumento.

ESQUEMA GERAL

vv. 1–257: funeral de Pátroclo: rituais de lamento e celebração; Pátroclo fala a Aquiles em sonho, cobrando seu funeral que enfim é realizado.

vv. 257–652: jogos em honra de Pátroclo: Aquiles firma as provas atléticas e os prêmios, como *agōnothétēs*; harmonia e fim de conflitos entre os aqueus.

LEITURA PASSO A PASSO

vv. 1–257: FUNERAL DE PÁTROCLO

Diz Hera, no canto XVI (v. 457), que o funeral é *géras thanóntōn* ("prêmio de honra dos mortos"); garanti-lo a Sarpédon é só o que o compadecido Zeus pode fazer pelo filho mortal, uma vez que todo ser humano deve morrer, realidade de que o salvara já por duas vezes. Agora, é Aquiles (vv. 6–11) quem diz isso aos mirmidões (v. 9), no anúncio da sequência inicial de ações fúnebres a Pátroclo (vv. 12–58), executadas de modo "mais oficial ou ritualizado", frisa Richardson (1996: 166), do que antes (canto XVIII, vv. 314–342; canto XIX, vv. 282–302): o *góos*, as três voltas com os carros em torno dele, o banquete. A primeira volta é intensificada por Tétis (v. 14), cujas lágrimas "molharam as areias da praia, e molharam as armas dos homens" (v. 15), reitera o verbo *deúein*, aumentando o *páthos*, a emoção; a segunda seria um modo de marcar a ligação com o morto e se atesta em rituais de outras culturas; e a terceira, que deveria encerrar o funeral, no típico andamento da cerimônia, é antecipada, ao que parece, para que o poeta vá direto aos jogos (Richardson 1996: 166–167).

Como no canto XVIII (vv. 315–342), o Pelida lidera o *góos* (vv. 17–23), lembrando a promessa do funeral e anunciando ao amigo que matou Heitor e ultraja seu corpo; no relato, o narrador usa para as "mãos mata-varões" (v. 18) que o herói repousa no peito de Pátroclo morto o epíteto *androphónos* que usara naquele canto (v. 317), e, em ironia trágica, para Heitor (canto VI, v. 498), na última vez em que vivo sai de Troia. E como no canto XXII (vv. 396–404), ressalta que Aquiles segue planejando *aeikéa ... érga* ("vergonhosos ... atos", v. 24) para Heitor, cujo cadáver põe aos pés do amigo, rosto no pó (vv. 24–26).

Privando-se de alimento, tal qual no canto XIX (vv. 304–308), o herói enlutado recusa também o banho (vv. 42–53), até que tenha perfeito todos os ritos do funeral, pois luto igual – "dor" (*ákhos*, v. 47) igual –, diz, não experimentará na sua vida prestes a findar-se, uma vez que perdeu o que tinha de mais valioso. "Aquiles sugere que a ideia de comer ainda é-lhe abominável" (Richardson 1996: 170), tema rediscutido no canto XXIV.

Descansam os aqueus, e o Pelida geme e plange à beira-mar, não só, como antes (canto I, v. 348–350), mas rodeado dos mirmidões, até que adormece pelo sono que alivia as dores e que lhe traz a *psykhḗ*, "o ânimo" (v. 65) do desditoso Pátroclo.

vv. 62–107: Pátroclo e Aquiles: um diálogo em sonho

A cena é única no poema, anota Richardson (1996: 172), e traz "o mais longo discurso [vv. 69–92] de uma figura de sonho", com um pedido: Pátroclo diz ao amigo que precisa receber seu funeral, para que possa atravessar o Hades (v. 71). Reflete tal pedido a função dos ritos fúnebres no imaginário tradicional, no que tange ao morto: permitir a completa transição, pois "os mortos não são admitidos no submundo até que seus restos mortais sejam de modo cerimonial honrados e dispostos no mundo dos vivos" (Johnston 1999: 9). A tal ideia, comum a muitas culturas, se articula outra que também o é, de que "os insepultos são desassossegados" (Johnston 1999: 9); e "predominava, entre os gregos, a certeza de que, se o morto não fosse tratado adequadamente, seu espírito poderia fazer algum mal aos vivos" (Felton 2007: 86–87).

O que desce ao Hades é a *psykhḗ* (cantos XVI e XXII). Imaterial, indistinta, sem capacidade de fixação, ela lá vaga em existência infinda e desoladora, mas pode recuperar a imagem e a memória quando se permite distinguir, como constatamos em muitas ocorrências na poesia grega antiga imersa no imaginário tradicional da morte. Uma delas é justamente a de Pátroclo a vir em sonho a Aquiles, o morto que não quer ficar afastado das *psykhaí* que assim o mantêm, porque insepulto, elas que são "os espectros [*eídōla*] dos exauridos" (v. 72), uma expressão eloquente de mais dois dados importantes. Um, do *eídōlon* ("simulacro, espectro") como relativo à "imagem, forma" (*eîdos*) da pessoa viva, termo que só é usado para os mortos e que costuma designar a *psykhḗ* que se permite distinguir ou que é ritualmente invocada a se distinguir de maneira individual, recuperando a memória e a forma de quem foi. Outro, dos mortos nas expressões épico-homéricas como "perdidos, desperdiçados, exauridos, de mente débil", ou, em suma, como "versões reduzidas dos homens" (Sourvinou-Inwood 1982: 22).

Na sequência do diálogo, Pátroclo passa da demanda principal a outro pedido: ele implora, plangente, que Aquiles lhe dê a mão pela última vez, um gesto de "afeto e despedida, como amiúde na arte [fúnebre] grega" (Richardson 1996: 173). Isso porque não mais lhe virá, após o funeral – após a consumação de seu corpo na cremação, afirma-lhe, indicando a destinação a ser-lhe dada. "A ignorância do próprio Pátroclo do quão inútil é seu pedido incrementa o *pathos* da cena" (Richardson 1996: 173). Ele então recorda ao Pelida "aos deuses símil" (v. 80) que é *moîra* dele também, é seu "lote" a morte em Troia (vv. 80–81), como sabe; isso confere à qualificação do herói a ironia trágica cada vez forte na epopeia.

Por fim, pede-lhe ainda (vv. 82–92) algo comovente: que os ossos de ambos fiquem juntos, na mesma urna – áureo dom de Tétis –, como juntos foram criados na mesma casa. A tal pedido como aos demais – a tudo Aquiles (vv. 94–98) aquiesce, pedindo-lhe o abraço para o pranto conjunto; estende os braços, como que para alcançá-lo, em vão (vv. 99–102): evola-se qual "fumaça" (v. 100) a *psykhḗ* do amigo, projetando sua intangibilidade, e parte com os gritos estrídulos (v. 101) típicos dos tristes mortos (canto XVIII).

Que o herói faça tal gesto e se espante ao perceber (vv. 103–107) a impossibilidade, é marca da ilusão enganadora do *eídōlon*, desprovido de matéria que é, mas incrivelmente real. Desperto, dá-se conta disso o herói. Que Pátroclo lhe venha em sonho, porém, e que o instrua quanto ao funeral pelo qual anseia, é indicativo de que, em Homero, o desligamento da *psykhḗ* é progressivo, de sorte "que, no longo prazo, os mortos passavam a uma espécie de estado crepuscular, incapazes de qualquer interação significativa com os vivos" (Johnston 1999: 8).

Os mirmidões que cercam Aquiles vão às lágrimas (v. 108) junto com o herói que, na aurora, volta-se aos preparativos da cerimônia, o que rende a cena da solene procissão do corpo de Pátroclo (vv. 133–137), uma das etapas básicas; depois de sua deposição no leito da cremação, segue-se o oferecimento de mecha do cabelo que Aquiles corta e que com palavras põe nas mãos do amigo (vv. 138–153), a todos comovendo. "Cortar o cabelo no luto era costume comum na Grécia antiga em todas as épocas, como em muitas outras sociedades" (Richardson 1996: 182), embora não o seja dispô-lo com o morto.

Temos, então a descrição detalhada da pira e de sua preparação, como do morto ali e dos elementos de sua homenagem, que incluem cavalos e dois cães de Pátroclo, além dos prometidos doze jovens cativos troianos (canto XVIII, vv. 336–337; canto XXI, vv. 27–29) que Aquiles degola, como parte da vingança pela morte do amigo. Não há paralelo para tal cena, frisa Richardson (1996: 187), mas vários dos elementos do detalhamento são tradicionais e atestados desde antes da era arcaica, salvo pela matança de humanos (Richardson 1996: 188), comum no mito, mas de evidências incertas.

Ao fim, Aquiles fala a Pátroclo (vv. 179–183) e afirma ter tudo perfeito e que o dará ao fogo, enquanto dará Heitor aos cães. Que a atitude dele não é aceitável tem sido apontado na epopeia, como ressaltei; agora o é no fato de que dois deuses (Afrodite e Apolo) protegem o troiano dos ultrajes contínuos. O ultraje, noto, é o gancho à cena inicial do canto XXIV (vv. 33–54). Aqui, a deusa unge Heitor com "óleo de rosas divino" (vv. 186–187), e o deus, com "nuvem escura" (v. 188) impede a ação ruinosa do sol – tudo para preservar-lhe o corpo, frustrando em parte o intento do Pelida. Juntam-se essas deidades, em tal cuidado, a Tétis – que protegeu o cadáver de Pátroclo das moscas, a pedido de Aquiles (canto XIX, vv. 23–39) –, sendo que Apolo já havia atuado no mesmo sentido quando da morte de Sarpédon (canto XVI, vv. 666–683), instado a tanto por

Zeus. Somados, esses passos são tidos como "evidência do conhecimento grego de práticas de embalsamento", nota Richardson (1996: 190).

Na pira, diante da dificuldade de acendê-la, Aquiles faz preces a Bóreas e Zéfiro, ventos invernal e vernal, respectivamente, para auxílio na tarefa que mais elevada ainda se faz, com eles e com a rara ação autônoma da mensageira Íris, que os traz. Graças aos dois deuses, arde o fogo sem parar, enquanto o Pelida molha a terra em volta com vinho, em libação a Pátroclo, chamando pelo amigo e chorando por ele (vv. 191–225).

Depois de breve descanso, as ações finais: apagar o fogo, separar os ossos do morto, tarefa possibilitada pela posição do corpo na pira; limpeza deles e sua deposição em urna, com camadas de gordura, para preservação, diz Aquiles aos aqueus (vv. 236–248), até que possam juntar aos dele os seus, dando-lhe o mesmo monumento fúnebre.

VV. 257–652: JOGOS EM HONRA DE PÁTROCLO

Chamando a assembleia, Aquiles fixa o catálogo de prêmios (vv. 259–261), pelo qual o narrador faz rápida transição aos jogos em honra de Pátroclo (v. 646), em atmosfera que de solene e lutuosa se torna animada. Em Homero, as "descrições de culto funerário e luto sugerem que os recém-mortos eram capazes de ao menos ouvir os vivos e receber suas oferendas" (Johnston 1999: 7); decerto ouviu Pátroclo os heróis que o honraram no grandioso funeral e recebeu suas oferendas; agora, ouvirá os jogos que lhe dedicam, cujas provas já elenquei na apreciação geral, das quais a mais longamente narrada é a da corrida de carros, de marcado caráter aristocrático (Lessa 2006: 51–52).

Além da completa pacificação da relação de Aquiles com os demais aqueus, passo importante para o amainar de sua ira no canto final, este, com as competições, mostra os heróis "pela última vez, com muitos de seus pontos fortes e fraquezas de caráter exibidas na fala e na ação", anota Richardson (1996: 202), de modo que pode ser equiparado ao canto II, no sentido de que aquele exibiu toda a expedição aqueia reunida para a luta, enquanto este exibe-a, mas reunida para os jogos, "um pacífico duplo da guerra". E podemos pensá-lo em relação ao canto I, aduz o comentador, na medida em que brigas terríveis ali eclodiram entre os aqueus, com o protagonismo de Aquiles no aprofundamento da crise, enquanto aqui o herói é mediador das brigas e "restaurador da concórdia (vv. 490–498, 555–562 e 618–623)".

Há envolvimento dos deuses nos certames, em prol de favoritos, e indicativos de eventos que a tradição do ciclo mítico troiano abarcará, ressalta Richardson (1996: 202), no futuro desta narrativa, envolvendo Odisseu e Ájax Telamônio – a futura disputa das armas de Aquiles –, Antíloco – sua morte pelo rei Mêmnon, quando defendia Nestor, seu pai, vingada por Aquiles. E há, por fim, um nome a notar, Epeio, carpinteiro, vencedor do pugilato (vv. 653–699), que sob Atena e Odisseu fará a grande estátua de madeira, o grande ardil do cavalo de pau, presente aos troianos que levarão a ruína para dentro da cidade.[1]

1 Sobre ele, disse algo no comentário à "Doloneia" (canto X), e pode-se ver a *Odisseia* VIII.492–493; XI.523.

Canto XXIV
Resgate e funeral de Heitor

Ao chegarmos ao canto final, podemos afirmar com Schein (1984: 84) que na *Ilíada* o poeta "apresenta a guerra tal como ela é, sem ilusões, e sem condená-la":

> No mundo do poema, a guerra é o meio de existência e de realização humanas; bravura e excelência em batalha obtêm honra e glória e, assim, dotam a vida de sentido. Os heróis afirmam sua grandeza pelo brilhantismo e eficiência com que matam. A luzente ação do triunfo do herói representa a mais completa realização do potencial humano, a despeito da dor e da perda para a vítima, sua família, sua comunidade. E mesmo para a vítima, a morte que "confere glória a outrem" pode ser mais do que simples dor ou perda. Alguma glória pode ser ganha, também, pelo morrer bravamente, num ato que resume e sela uma vida vivida de acordo com os consensualmente reconhecidos padrões de "excelência" (*aretḗ*) heroica. (Schein 1984: 68)

Como anotei (canto I), *timḗ* ("honra") e *kléos* ("glória") são os alicerces do código ético-moral da vida heroica tornada por ambos "significativa, não só porque os humanos são mortais, mas também por causa do sistema social de valores que é normativo no poema" (Schein 1984: 70). Em seu mundo – repito esta citação –, "Vive-se e morre-se de acordo com esse código de valores: ser completamente humano – isto é, ser um herói –

significa matar ou morrer por honra e glória" (Schein 1984: 71). Disseram isso Heitor (canto VI, vv. 441–481) e Aquiles (canto XVIII, vv. 79–93 e 98–126), cônscios do preço do heroísmo para eles: a vida.

Tudo somado, diz Schein (1984: 71):

> A situação humana na *Ilíada* bem poderia ser chamada trágica, porque a mesma atividade – matar – que confere honra e glória envolve necessariamente a morte não apenas de outros guerreiros que vivem e morrem pelos mesmos valores que os conquistadores, mas, ao fim, também dos próprios conquistadores. Logo, a mesma ação é criativa ou frutífera e simultaneamente é tanto destrutiva quanto autodestrutiva.

Ao fim e ao cabo, o "fato de que 'cada um de nós' perecerá na guerra, na própria guerra que torna a vida significativa, indica o custo, e o prêmio, do heroísmo que Homero celebra" (Schein 1984: 72). Sabem-no Heitor e Aquiles.

Tudo isso é reiterado neste canto "notável por seus temas e estrutura claramente definidos", observa Nicholas Richardson (1996: 272), centrado no problema do cadáver de Heitor e do fim da ira de Aquiles, tendo por "nota tônica" *éleos,* termo catapultado ao primeiro plano, nomeando a "compaixão" divina e humana.

Desse modo, encerra-se com o herói troiano o poema iniciado pelo aqueu, "os dois pilares que sustentam a obra toda", frisa Richardson (1996: 272). Aberta pelas realçadas morte e ruína entre dânaos, por causa da ira do Pelida, finda-se com as realçadas morte e ruína em Troia, por causa da morte do Priamida. No futuro próximo, hão de tombar o "melhor dos aqueus" – lamentado desde o canto XVIII pela mãe enlutada, Tétis – e a urbe. O funeral de Heitor, seu baluarte, é, em verdade, o dela e de sua gente – e distinto do de Pátroclo, porque "breve e contido", em "nota [final] de serena dignidade" (Richardson 1996: 272).

Tão logo o canto começa, a indignação de Apolo no Olimpo e seu firme e duro protesto pelo incessante ultraje infligido por Aquiles ao cadáver do troiano, aponta para o que será a grande cena – sua devolução a Príamo. Esta, por sua vez, aponta para o que sucederá ao filho de Peleu: o fim da ira. O que significa isso? "Heitor sofreu tudo e perdeu tudo, à exceção de si", afirma Bespaloff (2022: 9); ele pagou pela morte de Pátroclo, e o Pelida "pagará, mais tarde", pela sua (Bespaloff 2022: 13). Já Aquiles sofreu e perdeu a quem mais estimava, mas já vinha perdendo – e perde-a por completo – sua humanidade. Ele a reencontra no processo que o leva a ceder em tudo, em respeito à ordem de Zeus trazida por Tétis, e por compaixão ao velho rei de Troia, que o recorda de Peleu, seu velho pai, ao qual não retornará. Eis o que significa o fim de sua ira: sua (re)humanização pela atitude compassiva e solidária que enfim exibe diante do pai solitário que lhe suplica pelo corpo do filho e pelo direito de dar-lhe o funeral devido. Mostra-o bem a eloquente cena em que ambos os enlutados choram juntos, cada um a planger suas dores, suas perdas. É então que "o poeta nos faz ver, com a visão que Aquiles tão dolorosamente adquire, que mesmo nossos mais letais inimigos são seres humanos também" (Janko 1999: 312).

Como disse amiúde, a guerra e os grandes feitos dos guerreiros compõem um lado do heroísmo cantado na *Ilíada*; a morte, o luto, o funeral, o outro que só cresce do princípio ao fim. "No poema, guerra e morte *são* a própria vida – o meio em que a vida é vivida e através do qual ela vem a significar algo", afirma Schein (1984: 84), e isto:

> A *Ilíada* é tanto um poema da morte quanto um poema da vida; em outras palavras, é um poema sobre a mortalidade. [...] Seu retrato da guerra e da morte é integralmente tradicional, mas a tradição é, pela capacidade artística característica de Homero, transformada em abrangente exploração e expressão da beleza, das recompensas, e do preço do heroísmo humano.

Vale atentar para o relevo dado às mulheres sempre que as vítimas da guerra entram no foco e inclusive no funeral de Heitor; são delas os discursos a ele dirigidos, entre lamentos, na *próthesis* (exposição do corpo), de Andrômaca, Hécuba, Helena, nessa ordem – a esposa, a mãe, a causa da guerra que o matou. É pelas mulheres em especial, bem como pelos outros muitos elementos que apontam para a tragédia da guerra, que vemos o que Bespaloff (2022: 51) dá por elo entre Homero e Tolstói, autor de *Guerra e paz*, a saber, "o amor viril, o horror viril da guerra. Nem pacifistas, nem belicistas, eles sabem, falam da guerra como ela é". Daí que *Ilíada* jamais se perde na espiral de violência fria e brutal da carnificina bélica, pela qual se perdem a humanidade de quem luta e o sentido dela, mescla terrível que só gera a mais absoluta e ruinosa desumanidade. Daí seu canto tão duro, tão trágico, tão humano, tão consciente, tão comovente.

ESQUEMA GERAL

vv. 1–168: Os deuses e o ultraje: indignação de Apolo; o deus protesta no Olimpo contra o vergonhoso ultraje do cadáver; a enlutada Tétis é chamada por Zeus; a mensagem dele a Aquiles (fim do ultraje, sim ao resgate de Heitor); o plano de ação do deus.

vv. 169–691: Aquiles e Príamo – Heitor resgatado: Íris leva a Príamo a instrução de Zeus para o resgate de Heitor; luto, pavor e preparativos; Hermes é enviado por Zeus como guia do rei, a quem instrui; Príamo suplicante na tenda de Aquiles; compaixão, solidariedade na dor e a (re)humanização do Pelida; devolução do cadáver; banquete e trégua; Heitor conduzido por Príamo a Troia.

vv. 692–804: O funeral de Heitor: Cassandra anuncia a vinda do carro com o irmão; o luto; o herói é preparado para a *próthesis* (exposição); discursos (Andrômaca, Hécuba, Helena); cremação, monumento; banquete em honra de Heitor.

LEITURA PASSO A PASSO

vv. 1–168: Os deuses e o ultraje

Voltamos ao luto de Aquiles; insone, ao ultraje do cadáver de Heitor, arrastado por seu carro em torno do túmulo de Pátroclo, sem que com isso cessem suas lágrimas pela lembrança viva do convívio com o amigo. Compadecido – noto o verbo *eleaírein* (v. 19), ligado ao substantivo *éleos* – diante dos maus tratos ao morto, Apolo (vv. 19–21), como antes (canto XXIII, vv. 1–26 e 178–191), protege-o, evitando a perda de sua identidade e beleza heroicas, pela laceração das carnes, pois Aquiles (vv. 22–24)

> Assim, irado, aviltou o divino Heitor;
> mas dele se compadeciam os venturosos deuses, vendo-o,
> e incitavam o Argifonte, vigilante, a roubá-lo.

No relato, fica mais uma vez sublinhado que a ação de Aquiles é vergonhosa, diz o verbo *aeikízein* (v. 22); e estende-se de Apolo aos demais olímpios a compaixão – expressa no mesmo verbo *eleaírein* (v. 23) – por Heitor, a ponto de a Hermes instigarem a "roubar" – veja-se o verbo *klépsai* (v. 24) – seu corpo. A condenação é patente, e viabiliza-se o fim do ultraje por ela e pelo compadecimento dos deuses, nota Richardson (1996: 276), salvo por Posêidon, Hera, Atena, isolados, porém, na posição contrária.

O ódio do deus deve-se ao tratamento desrespeitoso, quando da construção do muro massivo e imperscrutável de Troia, recorda a Apolo (canto XXI, vv. 436–460), ao censurá-lo pelo auxílio aos troianos. O das duas deusas, ao "Julgamento de Páris" (canto III), que escolheu Afrodite como a mais bela, por dom recíproco ofertado: Helena, irresistível ao herói demasiado ligado ao mundo erótico, motivo de censura por Heitor (canto III, vv. 38–57). O ódio delas é "por causa da cegueira ruinosa de Alexandre" (v. 28),[1] diz o narrador,

1 Diz isso o verso 28 (*Alexándrou hének' átēs*) nos termos usados por Helena (canto VI, v. 356), em fala a Heitor.

> que insultou as deusas, quando chegaram a seu pátio,
> ao louvar a que supriu sua lascívia dolorosa (vv. 29–30).

Nenhuma proteção divina salvará Troia ou Heitor, mas o ultraje tem que cessar, argumenta (vv. 33–54) o deus, em "dramático e passional protesto" (Richardson 1996: 280).

Apolo primeiro censura seus pares e lembra que Heitor sempre lhes foi reverente; condena a falta de reciprocidade do Olimpo que, omisso, favorece a Aquiles, varão desprovido de "juízos justos" (v. 40), de "pensamento flexível" (vv. 40–41), que só se dedica a *ágria* ("selvagerias", v. 41), qual leão sobre "rebanhos de homens" (v. 43), diz o símile, mais um centrado no animal, que tantos há na epopeia. O herói, frisa Apolo, ofende valores ético-morais centrais em sua desumana conduta; ressoando "as notas tônicas" do "canto como um todo" (Richardson 1996: 281), afirma (v. 44): o Pelida "destruiu a compaixão", em frase de notável sonoridade (*hõs Akhileùs éleon mèn apõlesen*), com o verbo a ressoar o nome *Apóllōn*; e que ele não tem mais *aidõs* (v. 44) – "respeito, vergonha, pudor" – que aos homens beneficia ou prejudica, porque não sabe parar, ignora limites – que os há também ao luto. Aquiles insiste em ação vergonhosa, conclui o deus (v. 52), que "nem algo mais belo, nem algo melhor" (v. 53) lhe trará, pois, "irado, avilta a terra muda" (v. 54).

No arremate, pondera Apolo que, se os homens são mortais, os deuses – ou como aqui, as Moiras (v. 49) – deram-lhes um bem para equilíbrio desse mal: *tlētòn* ... *thymòn* ("um paciente-resistente coração", v. 49), isto é, a capacidade de suportar, de resistir, viabilizada pelo funeral (vv. 35–39 e 44–49) que abre o processo do luto.

A ideia é tradicional e consta de elegia consolatória de Arquíloco (c. 680–640, Fragmento 13), em que "forte resistência [*tlēmosýnēn*]" (v. 6) é o *phármakos* (v. 7), o "remédio" dado pelos deuses aos humanos para "invictos males" (v. 5) – a morte, o maior deles, sendo o mote do discurso que reconhece o sofrimento dos enlutados, mas exorta-os a resistir.[2]

Claro está que Apolo (vv. 33–54) zela "por fundamentais princípios éticos gregos", frisa Richardson (1996: 276), mas Hera (vv. 56–63), por motivação pessoal de vingança, faz objeção "amargamente desdenhosa" (Richardson 1996: 283) à sua fala, coerente com intervenções passadas, e usa a superioridade genealógica de Aquiles – semideus – sobre Heitor, mero mortal, para argumento: não pode ser menos honrado o aqueu do que o troiano. Zeus (vv. 65–76) decide, de modo equilibrado, que "o respeito devido a Heitor não depreciará a honra de Aquiles", resume Richardson; na diplomática solução do deus firme e sereno, tem-se estima e reconhecimento pelo Priamida reiterados (canto XXII, vv. 188–172), preocupação em restaurar valores básicos de humanidade, zelo para com a honra do Pelida. No seu plano, o corpo do troiano não será roubado, mas Tétis será chamada a levar ao filho a decisão divina de que basta: que aceite o resgate, que devolva o herói morto a Troia.

Guiada por tal plano seguirá a narrativa, até o fim, a qual se iniciou pelo plano do deus (canto I, v. 5) – a promessa a Tétis. E motivada por crise agravada na assembleia de homens a epopeia ora se conclui por solução a uma crise, alcançada em assembleia de deuses. A

2 Tradução e comentário em Ragusa & Brunhara (2021: 79–86).

simetria é nítida, e também o papel decisivo de Tétis, a suplicante que intervém junto a Zeus, em prol do filho (canto I), a mãe enlutada que vai lhe levar a decisão do deus.

vv. 76–120: Tétis no Olimpo – mensagem de Zeus a Aquiles

Chamada por Íris, a deusa Tétis sai da fundura marinha onde a cercavam as Nereidas junto às quais plangia o filho (vv. 83–86), para ir ao Olimpo, a pedido de Zeus, que já se diz disposta a cumprir. Além de reconhecer a autoridade dele, deve retribuir o favor recebido (canto I), muito embora se envergonhe – diz o verbo *aideîsthai* (v. 90) – de se "misturar aos imortais" (v. 91) em seu luto e "dores incessáveis" (v. 91), que expressam o entrelaçamento da deusa, particularmente forte, com os inferiores mortais. O agudo desajuste fica adiante enfatizado pelo contraste de sua acolhida "polida e decorosa", nota Richardson (1996: 287), na assembleia que projeta "a vida venturosa dos imortais", bem distinta da chegada de Tétis ao Olimpo no canto I, discreta e às escondidas de Hera (vv. 493–569).

Cobrindo-se com "véu escuro" (vv. 93–94), sua peça "mais negra" (v. 94), ela parte; é a única menção em Homero "do uso do preto no luto" (Richardson 1996: 287), cor que reflete o imaginário tradicional do Hades como tomado pelo breu, úmido, bolorento, frio, o oposto do mundo acima da terra habitado pelos mortais e iluminado pelo grande, amarelo, luminoso e quente astro; estar vivo, diz a metáfora recorrente, é estar vendo a luz do sol. Depois de sua acolhida, Zeus a ela se dirige (vv. 104–119), reconhecendo seu esforço para estar ali, em seu luto, mas diz-lhe que há nove dias os deuses brigam pela questão do ultraje ao cadáver de Heitor por Aquiles, herói a quem quer dar *kŷdos* ("triunfo", v. 110), garantindo à deusa *aidṓs* ("respeito", v. 111) e *philótēs* ("amizade", 111). Tétis antes (canto I) temia ser desonrada com a recusa do deus a seu pedido (canto I, vv. 514–516), mas agora ele assegura-lhe honra e estima. Só depois disso a incumbe da tarefa: informar ao aqueu da cólera dos deuses contra ele, pela *manía* ("loucura") – assinalada no verbo *maínesthai* (114) – que o leva a reter junto de si o cadáver de Heitor. Ele deve temê-los e devolver o filho a Príamo, enviado pelo Olimpo com recíproco resgate à sua tenda, para que enfim o coração dele "seja aquecido" (v. 119), diz o verbo *iaínein*, na epopeia usado para o apaziguamento (Richardson 1996: 288).

vv. 120–142: Diálogo Tétis-Aquiles

De pronto desce Tétis ao filho, que encontra gemendo, sem querer comer. Vendo sua dor intensa ainda, ela lhe fala – e os ecos com o diálogo do canto I são nítidos (vv. 357–430) –, em discurso aberto pelo verso formular (v. 127)[3] de afetividade, como lá (canto I, v. 361). Indaga-lhe sobre a privação de alimento e de sexo, por causa do luto incessante, e sugere o enlace com uma mulher como uma forma de engajá-lo na breve e pouca vida que lhe resta (vv. 130–131). Aquiles, contudo, "já está, para todos os intentos e propósitos, morto", frisa Schein (1984: 158). Ele não se anima mais a viver; não é mais o herói vivo, capaz de amar e de odiar profun-

3 No original grego: *kheirí té min katérexen, épos t' éphat' ék t' onómaze* ("afagou-lhe a mão, disse-lhe palavra e o chamou pelo nome").

damente, de ser "o melhor dos aqueus". Note-se que o rei Príamo, como o aqueu que o receberá, também está "virtualmente morto", assinala Schein (1984: 159).

Diante da mensagem de Zeus, que Tétis lhe transmite, o herói age como noutras situações símeis: ele a respeita e cede a Zeus que lhe foi propício.

vv. 169–691: Aquiles e Príamo – Heitor resgatado

vv. 143–467: plano de Zeus, chegada de Príamo à tenda de Aquiles

Definido por Zeus, o plano desenha a ida de Príamo a Aquiles, com dons de resgate. Para tanto, diz a Íris, a Troia enviando-a, será essencial que o rei se poste suplicante, pois Aquiles o respeitará.

Íris encontra uma cidade enlutada (vv. 160–168), o que realça o aspecto coletivo do luto e, ao mesmo tempo, a importância de Heitor, seu baluarte. Na imagem comovente, Príamo acha-se rodeado de filhos plangentes, ele coberto por manta, cabeça e pescoço, de esterco; no palácio, filhas e noras choram os guerreiros mortos pelo inimigo. Falando só ao rei, ela repete a instrução de Zeus, mas não sem antes apaziguar seu temor, pois vem a mando de um deus compadecido, diz o verbo *eleaírein* (v. 174), recorrente neste canto.

Príamo de imediato comanda as providências da viagem e do resgate (vv. 189–199 e 228–321), cujo detalhamento "incrementa sua relevância" (Richardson 1996: 297). A Hécuba, em pânico, sucintamente relata o que de Íris ouvira, mas ela prefere aceitar a privação do cadáver de Heitor, já que quem o matou – a ele que defendia sua gente, sem proteger a própria vida – é cruel para além de toda medida. Impressiona a resoluta resposta do rei à esposa (vv. 218–228): nada lhe importa mais do que enfim prantear o filho, enlaçado a seu corpo, em fala que ecoa a do canto XXII (vv. 412–428), e frisa a necessidade básica dos vivos, dos enlutados, de dar a seus mortos o funeral, ritual de consolação, de despedida e de sua inserção na memória – necessidade que não pode ser rompida sem grande trauma.

Dura é a missão, tenso, o momento para o infeliz rei que, não sem razão, "só pode achar alívio nos rompantes de raiva com que afasta de si os troianos e manifesta desdém pelos filhos vivos" (Richardson 1996: 297). Com isso, obtém deles diligente obediência. Prestes a deixar a cidade, liba a Zeus (vv. 308–313), e o deus manda-lhe o bom presságio no voo da águia pela destra dele. Adiante, vendo-o só a conduzir o carro, apenas com o arauto Ideu, "compadeceu-se do ancião" (v. 332) – diz o verbo *eleân*, sinônimo de *eleaírein* – e enviou-lhe Hermes, com a recomendação (vv. 334–338) de protegê-lo até que chegue à tenda de Aquiles.

vv. 339–467: Hermes guia Príamo

Obediente, Hermes, que pode fazer dormir os homens com seu bastão ou caduceu, desce a Troia – no recorrente motivo das viagens divinas – qual jovem príncipe mirmidão – no frequente motivo dos disfarces divinos –, que viu o impressionante Heitor na luta, e que dá voz ao desejo coletivo de seu povo de voltar à sua terra, a Ftia (vv. 339–349 e 390–404). Ao rei, preocupado com o estado do corpo do filho, faz saber que permanece intacto, graças à proteção dos deuses (Apolo e Afrodite, cantos XXIII e XXIV), zelosos do morto a quem muito amaram (vv. 411–423). Príamo, alegre, reconhece na notícia a reciprocidade divina para com o filho sempre reverente e comprometido com os valores de sua comunidade. E oferece um dom ao falso príncipe, para que o leve à tenda de Aquiles; ele o fará, mas sem o dom (vv. 433–439).

Ao chegarem lá, abre a porta que só o aqueu podia mover sozinho; ali depõe os dons do resgate de Heitor, em versos que lembram a excepcionalidade do Pelida com um detalhe mínimo da arquitetura de sua tenda. E então Hermes se revela ao rei, dizendo-lhe (vv. 460–467) ter vindo por instrução de Zeus, mas que parte, porque deuses não devem ser recebidos por mortais – salvo pelos muito especiais (Richardson 1996: 320). Deixa-lhe, porém, orientações finais: que se poste qual suplicante junto ao herói, que por Peleu e Tétis e por Heitor suplique, para mover-lhe o coração; que suscite nele compaixão por si, de modo que o herói nele enxergue o sofrimento de Peleu com sua morte. Ver a dor do outro como nossa, nela reconhecendo-nos – a morte é a única e inevitável experiência comum aos humanos todos –, gera compaixão e solidariedade.

A cena é dilatada e prepara "o encontro entre Príamo e Aquiles, pois no jovem príncipe mirmidão Príamo encontra uma pessoa que o trata como um pai (vv. 362 e 371), e cuja bondade e simpatia estabelecem um elo de confiança" (Richardson 1996: 309–310). O deus disfarçado se dirige ao rei com o vocativo *páter* ("pai", v. 362) no primeiro diálogo que travam.

vv. 468–691: o pai suplicante, o duro matador de seu filho, o fim da ira: Heitor resgatado

vv. 468–516: Príamo suplicante

Na tenda, Aquiles acabara de comer – quebrando o jejum, como o aconselhara Tétis (vv. 128–130) – e ainda tinha a mesa posta, os companheiros apartados (vv. 477–479):

> Despercebido deles, o grande Príamo adentrou-a; e perto se postando
> de Aquiles, agarrou seus joelhos e beijou suas mãos
> terríveis, mata-varões [*androphónous*], que mataram muitos filhos seus.

A grande e trágica ironia é perceber que o adjetivo dado às mãos de Aquiles (v. 479) é antes atribuído a Heitor, quando parte de Troia vivo (v. 498), embora chorado como morto pelas mulheres e por Andrômaca, que por ele fazem o *góos* (v. 499); e já antes qualificara as mãos do aqueu sobre Pátroclo morto (canto XVIII, v. 317; canto XXIII, v. 18).

Espanto, admiração e surpresa, essa mescla que o verbo *thambeîn* (vv. 483–484) denota, como já marquei, arrebata Aquiles e seus homens. O rei, tal qual Hermes o instruíra, de pronto se dirige ao herói (vv. 486–507), assim abrindo sua fala: "Recorda [*mnêsai*] teu pai, ó Aquiles, símil aos deuses!" (v. 486). Príamo torna presente aos seus olhos Peleu, porque são ambos pais anciãos privados de seus filhos, da proteção deles, da alegria que lhes dão. Sua súplica se baseia no espelhamento pelo qual forja "um elo de simpatia entre eles" (Richardson 1996: 324), sem deixar de frisar que menos infeliz é Peleu do que ele que perdeu muitos filhos e o bastião de Troia, Heitor, morto pelo aqueu a quem suplica. Por ele está ali, afirma, com resgate pela devolução do corpo (vv. 503–506):

> "Mas respeita [*aideîo*] os deuses, ó Aquiles, e de mim te compadece [*eléēson*],
> recordando teu pai: eu sou mais digno de pena [*eleeinóteros*] do que ele,
> e suportei o que nenhum outro mortal sobre a terra suportou,
> pois estendi à boca a mão do homem mata-filho [*paidophónoio*]!"

É notável a linguagem do pedido em que o rei reclama "seu direito à piedade" (Bespaloff 2022: 65), à compaixão, em favor do qual à postura de suplicante agrega, por iniciativa própria, um gesto impactante: o beijo nas mãos assassinas do algoz do filho (vv. 478–479), que em muito aumenta o *páthos* da cena, sua emoção, e decerto contribui para o objetivo alcançado, de mover o coração de Aquiles. Este toma o rei pela mão, em "gesto de aceitação" (Richardson 1996: 327), e de súbito sente o desejo de fazer o *góos*, a lamentação fúnebre, por Peleu (v. 507); ambos o fazem (vv. 507 e 513), recordados (*mnēsaménō*, v. 509) o rei, de Heitor "mata-varões" (*androphónoio*, v. 509) – tragicamente irônico epíteto! –, e Aquiles, do amigo querido e do velho pai.

Saciado do pranto, o herói com brandura ergue Príamo do chão, comovido com sua velhice e fragilidade (vv. 513–516), que de seu pai o lembra. (Re)humaniza-se o aqueu a quem a ira tornou inumano.

vv. 517–691: Banquete

Ao convidá-lo à mesa, o Pelida convida o ancião a resistir. Recorda, em discurso consolatório, que os deuses "fiaram" (v. 525) a vida com dor e luto inerentes à inferior natureza humana, diferenciando-a da superior natureza divina. Na imagem dos dois "cântaros" (v. 507) de Zeus, o de males e o de bens, recorda os de Peleu e os de Príamo, a este exortando a conter o lamento que não lhe trará de volta o filho – justo ele que tão contrariamente a isso agiu. Vê-se na sua fala a tradição da *consolatio*, nos seus elementos de simpatia solidária e de exortação a resistir ao "luto excessivo, ao apontar que o pranto não tem utilidade prática e que o sofrimento é comum a todos" (Richardson 1996: 329).

Príamo recusa o convite, pela urgência de resgatar Heitor e partir (vv. 553–558); tal recusa consiste em motivo, frisa Richardson (1996: 334), que neste passo recebe um toque genial, ganhando "subitamente grande importância, pois ameaça precipitar uma crise, e mostra como, a despeito do discurso gnômico [de reflexão ético-moral] que fez há pouco, Aquiles ainda se acha em estado precário de tensão, que facilmente pode explodir". Diga-se, afinal: a reciprocidade do banquete, instituição social crucial à vida em comunidade, não pode ser negada em meio ao processo de recomposição de relações humanas, mesmo em meio à guerra que destruirá a cidade do rei.

Após falar-lhe irritado, Aquiles, frisando que obedece aos deuses que agiram em favor dele, sai para supervisionar os preparativos para a entrega do cadáver em condições decorosas e dignas: lavado e amortalhado, como ordena aos companheiros, e vestido em três belas peças do resgate. Antes de readentrar a tenda, pede a Pátroclo compreensão por suas ações (vv. 571–595), numa indicação, mais uma, de que "os vivos podiam temer a raiva contínua dos mortos", diz Richardson (1996: 338). Os rituais a Heitor são os que dedicou a Pátroclo (canto XVIII, vv. 343–353), antes do funeral (canto XXIII), mas "normalmente seriam realizados por membros da própria família do morto", nota Richardson (1996: 338), sendo muito "eloquente que deles se encarregue Aquiles" (Richardson 1996: 337), e com zelo e sobriedade que contrastam de modo drástico com o ultraje. O herói agora mostra-se compassivo com o inimigo – com o vivo, com o morto.

De volta à tenda, fala ao rei que, temeroso, sentou-se à mesa, contendo o pranto. Após anunciar-lhe a entrega do corpo do filho para ser levado ao amanhecer, recorre a um mito, isto é, a uma narrativa tradicional paradigmática, para convencer Príamo a comer – ele a quem os aqueus não conseguiram persuadir a tanto (canto XIX), e que volta a comer só depois da interferência de Tétis neste canto em que volta, também, às relações humanas. Indo a gerações de homens anteriores à sua e mais remotas, busca o *exemplum* de Níobe, que ilustra uma verdade comprovada na experiência humana: mortais precisam comer, mesmo quando arrebatados pela dor, para que possam sobreviver a ela, inclusive.

O referido mito (vv. 602–620), em primeira ocorrência, fala da medida adequada do luto, pois há algo que nem mesmo nele pode ser esquecido: a nutrição. Gantz (1996, v. 2: 536–538) sintetiza-o, observando a passagem da epopeia e outras fontes: filha de Tântalo, caro aos deuses junto aos quais vivia, até ser punido por seus crimes com o suplício da inalcançável pedra sob sua cabeça, Níobe tinha catorze filhos, sete moças e sete moços, na tradição prevalente – na *Ilíada*, doze. Orgulhosa em demasia da numerosa prole – tomada pela *hýbris* ("desmedida; "soberba, arrogância") –, ela se vangloria de superar Leto, mãe de apenas dois filhos (Apolo e Ártemis). Julga a mortal que pode se dizer superior à deusa de quem era próxima, mas se esquece dos limites da condição humana, de sua natureza e lugar inferiores na ordem cósmica. Irada, Leto pune Níobe, enviando seus gêmeos para matar a prole dela. E Zeus transforma toda a gente de sua cidade (Sípilo, na Ásia Menor) em pedra – um motivo folclórico (Richardson 1996: 341) –, de modo que ninguém houvesse para sepultar filhas e filhos que insepultos jazem por nove dias, até que no décimo os próprios deuses disso se encarregam. A dor de Níobe, avassaladora, a impede de comer por todo esse período, mas na *Ilíada*, e só aqui, ela enfim nutre-se após o funeral, embora em meio à dor, numa variação única e destinada, decerto, a convencer Príamo a fazer o mesmo, nota Richardson (1996: 340). Veja-se ainda que "o zelo pessoal dos deuses para com o funeral ecoa a preocupação dos deuses com o cadáver de Heitor" (Richardson 1996: 340). Por fim, a mortal foi transformada, ela própria, em rocha – o Monte Sípilo, cuja silhueta recorda a da mulher plangente.

Com reiteração do convite ao banquete, Aquiles empenha-se em prepará-lo. Em cena notável, saciados (v. 628),[4] o aqueu e o troiano contemplam-se, mutua-

4 Diz o verso formular *autàr epeì pósios kaì edētýos ex éron hénto* ("depois que o desejo [*éros*] de comida e de bebida acalmaram") – citei-o no comentário ao canto III, a propósito do termo transliterado.

mente – o rei, maravilhado com a beleza e o porte do herói, e este, com a nobreza e eloquência do ancião. Eles já conseguem se ver como seres humanos que são, admiráveis. Príamo então pede-lhe um leito, no que é atendido; e o herói lhe oferece trégua (vv. 656–658) para o funeral de Heitor, outra ação compassiva de solidariedade na dor, no luto. O rei pede doze dias; a trégua é assegurada pelo aperto que Aquiles lhe dá, ao pegar seu pulso com as mãos.

> A cessação do ultraje ao cadáver de Heitor [...], a aceitação enfim da irreversível morte de Pátroclo e a disposição de devolver a Príamo o cadáver de seu filho coincidem neste último canto da *Ilíada* (enquanto conclusão do trabalho de luto) com a aceitação por parte de Aquiles de voltar a satisfazer as necessidades básicas que garantem a continuidade da sua então brevíssima vida: comer e dormir (como vimos, recorrentemente associados), mas também – e é Tétis quem acrescenta – dormir com uma mulher, ou seja: "se misturar com uma mulher em amor", o que é discretamente indicado pelo poeta como o último ato de Aquiles neste poema [vv. 675–676] (Assunção 2004–2005: 52).

É o fim da ira de Aquiles que "encarna, na forma mais pura, a concepção homérica característica das trágicas contradições da guerra e da vida heroica, do potencial para a grandeza e do potencial para o horror – a beleza e a tristeza da existência humana, inextricavelmente ligadas" (Schein 1984: 163).

vv. 692–804: O funeral de Heitor

Deitam-se todos, mas Hermes vem buscar Príamo (vv. 679–694) na calada da noite, para sua segurança. Segue viagem o rei com ele, e depois, sem ele, dos muros é avistado a aproximar-se pela filha Cassandra, em "aparição breve, mas memorável", comenta Richardson (1996: 348). A princesa troiana grita (vv. 699–701), "sinal de cena de grande poder dramático" (Richardson 1996: 349): ela contempla o prenúncio final da iminente queda da urbe – ela, a *parthénos* ("moça púbere não-casada"), cuja vida será interrompida e cujo futuro é o concubinato, porque será *géras*, "prêmio" do espólio ao vencedor. Filha do rei, após o saque será a futura Briseida ou Criseida de um aqueu – de Agamêmnon.

Que seja Cassandra a contemplar o corpo de Heitor trazido por seu velho pai no carro fúnebre de sua própria cidade, é notável: mulheres e crianças, como os velhos, são as grandes vítimas da guerra. É justamente uma delas que o poeta põe nos muros, neste momento solene – moça que sequer poderá alcançar a essência de sua vida, o casamento, tendo seu noivo Otrioneu já morrido na luta (canto XIII). Faz-se, diante disso, eloquente e trágico o elogio de sua beleza pela comparação à "áurea Afrodite", a deusa do *gámos* ("sexo, boda"), e, diante da tradição mais larga do ciclo mítico, que ela anuncie a vinda do esquife do baluarte de Troia, pois é ela que pedirá aos troianos que não aceitem o presente fatal dos aqueus, o cavalo de pau (canto X).

O rei adentra os muros com Heitor morto: assim volta o herói para casa. De pronto começam o pranto coletivo da cidade e, no tálamo ao qual é levado, lamentos de mulheres e cantos de cantores com seus trenos, as canções fúnebres (vv. 718–722), e discursos lamentosos das mulheres nesta *próthesis*. Descreve Garland (1985: 23) que "os olhos e a boca [do morto] eram fechados", por questão estética, mas também pelo modo como se pensava sua relação com o mundo dos mortos – a escuridão, a noite sem fim; depois, "o banho do cadáver era usualmente executado pelas mulheres da casa", diz Garland, e, uma vez lavado, também por elas "era vestido e repousado num leito. Os pés eram postos em direção à porta [...] e uma ou mais almofadas eram postas sob a cabeça do morto" (Garland 1985: 24). Acresce Burkert (1993: 374–375) que esta era "cingida por fitas ou uma coroa" e que o morto exposto em sua casa era "rodeado das lamentações dos seus familiares. A lamentação de sua morte, que cabe às mulheres, é indispensável". Gritos agudos, o puxar e o cortar dos cabelos, golpes no peito e arranhões na face eram rituais, sinalizando que dor excepcional, sujando-se os enlutados com cinzas sobre a cabeça e roupas rotas por ao menos um dia.

Na cena iliádica, não é esse o enfoque, mas os discursos das mulheres e a forma como se relacionam com Heitor – de três delas: Andrômaca e Hécuba, em cujas falas outras ressoam, as do canto XXII (vv. 431–436 e 477–514), sublinha Richardson (1996: 350); o de Helena é inesperado, mas altamente significativo: ela é a *causa belli*, a causa da guerra em que pereceu o bastião de Troia que logo cairá. Ressalte-se que "é interessante que nenhuma das mulheres louve Heitor como um herói em batalha" (Holst-Warhaft 1995: 113). É reflexo da separação das arenas e dos respectivos papéis sociais incompatíveis do mundo feminino e do masculino, recaindo sobre aquele a tragédia resultante deste.

vv. 723–745: 1º discurso – Andrômaca

Entre lágrimas, a esposa de Heitor, a mãe de Astíanax, inicia o *góos*, a lamentação ritual, que cabe às mulheres da família e é liderada pela mais próxima, como lembrei, a propósito de Tétis (canto XVIII, vv. 35–64). Como a Nereida faz a Aquiles vivo naquele canto (vv. 71–72), ela ergue entre as mãos a cabeça de Heitor *androphónos* (v. 724), na última ocorrência do tragicamente irônico epíteto usado para ele, vivo (canto VI, v. 498) e morto (canto XXIV, v. 509), e para as mãos de Aquiles (canto XVIII, v. 317 e canto XXIV, v. 479).

Falando-lhe, centrada na sua perda e no que significa para si e para o filho órfão – servidão, morte do bebê, abandono à própria sorte, desamparo –, reflete o discurso ao marido no canto VI (vv. 407–439), com o qual queria convencê-lo a não lutar na vanguarda, a preservar a vida ora finda em *mors immatura*, como logo diz. Suas palavras "refletem a dor e o pesar da perda de um ponto de vista puramente humano. Engolfada pela dor, Andrômaca não tem palavras de elogio a Heitor; ela só pode chorar por seu próprio destino e pelo futuro que a aguarda, agora que ele se foi" (Pantelia 2002: 24) – não o grande guerreiro, como o veem a gente de Troia, mas o marido querido que morreu longe de si, do leito (v. 743), sem lhe deixar "uma sábia palavra" (v. 744).

A dor da lacrimosa heroína reverbera no lamento consternado das mulheres, que se segue ao fim de seu discurso (v. 746).

vv. 747–759: 2º discurso – Hécuba

A mãe inicia o *góos* amargurada, em breve fala sobre o que Aquiles representa a si, algoz de Heitor, o melhor dos troianos e de sua prole, e de numerosos outros filhos. No seu lamento, palavras consistentes "com o orgulho do filho e com o ódio selvagem, implacável, por Aquiles" (Schein 1984: 190), pelo qual quer devorar suas carnes cruas – o mesmo o aqueu expressara a Heitor (canto XXII, vv. 345–354), quando este lhe pedia respeito ao corpo do vencido no duelo. "Para Hécuba, à diferença de Príamo, não pode haver reconciliação com Aquiles, e ela continua a se comprazer na dor e na frustração que Heitor causou ao seu assassino" (Schein 1984: 190). Esse ódio dela, como a antecipação que Andrômaca oferece da morte de Astíanax, seu filho, "mantém presente na mente do ouvinte ou do leitor a iminente retomada das hostilidades e a queda futura de Troia" (Schein 1984: 191).

A dor da rainha reverbera no pranto consternado das mulheres, que se segue ao fim de seu discurso (v. 760), tal qual se deu ao fim do de Andrômaca – aqui, a primeira, e no canto XXII, a última a chorar Heitor. Sobre ambos, Pantelia (2002: 24) observa que "objetivam elogiar Heitor e estabelecê-lo como o protetor da família e da vida na cidade, um homem querido pelo povo e pelos deuses".

vv. 761–775: 3º discurso – Helena

A plangente heroína inicia o *góos*; mistura no discurso a típica autodepreciação ao elogio à bondade, gentileza, grandeza de Heitor para consigo, à diferença dos demais troianos e troianas, dando a dimensão temporal de sua estada em Troia – vinte anos, dez deles imersos na guerra. Afirma Pantelia (2002: 25): "Sugiro que, neste momento, Helena é a oradora final mais apropriada, porque é a personagem da *Ilíada* consistentemente representada como entendendo o significado social da poesia épica"; ela é, como frisei (cantos III e VI), sua voz autoconsciente, figura metapoética equivalente ao aedo que canta o poema. Daí que, em seu discurso, ao falar de si, ela o faz para ressaltar o caráter de Heitor: humano, bom, justo. Ela não fala do que o herói não poderá mais fazer, mas do que ele já fez; ela já se coloca e à própria trama no universo do canto heroico – o do passado, o da memória. Pantelia (2002: 25) bem anota: a heroína não trata "do que Heitor não pode mais fazer por Troia, mas da grandeza de um ser humano que merece ser recordado". E argumenta Pantelia (2002: 26):

> Ao final do poema, Helena não é só a que lamenta, mas também uma compositora, real contribuidora à criação da poesia épica. Seu tecer no livro III da *Ilíada* conta a história *dela* dentro da moldura maior da história de Homero. Seu lamento canta a glória de Heitor dentro da moldura maior da canção de Homero.

Sobre a ordem dos discursos lamentosos, analisa Pantelia (2002: 22):

> Dado que o lamento dos mortos tem sido tradicionalmente a tarefa das mulheres, em especial das da família mais próxima, não espanta que Andrômaca e Hécuba, respectivamente esposa e mãe de Heitor, sejam mostradas liderando a lamentação.

E adiante, diz ela (2002: 23):

> [...] o papel de Helena como a última lamentadora é ditado [...] por seu singular entendimento da im-

> portância do *kléos* e da poesia como meio de conferir *kléos*. Morte e lamento em Homero estão ligados inevitavelmente ao conceito do *kléos* heroico, isto é, da glória que a poesia épica dá a seus maiores heróis.

Ao discurso de Helena, cheio de "autopiedade e desolação" (Richardson 1996: 359), pelo qual se inicia propriamente o processo de dar memória e fama a Heitor, não se segue, como aos de Andrômaca e Hécuba, o pranto consternado das mulheres, mas de toda a comunidade, de toda a multidão de troianos (v. 776).

vv. 776–804: Cremação, sepultamento, banquete: a comovente concisão

O contraste com o funeral de Pátroclo não poderia ser maior e assinala a trégua restrita em que os sitiados troianos podem celebrar seu grande herói, ao mesmo tempo em que torna a cerimônia o centro absoluto do relato – o de Heitor, prelúdio do de Troia. E torna ainda mais comovente, pela concisão, a homenagem final ao herói.

Príamo encerra a etapa da *próthesis*, e passamos à *ekphorá*, o traslado do corpo à pira, em procissão, e depois à preparação da urna dos ossos em ricos adornos, sepultada em monumento fúnebre erigido e guardado por troianos, para que não seja violado – do qual, recorde-se, o próprio Heitor fala (canto VII, vv. 86–91), mas, em trágica ironia, projetando-o para o inimigo que venceria no duelo, cujo epitáfio celebraria sua morte pela espada dele, assim comemorando "para sempre a própria fama de Heitor" (Richardson 1996: 361). Todos esses passos do funeral são banhados pelas lágrimas do povo.

Encerra-se a epopeia com o banquete em celebração a Heitor, que conclui o rito fúnebre que Troia lhe deu, o *géras* dos mortais, como diz Hera (canto XVI, v. 457), numa última elaboração do tema do luto e da nutrição, que reitera a cena entre Aquiles e Príamo: a vida dos vivos deve continuar, e o alimento é signo fundamental disso. A menção final ao herói, no fecho de impactante e digna quietude, encerra o poema com o epíteto *hippódamos* ("doma-corcéis", v. 804): ironia trágica terrível! Morto o melhor dos troianos, o pilar de Troia, morta a cidade.

O poema disse isso inúmeras vezes, mas agora o faz com o epíteto que parece aludir ao cavalo de pau, o mais fatal deles, o que Heitor já não poderá domar e que domará Troia, enfim.

Glossário de termos conceituais

Agératos: "privado do prêmio [*géras*], sem prêmio"
Agorḗ: "praça pública, assembleia"
Agṓn: "competição, certame"; "reunião, assembleia"
Aidṓs: "respeito, estima pública, vergonha"
Aítia: "causa, responsabilidade, culpa"
Álokhos: "esposa", sobretudo no sentido da consorte legítima
Amēkhanía: "privação de meios, impotência"
Anaítios: "sem culpa, inocente"
Anánkē: "coação, necessidade"; "prisão"
Ákoitis: "esposa" legítima
Apátē: "engano, ilusão"
Aretḗ: "excelência, virtude"
Aristeía: "excelência"
Áristos: "o melhor"
Arkhḗ: "origem, começo, início"
Asébeia: "impiedade"
Átē: "cegueira ruinosa, obsessão, desvario, ruína"
Átimos: "privado de honra [*timḗ*], sem honra"

Deinós: "terrível" (sentido negativo ou positivo)
Dólos: "ardil, trama, engano"

Eídōlon: "simulacro, espectro"
Ekphorá: "cortejo" (funeral)
Éleos: "compaixão"
Enárgeia: "vividez"

Épainos: "elogio"
Ephḗmeros: "que está sobre o dia, de breve duração, efêmero"
Epipháneia: "aparição, revelação, epifania"
Éris: "discórdia, cizânia"
Érōs: "desejo sexual"

Gámos: "sexo, casamento"
Géras: "espólio de guerra, prêmio de honra"
Góos: "lamentação ritual fúnebre (murmuração, grito, pranto)"

Hamartía: "falha, erro trágico"
Hédna: "dote da noiva, dons de casamento"
Hetaîros: "companheiro de armas, aliado, sócio, amigo"
Hikésios: "protetor dos suplicantes"
Hikétēs: "suplicante"
Hímeros: "desejo, atração sexual"
Homophrosýnē: "afinidade no sentir e no pensar"
Hýbris: "desmedida, excesso; violência; arrogância"

Kêr: "lote, sorte, morte"
Kháris: "graça, favor, gratidão, charme, gratificação, deleite"
Khólos: "raiva, cólera, ira"
Kóros: "saciedade"
Krḗdemnon: "véu (singular), véus ou ameias de muralha (plural)" (casamento, decoro feminino)
Kŷdos: "triunfo favorecido pelo deus"
Kléos: "rumor, glória, fama, renome"
Ktêma: "bem, propriedade"

Manía: "loucura"

Manteía: "adivinhação, arte da profecia"
Mênis: "ira, cólera" divina
Mêtis: "inteligência astuciosa, astúcia"
Moîra: "lote, parte, quinhão, morte"
Molpḗ: "canto-dança coral"
Mŷthos: "palavra, discurso, conversa, o dito, o fato, assunto, narrativa, conto, estória, enredo, ficção"

Némesis: "justa indignação" (que gera punição)
Nóstos: "retorno"

Oaristýs: "murmúrios, sussurros de amantes"
Oîkos: "casa" (habitação e instituição social)

Pélōr: "portento, prodígio, colosso, monstro"
Paideía: "formação, educação"
Párphasis: "sedução, persuasão" (discurso)
Parthénos; "moça púbere não-casada, virgem"
Páthos: "paixão, emoção, sofrimento"
Próthesis: "exposição do corpo do morto" (funeral)
Philía: "consideração afetuosa, estima, amizade, afeto no âmbito familiar"
Phílos: "amigo, caro, querido"
Philótēs: "enlace sexual"
Phthónos: "inveja"
Pistós: "leal, confiável"
Pólis: "cidade-estado"
Pósis: "marido" legítimo
Prépon: "o adequado"
Psógos: "censura, vitupério"
Psykhḗ: "sopro vital, ânimo"

Sébas: "respeito, reverência aos deuses"

Sêma: "sinal, marca, símbolo, indicação"

Tékhnē: "habilidade artesanal, arte"
Télos; "fim, término, consumação"
Thámbos: "espanto, admiração, maravilhamento"
Thánatos: "morte"
Thélxis: "magia, feitiçaria"
Thémis: "ordenamento, norma"
Thymós: "coração, peito" (assento da emoção e da razão)
Timḗ: "honra"
Tísis: "retribuição punitiva, castigo, vingança"

Xenapátēs: "engana-anfitrião"
Xeinḗïa: "dons de hospitalidade"
Xeinodókos: "anfitrião"
Xenía: "hospitalidade"
Xénios: "hospitaleiro, protetor da hospitalidade"
Xénos: "estrangeiro, hóspede"

Zêlos: "zelo, ciúme"

Referências bibliográficas

Edições, comentários, traduções:

ALLEN, T. W. (ed.). *Homeri Ilias*. Oxford: Clarendon Press, 1931.

AUDEN, W. H. *Poemas*. Trad. José Paulo Paes e João Moura Jr. São Paulo: Companhia das Letras, 2013.

EDWARDS, M. (ed.). *The Iliad: a commentary. Volume V: books 17–20*. Cambridge: Cambridge University Press, 2000.

GRAZIOSI, B.; HAUBOLD, J. (introd., ed., coment.). *Homer, Iliad. Book VI*. Cambridge: Cambridge University Press, 2012.

HAINSWORTH, J. B. (ed.). *The Iliad: a commentary. Volume III: books 9–12*. Cambridge: Cambridge University Press, 2000.

JANKO, R. (ed.). *The Iliad: a commentary. Vol. IV: books 13–16*. Cambridge: Cambridge University Press, 1999.

JONG, I. J. F. DE. (introd., ed., coment.). *Homer, Iliad. Book XXII*. Cambridge: Cambridge University Press, 2012.

KAVÁFIS, K. *Poemas*. Trad. José Paulo Paes. Rio de Janeiro: Editora Nova Fronteira, 1990.

KIRK, G. S. (ed.). *The Iliad: a commentary. Volume I: books 1–4*. Cambridge: Cambridge University Press, 2001.

______. (ed.). *The Iliad: a commentary. Volume II: books 5–8*. Cambridge: Cambridge University Press, 2000.

Ragusa, G. (org., trad.). *Safo de Lesbos. Hino a Afrodite e outros poemas*. 2ª ed. revista, ampliada, bilíngue e atualizada. São Paulo: Hedra, 2021.

______; Brunhara, R. (org., introd., trad., coment., notas). *Elegia grega arcaica: uma antologia*. Cotia e Araçoiaba da Serra: Ateliê Editorial e Editora Mnēma, 2021.

Richardson, N. (ed.). *The Iliad: a commentary. Volume VI: books 21–24*. Cambridge: Cambridge University Press, 1996.

West, M. L. (ed., trad.). *Greek epic fragments*. Cambridge, MA: Harvard University Press, 2003.

Estudos:

Alexander, C. *A guerra que matou Aquiles. A verdadeira história da Ilíada*. Trad. M. de Paula S. Hack. Rio de Janeiro: Bertrand Brasil, 2014.

Assunção, T. R. "Luto e comida no último canto da *Ilíada*". *Clássica*, v. 17/18, n. 17/18, 2004–2005, p. 49–58.

Aubriot, D. "L'homme-végétal: métamorphose, symbole, métaphore". In: Delruelle, É.; Pirenne-Delforge, V. (ed.). *Κῆποι. De la religion à la philosophie. Mélanges offerts à André Motte.* Liège: Centre International d'Étude de la Religion Grecque Antique, 2001, p. 51–62.

Benveniste, É. *O vocabulário das instituições indo-européias I: economia, parentesco, sociedade*. Trad. D. Bottmann. Campinas: Editora da Unicamp, 1995a.

______. *O vocabulário das instituições indo-européias II: poder, direito, religião*. Trad. D. Bottmann e E. Bottmann. Campinas: Editora da Unicamp, 1995b.

Bespaloff, R. *Da Ilíada*. Trad. G. T. Kurz. Belo Horizonte: Âyiné, 2022.

Bremmer, J. *The early Greek concept of the soul*. Princeton: Princeton University Press, 1983.

Burgess, J. S. "The non-Homeric *Cypria*". *Transactions of the American Philological Association*, v. 126, 1996, p. 77–99.

Burkert, W. *Mito e mitologia*. Trad. M. H. da R. Pereira. Lisboa: Edições 70, 1991.

______. *Religião grega na época clássica e arcaica*. Trad. M. J. S. Loureiro. Lisboa: Fundação Calouste Gulbenkian, 1993.

Carson, A. *Eros, o doce-amargo*. Trad. J. Raiz. Rio de Janeiro: Bazar do Tempo, 2022.

Clay, J. S. "Dying is hard to do". *The Colby Quarterly*, v. 38, n. 1, 2002, p. 7–16.

______. *Homer's Trojan theater. Space, vision, and memory in the Iliad*. Cambridge: Cambridge University Press, 2010.

Davies, M. *The Greek epic cycle*. 2ª ed. London: Bristol, 2003.

Detienne, M.; Vernant, J.-P. *Métis. As astúcias da inteligência*. Trad. F. Hirata. São Paulo: Odysseus, 2008. [1ª ed. orig.: 1974].

Dodds, E. R. *Os gregos e o irracional*. Trad. L. S. B. de Carvalho. Lisboa: Gradiva, 1988. [1ª ed. orig.: 1951].

Faraone, C. *Ancient Greek love magic*. Cambridge, MA: Harvard University Press, 2001.

Felton, D. "The Dead". In: Ogden, D. (ed.). *A companion to Greek religion*. Oxford: Blackwell, 2007, p. 86–99.

Gantz, T. *Early Greek myth. A guide to literary and artistic sources.* Baltimore: The Johns Hopkins University Press, 1996. 2 vols.

Garland, R. *The Greek way of death*. London: Duckworth, 1985.

Goldhill, S. "Intimations of immortality: fame and tradition from Homer to Pindar". In:______. *The poet's voice. Essays on poetics and Greek literature.* Cambridge: Cambridge University Press, 1991, p. 69–166.

Graver, M. "Dog-Helen and Homeric insult". *Classical Antiquity*, v. 14, n. 1, 1995, p. 41–61.

Graziosi, B. *Homero.* Trad. M. M. Cavallari e M. F. L. Cavallari. Araçoiaba da Serra: Editora Mnēma, 2021.

Haft, A. J. "The city-sacker Odysseus in *Iliad* 2 and 10". *Transactions of the American Philological Association*, v. 120, 1990, p. 37–56.

Herington, J. *Poetry into drama. Early tragedy and the Greek poetic tradition*. Berkeley: University of California Press, 1985.

Holst-Warhaft, G. *Dangerous voices: women's laments and Greek literature.* London: Routledge, 1995.

Johnston, S. I. *Restless dead. Encounters between the living and the dead in ancient Greece.* Berkeley: University of California Press, 1999.

Jones, P. "Introdução". In: Lourenço, F. (trad.). *Homero. Ilíada.* São Paulo: Companhia das Letras e Penguin, 2013, p. 7–51.

Knox, B. "Introdução". In: Lourenço, F. (trad.). *Homero. Odisseia.* São Paulo: Companhia das Letras e Penguin, 2011, p. 7–94.

Konstan, D. *A amizade no mundo clássico.* Trad. M. E. Fiker. São Paulo: Odysseus, 2005.

Lesher, J. H. "Early interest in knowledge". In: Long, A. A. (ed.). *The Cambridge companion to early Greek philosophy*. Cambridge: Cambridge University Press, 1999, p. 225–249.

Lesky, A. "A epopeia homérica – 8. Deuses e homens". In:______. *História da literatura grega*. Trad. M. Losa. Lisboa: Fundação Calouste Gulbenkian, 1995, p. 86–93.

Lessa, F. S. "Jogos em honra a Pátroclo: comparando escritos e imagens da Grécia arcaica". *Principia*, v. 14, 2006, p. 51–61.

Luca, R. *Eros & epos. Il lessico d'amore nei poemi omerici*. Bologna: L.S. Grupo Editoriale, 2001.

Malta, A. "Metapoesia e a Helena de Homero". *Nuntius Antiquus*, v. 12, n. 1, 2016, p. 13–25.

Montiglio, S. *Silence in the land of logos*. Princeton: Princeton University Press, 2000.

Nagy, G. *The best of the Achaeans. Concepts of the hero in archaic Greek poetry*. Baltimore: The Johns Hopkins University Press, 1999. [1ª ed.: 1979].

Neils, J. "Textile dedications to female deities: the case of the peplos". In: Prête, C. (ed.). *Le donateur, l'offrande et la déesse. Systèmes votifs dans les sanctuaires de déesses du monde grecque*. Liège: Centre International d'Étude de la Religion Grecque Antique, 2009, p. 135–147.

Nickel, R. "Review of *Iliad 10 and the poetics of ambush*, by C. Dué and M. Ebbott". *The Classical Review*, v. 62, n. 2, 2012, p. 343–345.

Pantelia, M. C. "Spinning and weaving: ideas of domestic order in Homer". *The American Journal of Philology*, v. 114, n. 4, 1993, p. 493–501.

______. "Helen and the last song for Hector". *Transactions of the American Philological Association*, v. 132, n. 1/2, 2002, p. 21–27.

Pironti, G. *Entre ciel et guerre. Figures d'Aphrodite en Grèce ancienne.* Liège: Centre International d'Étude de la Religion Grecque Antique, 2007.

Ragusa, G. "Heitor e Andrômaca, da festa de bodas à celebração fúnebre: imagens do casal na *Ilíada* e em Safo (Fr. 44 Voigt)". *Calíope*, v. 15, 2006, p. 36–63.

Redfield, J. M. "Notes on the Greek wedding". *Arethusa*, v. 15, n. 1/2, 1982, p. 181–201.

Romilly, J. de. *Hector.* Paris: Éditions de Fallois, 1997.

______. *A tragédia grega*. Trad. I. Martinazzo. Brasília: Ed. UnB, 1998.

Schein, S. L. *The mortal hero. An introduction to Homer's Iliad*. Ithaca: Cornell University Press, 1984.

Segal, C. "Andromache's *anagnorisis*. Formulaic artistry in *Iliad* 22.437–476". *Harvard Studies in Classical Philology*, v. 75, 1971, p. 33–57.

______. "*Kleos* and its ironies". In:______. *Singers, heroes, and gods in the Odyssey.* Ithaca: Cornell University Press, 1994, p. 85–109.

Sissa, G.; Detienne, M. *Os deuses da Grécia*. Trad. M. Madureira. Lisboa: Presença, 1991.

Snyder, J. M. "The web of song: weaving imagery in Homer and the lyric poets". *The Classical Journal*, v. 76, n. 3, 1981, p. 193–196.

Sourvinou-Inwood, C. "To die and enter into the house of Hades: Homer, before and after". In: Whaley, J. (ed.). *Mirrors of mortality. Studies in the social history of death*. New York: St. Martin's Press, 1982, p. 15–39.

Sullivan, S. D. "The wider meaning of *psyche* in Pindar and Bacchylides". *Studi Italiani di Filologia Classica*, v. 9, 1991, p. 163–183.

Vidal-Naquet, P. *O mundo de Homero*. Trad. J. B. Neto. São Paulo: Companhia das Letras, 2002.

Wees, H. van. "A brief history of tears: gender differentiation in archaic Greece". In: Foxhall, L.; Salmon, J. (ed.). *When men were men. Masculinity, power, and identity in classical antiquity*. London: Routledge, 1998, p. 10–53.

West, M. L. *Poesia e mito indo-europeus*. Trad. A. Mazzanti Jr, C. B. A. Geraldes, F. Campos, P. Barbieri, T. Venturott. Araçoiaba da Serra: Editora Mnēma, 2023.

Zanon, C. *Onde vivem os monstros: criaturas prodigiosas na poesia de Homero e Hesíodo*. São Paulo: Humanitas, 2018.

Sobre a autora

Giuliana Ragusa é professora Associada (Livre-Docente) de Língua e Literatura Grega na Faculdade de Filosofia, Letras e Ciências Humanas (FFLCH) da Universidade de São Paulo, onde ingressou como docente em 2004, depois de ali ter feito toda a sua formação (1995-2008). Fez estágio de doutorado (Capes, 2006-2007) e pós-doutorado (Fapesp, 2012-2013) nos EUA (University of Wisconsin, Madison). É especialista em poesia grega antiga. Publicou estudos sobre a mélica (lírica) arcaica: *Fragmentos de uma deusa* (Editora da Unicamp, 2005, apoio Fapesp, Prêmio Jabuti 2006, Teoria/Crítica Literária); *Lira, mito e erotismo* (Editora da Unicamp, 2010, apoio Fapesp, Prêmio Capes – Menção Honrosa, 2009). Publicou também antologias dedicadas à mélica: *Hino a Afrodite e outros poemas* (Hedra, 2021, 2ª ed.), com tradução de fragmentos de Safo, e *Lira grega* (Hedra, 2024, 2ª ed.), com tradução de fragmentos dos nove poetas mélicos do cânone. Em parceria com Rafael Brunhara, publicou ainda *Elegia grega arcaica: uma antologia* (Ateliê Editorial/Editora Mnēma, 2021).

Tipos: Alegreya (miolo) e Baskerville (capa)
Papéis: Chambril Avena 80 g/m² (miolo) e Cartão 250 g/m² (capa)
Formato: 11,8 x 19 cm
Impressão: Lis Gráfica

MNĒMA